104度目の正直

甲子園優勝旗は
いかにして白河の関を
越えたか

田澤健一郎

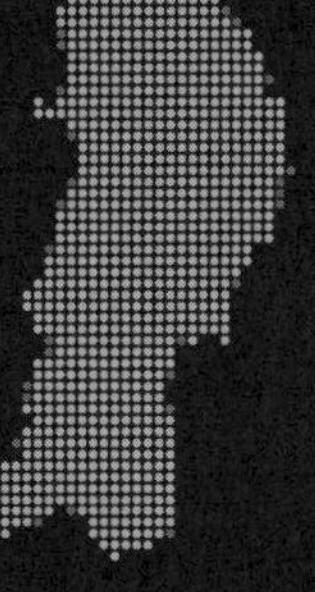

角川書店

もくじ

はじめに　～1989年8月21日～

1989（平成元）年8月21日の月曜日、中学2年生だった私は、元号が平成となった年の夏休みが終わり、2学期の始業式の日を迎えていた。私の故郷は山形県の海側、庄内《しょうない》平野のど真ん中に位置する東田川《ひがしたがわ》郡藤島《ふじしま》町。今は市町村合併により鶴岡《つるおか》市の一部となった田園地帯の、小さなムラで生まれ育った。

東北の夏休みは短い。8月31日まであるという、都会の長い夏休みの話を聞くと、なんとなく不満を感じたものである。2学期の始業式は、そんな釈然としない気持ちを抱えながら登校するのが毎年の常。ただし、この年は、もう一つの不満もあった。

「仙台《せんだい》育英の試合が観られないじゃないか」

甲子園とプロに憧《あこが》れる野球部員だった私は、その年の夏の甲子園で巻き起こった「東北旋風」に夢中だった。仙台育英（宮城）に秋田経法大付（現・明桜／秋田）と東北勢が2校もベスト4入り。特に仙台育英のエース・大越基《おおこしもとい》（現・早鞆《はやとも》監督）の気迫あふれるピッチングは、まさに甲子園のスターにふさわしい圧巻の内容で心を奪われた。

「このチームなら、東北に初優勝をもたらしてくれるのではないか」

仙台育英の地元、宮城県は私の故郷ではない。だが、甲子園となれば、仙台育英に限らず山形代表以外の東北勢も同じ土地の人間、東北の仲間のような感覚で応援をしていた。捕手の佐藤博信が山形出身であることも応援に熱が入る一因だった。

その戦いを最後まで見届けたい。だが、無情にも学校が始まってしまう。一刻も早く学校が終わることを祈った。そして、その時間を迎え、同級生たちが席を立ち始めた瞬間、担任の先生がおもむろにラジオを教卓の上に置いた。

「聴きたいヤツは聴いていいぞ」

そう言って先生は、仙台育英が尽誠学園（香川）と戦っている準決勝の中継を流し始めた。先生は特別、野球好きというわけでもない。信じられない気持ちで私は級友たちと教卓へ群がった。

試合は終盤、仙台育英が2対1でリード。沸き上がる教室。延長線の末、仙台育英が決勝進出を果たすと、教室は大歓声に包まれた。みなが笑顔だった。

続く準決勝第2試合では、秋田経法大付の快投を続けていた1年生左腕・中川申也《なかがわしんや》（元・阪神）が力尽き、東北勢同士の決勝対決は実現しなかったが、それでも生まれて初めて目にした東北勢の決勝進出は、感激以外の何物でもなかった。

結局、仙台育英は翌8月22日の決勝戦で帝京（東東京）に延長で0対2と敗れ、東北勢の初優勝はまたも叶《かな》わなかった。さすがに決勝の日は通常授業が始まっており、リアルタイムで中継を観たり聴いたりすることはできなかった。だが、帝京を相手に一歩も引かなかった仙台育英の戦いぶりは、東北勢の優勝も近いだろうと感じさせるには十分だった。「東北勢が弱かったのは昭和で終わり」と報じるメディアもあった。私もその通りだと頷《うなず》いた。

だが、現実は厳しかった。東北勢は結局、平成の30年間、春夏の甲子園で優勝旗をつかむことはできなかった。優勝への扉は想像以上に重かった。「あと一歩」の戦いが何度も何度も続いた。その扉を開いたのは、やはり仙台育英だった。

2022（令和4）年8月22日の月曜日。あの準優勝からちょうど33年の時が流れ、元号は平成から令和へと変わっていた。この日、春夏通算4度目となる甲子園決勝に臨んだ仙台育英は、下関《しものせき》国際（山口）を8対1で破り、東北勢初となる甲子園優勝を成し遂げた。

夏の甲子園の第1回大会から107年、大会数にして104回。長い道のりだった。東北勢初優勝を象徴する「優勝旗の白河《しらかわ》の関越え」という言葉は、この間、北海道勢が先に「津軽《つがる》海峡越え」を果たしたことで、意味合いとしては消えてもおかしくなかった。しかし、その後も東北勢が決勝進出をする度に、「白河の関」という言葉は紙面に躍り、アナウンサーも口にした。「東北」という地域にとって甲子園優勝は大きな悲願であり続けたのだ。

そんな甲子園優勝を果たすまでの107年間、104回の歴史の中で、東北勢がいかに戦い、何に苦しみ、何が変わって頂点をつかむことができたのか。本書は、その歩みを東北6県それぞれの象徴的なエピソードを通して振り返る一冊である。歴史のターニングポイントというものは、視点が異なれば変わるものだ。本書で取り上げる内容で、東北勢優勝の歩みの全てを網羅できるとは考えていない。ただ、私も東北で生まれ育ち、東北の地から甲子園優勝を目指した1人である。また、取材者としても東北の高校野球を見つめてきた。その経験を反映した、個人的史観に基づく東北高校野球史の記録の一つとして享受してもらえれば幸いである。

第一章

秋田

～草の根の野球熱～

山形		宮城		福島		小計	
未出場		.000	0勝 2敗	未出場		.381	8勝13敗
.000	0勝 1敗	.500	1勝 1敗	.000	0勝 2敗	.286	8勝20敗
.000	0勝 4敗	.286	2勝 5敗	.000	0勝 1敗	.130	3勝20敗
.000	0勝 5敗	.500	6勝 6敗	.000	0勝 2敗	.289	11勝27敗
.000	0勝 3敗	.333	3勝 6敗	.455	5勝 6敗	.410	25勝36敗
.333	4勝 8敗	.400	6勝 9敗	.400	6勝 9敗	.329	25勝51敗
.167	2勝10敗	.583	14勝10敗	.286	4勝10敗	.368	35勝60敗
.333	5勝10敗	.412	7勝10敗	.091	1勝10敗	.333	30勝60敗
.375	6勝10敗	.643	18勝10敗	.500	10勝10敗	.483	56勝60敗
.524	11勝10敗	.700	21勝 9敗	.565	13勝10敗	.585	83勝59敗

山形		宮城		福島		小計	
未出場		未出場		未出場		未出場	
未出場		未出場		未出場		未出場	
未出場		未出場		未出場		未出場	
未出場		.000	0勝 1敗	.000	0勝 1敗	.364	4勝 7敗
未出場		.250	1勝 3敗	.500	2勝 2敗	.250	4勝12敗
.429	3勝 4敗	.538	7勝 6敗	.000	0勝 3敗	.455	15勝18敗
.250	1勝 3敗	.500	6勝 6敗	.400	2勝 3敗	.432	16勝21敗
未出場		.429	6勝 8敗	.333	2勝 4敗	.276	8勝21敗
.556	5勝 4敗	.500	7勝 7敗	.000	0勝 2敗	.429	21勝28敗
.333	1勝 2敗	.417	5勝 7敗	.455	5勝 6敗	.448	26勝32敗

東北勢の甲子園での成績

夏の甲子園での勝率と勝敗

時　期(丸数字は開催回)	青	森	岩	手	秋	田
1915年①～1926年⑫	.000	0勝 1敗	.500	6勝 6敗	.333	2勝 4敗
1927年⑬～1936年㉒	.000	0勝 3敗	.300	3勝 7敗	.400	4勝 6敗
1937年㉓～1951年㉝	.000	0勝 4敗	.167	1勝 5敗	.000	0勝 1敗
1952年㉞～1961年㊸	.333	1勝 2敗	.250	2勝 6敗	.250	2勝 6敗
1962年㊹～1971年㊿	.533	8勝 7敗	.375	3勝 5敗	.400	6勝 9敗
1972年(54)～1981年(63)	.000	0勝 5敗	.231	3勝10敗	.375	6勝10敗
1982年(64)～1991年(73)	.167	2勝10敗	.167	2勝10敗	.524	11勝10敗
1992年(74)～2001年(83)	.474	9勝10敗	.231	3勝10敗	.333	5勝10敗
2002年(84)～2011年(93)	.600	15勝10敗	.333	5勝10敗	.167	2勝10敗
2012年(94)～2022年(104)	.600	15勝10敗	.583	14勝10敗	.474	9勝10敗

春のセンバツでの勝率と勝敗

時　期(丸数字は開催回)	青	森	岩	手	秋	田
1924年①～1926年③	未出場		未出場		未出場	
1927年④～1936年⑬	未出場		未出場		未出場	
1937年⑭～1951年㉓	未出場		未出場		未出場	
1952年㉔～1961年㉝	.667	2勝 1敗	.000	0勝 2敗	.500	2勝 2敗
1962年㉞～1971年㊸	.333	1勝 2敗	.000	0勝 2敗	.000	0勝 3敗
1972年㊹～1981年(53)	.000	0勝 1敗	.333	1勝 2敗	.667	4勝 2敗
1982年(54)～1991年(63)	.400	2勝 3敗	.750	3勝 1敗	.286	2勝 5敗
1992年(64)～2001年(73)	.000	0勝 2敗	.000	0勝 2敗	.000	0勝 5敗
2002年(74)～2011年(83)	.200	1勝 4敗	.400	4勝 6敗	.444	4勝 5敗
2012年(84)～2022年(94)	.500	7勝 7敗	.467	7勝 8敗	.333	1勝 2敗

秋田中だけに届いた手紙

「悲願」と呼ばれ続けた東北勢の甲子園初優勝。ただ、1915（大正4）年に開催された記念すべき選手権（以下、夏の甲子園）第1回大会の準優勝は、秋田県の旧制秋田中（現・秋田高。以下、秋田中）であった。長く「弱い」「野球後進地帯」と呼ばれた東北地方だが、もし、この第1回大会で秋田中が優勝していれば、「白河の関越え」という言葉が特別な意味を持つことはなかった。

実はこの秋田中の優勝から2年後の第3回大会、そして第5回大会では岩手県の旧制盛岡《もりおか》中（現・盛岡一。以下、盛岡中）がベスト4入りしている。甲子園黎明《れいめい》期における東北勢は、他の地域に比べ、特に成績が劣るわけではなかった。

では、実際に「東北勢は弱い」というイメージができあがったのはいつ頃だろう。そこで夏の甲子園と春のセンバツとにおける時代別の勝率を算出してみた（8-9ページ表）。

結果から言うと夏の甲子園で東北勢が最も勝てなかったのは太平洋戦争直前の1937（昭和12）年から戦争直後の1951（昭和26）年の時期。その前後もワーストに近い数字である。センバツに関していえば、同時期には選出、出場すら叶《かな》わなかった。その後、短期間で三沢《みさわ》高（青森）、磐城《いわき》（福島）の決勝進出があった時期に勝率は4割を超えたが、以降は3割台が長く続く。2000年代に入り数字は右肩上がりとなり、近年に関しては5割を超えるまでになった。センバツについては対象大会数が少ないにもかかわらず、4割以上の時期は夏の甲子園より多く、想像よりも健闘している印象を受ける。その後、1992（平成4）年から2001（平成13）年にかけてガクッと数字を落としているのが不思議だが、その傾向はセンバツほどではないにしても夏の甲子園も同傾向。この点に関しては後述する。

いずれにせよ「東北勢が弱い」というイメージがついたのは昭和初期から昭和30年代にかけてと思われる。ただ、大会黎明期に関しては、やはり勝率的に東北勢が際だって弱いわけではなかった。秋田中、盛岡中の健闘もあって、イメージ的にも強いとまでは言えないものの、ことさら他の地域より劣るわけではなかったのではないか……。そんな推察もしたくなる。

東北の悲願の歴史、まずは黎明期と秋田中の準優勝に触れ、その結果を生み出した秋田という土地の野球熱について追ってみたい。

「本校も第1回大会の開催を知っていたならば、この入場行進に参加できたのである」

恨み節にも感じるこの一文は、1999（平成11）年に刊行された岩手県随一の伝統校、盛岡一の『白堊熱球譜　盛岡一高野球部　創設百周年記念誌』の一節である。1998（平成10）年、第80回を迎えた夏の甲子園では、記念大会の催しの一つとして、第1回大会から第80回大会までの地方大会に「皆勤」出場を果たした全国15校の主将が、開会式で行進をした。

盛岡一は、かつての旧制盛岡中。熱心なOBは夏の甲子園の第1回大会に出場できなかったことを、80年以上経っても悔やみ、記念の入場行進を歯ぎしりしながら眺めていたのだ。それもそのはず、明治から大正にかけての盛岡中は、中学球界において「東北最強」と評されていた。そんな自分たちが大会そのものに参加が叶わなかった。それどころか、東北の強豪校の一角とはいえ、格下とみていた秋田中が全国準優勝。当時の関係者や部員たちは、そのニュースを地団太を踏む思いで聞いていたことだろう。2年後、甲子園初出場を果たした盛岡中は鬱憤《うっぷん》を晴らすかのようにベスト4に進出。「東北最強」の名に偽りがないことを証明した。しかし、第1回大会不出場の記録は永遠に変わることはない。一方、秋田高は秋田中時代の第1回大会からの皆勤出場校として第80回の夏の甲子園入場行進に参加している。

それにしても、なぜ「知っていたならば」なのか？

実は、言葉通り盛岡中には大会主催者である大阪朝日新聞（現・朝日新聞。以下、大阪朝日）から第1回大会開催の告知と参加を誘う連絡が来なかったという。様々な資料を調べる限り、東北の中学の中で連絡が来たのは秋田中のみ。秋田中は誘いに対して参加意思を表明し、予選なしの出場希望を大阪朝日に伝えた。しかし、大会規定で出場校は「参加校はその地方を代表せる各府県連合大会に於ける優勝校たる事」が条件。「その戦績を送ってくれ」というのが大阪朝日からの返事だった。ところが、この年の春、秋田中に該当する大会はなく、従って戦績もない。そこで秋田中は、同県の旧制横手《よこて》中（現・横手高）と秋田農（現・大曲農）と試合を行い（秋田農OBチームという史料もある）、それを3校による「臨時東北大会」として、2連勝した結果を大阪朝日に送り、晴れて第1回大会本戦出場が決まった。この「臨時東北大会」を開催しての出場については、後に秋田以外の東北各県の中学から大きな批判と不満の声が出たといわれている。

現在の甲子園を知る我々からすれば、いい加減で不手際この上ないと感じるだろう。しかし、それまで前例のない全国規模の大会である。しかも8月18日開幕の大会が新聞上で告知されたのは7月1日。準備期間わずか1ヶ月半で全国から代表校を集い、大会を開催しなければならない状況だった。これでは混乱が起きても不思議ではない。

もちろん、東北において秋田中関係者以外にも、開催を知っていた人間はいたはずだ。各地方の予選大会実施について、大阪朝日は各地方通信部と連絡して予選開催を検討している。東北にだけ相談がなかったことは考えにくい。実は当時、東北でも旧制二高（現在の東北大の前身校の一つ。以下、二高）の主催による中学東北大会が既に開催されていた。普通に考えれば、その優勝校こそが第1回大会の東北代表にふさわしい。しかし、大会は毎年11月の開催だった。『宮城県仙台二中二高野球部史』には、この点について触れられている。

東北地方にあてはめると二高主催の東北中等学校野球大会がそれに相当する。しかしこの大会は例年11月開催である。この問題が解決せぬまま時が過ぎ東北の各中学校には何の連絡のないまゝ不参加となった。しかし、秋田中だけが単独で全国大会参加を申し込んだ。

今となってはこの経緯や内情はわからない。東北大会の扱いや予選開催について案が決まらないまま、秋田中からの参加意思と臨時東北大会開催の報が届き、成り行きでその方法を採用したのだろうか。それにしても不思議なのは、なぜ秋田中にだけ連絡が来たのかという点だ。『秋田県立秋田高等学校野球史』には、第1回大会の参加経緯について、当時の野球部員で準優勝メンバーの1

人である渡部純司の回想として、次のような一文が記されている。

大正四年七月のある日、その日は蒸し暑い朝だった。渡部純司は楢山の自宅から歩いて秋田中学へ登校するところだった。突然ポンポンと肩をたたかれ振り返って見ると野球部長の古籏安蔵先生だった。

「渡部君、実はね、大阪の朝日新聞社からこういう手紙がきている。八月に大阪で中学野球の全国大会を開くので秋田中学も出ないかという。どうだ、出るかね」と云われた。学校に着いてからこのことを皆に話すと、行きたい、ということになって早速、部長へ出場させてもらいたいと申し出た。

以上のように、秋田中は朝日新聞から届いた手紙が参加のきっかけになった。こうした記録は東北の他の中学には見られない。だから「東北最強」の盛岡中も第1回大会には参加できなかった。

いったいなぜ秋田中にだけ手紙が送られたのか――。

秋田中にだけ手紙が届いた理由について、気になる事実がある。

秋田中は第1回大会から遡《さかのぼ》ること6年前、1909（明治42）年の夏に東京遠征を行っていることだ。当時の秋田中は校長の方針で野球部が一時、廃部状態になっていた。だが、その校長の退職後、3年生の山崎良造という生徒が野球部再興に動き、学校の許可を得ないままチームを結成。その勢いで東京に遠征を行ったのだ。東京を遠征先に決めた理由は記録に残っていないが、学校に無許可だっただけに地元や東北近県での活動を避けたのかもしれない。さらに秋田中の野球部は、以前より旧制一高（現在の東京大学教養学部などの前身）の名選手だった守山恒太郎《もりやまつねたろう》やOBが選手として活躍していた慶應大野球部の指導を受けていた。そういった縁を頼ったことは十分考えられる。意気盛んな若者たち、首都・東京への憧《あこが》れもあっただろう。

そして、遠征の結果は、なんと連戦連勝だった。

当時東京の麻布中学校が全国最優秀チームでした。この麻布中学校に挑戦状を出して試合をしたところ、三対〇で秋田中学が勝ちました。それで日本一が麻布中学から秋田中学に移りました。つぎに早稲田中学にも、六対一で勝ちました。更に慶応普通部にも、四対二で勝ちましたし、早稲田実業にも勝ちました。

そこで東京の新聞が『野球部の無い秋田中学が東京で善戦し、全国制覇した。まさに日本一だ』と書いたのです。

（『秋田県立秋田高等学校野球史』より）

この結果をもって日本一というのはいささか早計の感もある。ただ、明治、大正期における早慶両大学の野球部は、日本球界の中核と言っても過言ではない。そんな両大学のグループ校を相手に無敗という結果は、誇りたくもなる気持ちは理解できる。新聞記事により勝手に野球部を再興したことが学校の耳にも入り、山崎は秋田に帰った後、査問にかけられたが、好成績が効き野球部復活は正式決定した。結果もさることながら、驚くべき行動力と野球愛である。そして、第1回大会のちょうど1年前、1914（大正3）年にも秋田中は腕試しのために東京遠征を行った。

大正三年に入ると、「東京に、遠征しよう」。だれともなく言い出すとすぐに話はまとまった。特にキャプテンの小山田義孝（大正4年卒、元代議士）などは大乗気。

「どうせ行くなら東京に限らず、途中下車して東北・関東を総ナメにしてやろう」

（『秋田県立秋田高等学校野球史』より）

秋田中はこの言葉通り、旧制福島中（現・福島／福島）に勝利、旧制宇都宮《うつのみや》中（現・宇都宮。以下、宇都宮中／栃木）とは引き分けて東京に到着。当時、強豪といわれていた旧制日本中（現・日本学園／西東京）、旧制荏原《えばら》中（現・日体大荏原／東東京）、横浜商（神奈川）、さらには5年前の遠征でも試合を行った旧制早稲田中（現・早稲田／東東京）、慶應普通部（現・慶應／神奈川）と試合を行い、3勝2敗と勝ち越した。帰途でも旧制土浦《つちうら》中（現・土浦一／茨城）、旧制仙台一中（現・仙台一／宮城）から勝利を挙げている。合計6勝2敗1分。関東の中学野球関係者に秋田中の実力を見せつけるには十分な遠征だった。

そして、その約1年後――。

ほどなく、秋田中に1通の招待状が届いた。
前年8月に同校が東日本を遠征し、強豪相手に6勝1敗1分けの好成績だったためとされる。
（朝日新聞出版／『白球の世紀』より）

＊遠征結果は『秋田県立秋田高等学校野球史』と『白球の世紀』で記述が異なる。

そう、秋田中への手紙は、この遠征結果が評価されて届いたのであった。

当時、既に二高主催の東北大会が開催されていたように、東北各県の中学も近県への遠征は盛んに行っていた。しかし、東京まで遠征を行う例は珍しい。秋田中以外では唯一、旧制遠野中（現・遠野、以下、遠野中／岩手）が１９１１（明治44）年に東日本東京遠征を行った記録が残る程度である。その結果も、関東勢との試合は２勝４敗。秋田中の２度にわたる遠征結果と比較した場合、インパクトでは及ばない。そう考えると秋田中は、首都・東京の野球関係者や報道関係者に、他の東北の中学よりも「東北の強豪」というイメージを与えていたのだろう。情報のスピードも量も現在とは比べものにならないほど劣る頃。「東北ならば秋田中ではないか」。そんな声が関係者に届いたことは十分に考えられる。

さらに、この東京遠征は当時の秋田中の強化に結びついた。「あの遠征でボクたちナインはすっかり自信をつけ、他県の実力を知るうえにおいてたいへん役だった。この自信が、やがて豊中球場でひらかれた第一回全国中等学校野球大会に現われて、決勝進出の記録をうちたてた原動力となったような気がする」（『秋田県立秋田高等学校野球史』より）とは、前述した渡部の言葉である。「遠征」により各地の強豪と試合をすることは、現代高校野球でも強化に欠かせない。それは当時も同じ……いや、情報収集という点では、かなりのアドバンテージになったはずだ。

秋田中の決勝進出は、決して運に恵まれただけというわけでもなかったのだろう。学校に頼らず自ら野球部再興に動く、自らの判断と発案で秋田や東北を飛び越え、首都・東京に目を向けて遠征に行く、そこで「総ナメにしてやろう」と息巻き、最新の野球技術も学ぶ。勝利をたぐり寄せたのは、そんな秋田中の選手たちの自発的な行動力と好奇心、積極性といえよう。それは、今の時代でも成長と勝利に欠かせないと盛んに叫ばれている要素ではないか。

草の根の野球熱

そもそも秋田県には、東北スポーツ史において傑出した結果を残してきた歴史がある。たとえば高校サッカーでは秋田商が1957（昭和32）年に選手権で東北勢初優勝。全国高校ラグビーで1933（昭和8）年に東北勢初優勝を遂げたのも秋田工だった。バスケットボールにおいても能代《のしろ》工（現・能代科技）の実績は説明するまでもない。

野球でも秋田中の準優勝以降、東北では長く宮城県と並ぶ強豪県と認識されていた。春夏の甲子園でも何年かに一度は8強以上に勝ち進み、プロ野球にも落合博満《おちあいひろみつ》（元・中日ほか）、山田久志《やまだひさし》（元・阪急）、石川雅規《いしかわまさのり》（現・ヤクルト）ら好選手も輩出している。社会人野球においても、2006（平成18）年に都市対抗野球でTDK（にかほ市）が東北勢初優勝。高校軟式野球では能代が選手権全国優勝2回、準優勝3回の実績を誇り、秋田高、秋田商も全国ベスト4の記録を持つ。

強さの背景の一つとして感じるのは、中学軟式野球の熱の高さである。いわゆる「中体連」所属の中学の運動部最大の大会、全国中学校体育大会、通称「全中」の軟式野球県大会決勝がテレビの地上波で中継されるほどだ。

その熱は歴史的に実力とも結びついており、全中では1982（昭和57）年の第4回大会で、秋田市立城東中が東北勢初優勝を記録している。秋田はシニアやボーイズといった中学生の硬式クラブチームの誕生時期が東北でもかなり遅かった。そこには中学軟式野球熱も関係していたのではないだろうか。そもそも私立校が少ないという環境も含めて、今も東北6県の中で唯一、公立校の存在感がかつての高校野球並みに強いなど、この地の野球文化、野球熱は独特。そのルーツは野球黎明期まで遡ることができる。


秋田県大仙《だいせん》市神岡《かみおか》地域は、かつての仙北《せんぼく》郡神岡町。そこは「秋田県少年野球発祥の地」として知られる、秋田では有名な「野球どころ」である。

神岡地域は何をもって「秋田県少年野球発祥の地」としているのか。それは、1903（明治36）年、後に市町村合併で神岡町となる旧・神宮寺《じんぐうじ》村にあった神宮寺尋常高等小学校で、学校教育の一環として野球に取り組んだ選手に、学校として公式に「野球選手任命状」を与えたことにある。

「野球選手任命状」には、学校から児童への賞賛と激励の意味が込められ、受け取った児童の自信とさらなる意欲の向上など、教育的効果が望まれていた。

「後年、『野球選手任命状』を実際に受け取った方の話を聞くと、学校では厳粛な授与式が行われ、感激で胸が震えたそうです」と語るのは、大仙市教育委員会事務局・神岡中央公民館の副主幹を務める高橋寛光だ。神岡中央公民館は市の多目的学習施設である「かみおか嶽雄館《がくゆうかん》」内にあり、秋田県の膨大な野球資料が常設展示されている。2022（令和4）年、野球伝来150年記念事業の一つとしてNPB、BFJ、野球殿堂博物館の三者によって選定された「聖地・名所150選」にも選ばれた。

旧・神岡町が町として正式に「秋田県少年野球発祥の地」を制定したのは1987（昭和62）年。『野球選手任命状』のエピソードからもうかがえるように、町は昔から野球どころとして知られていた。秋田で40年以上の歴史をもつ「ゲーム出場の9人の合計年齢が500歳以上であること等」がルールの「全県500歳野球大会」開催地でもある。

制定のきっかけは全県500歳野球大会の反省会。高橋によれば、反省会後、県内の他の野球関係者に調査をし、『野球発祥の地』では東京や京都、四国の方が早いが、少年野球の最古の記録ならば『野球選手任命状』授与と当時の試合記録が残る神岡になるのでは？」という見解が生まれ、採用されたのだという。つまり、状況証拠をもとにした「自称」なのだ。ただ、それを名乗るにふさわしいだけの歴史がこの町に残っていることは確かである。

かみおか嶽雄館には、1925（大正14）年に県制覇を成し遂げた神宮寺尋常高等小学校高等科の選手たちのパレードを、町民総出で祝福している写真が展示されている。戦前、野球にはエリートスポーツの一面があった。NPB誕生以前のトップレベルの野球選手といえば、大学や旧制中学の選手がほとんど。当時の日本において、大学や旧制中学に進学できるのは、経済的に恵まれた一部の家庭の子息が中心である。多くの子どもは小学校、つまり義務教育たる尋常小学校か、その上級教育機関である高等小学校を卒業したら働くのが普通であった。神岡町のような東北の農山村地帯であれば、その傾向はさらに強かったであろう。戦前の野球は、現在ほど身近な存在ではなかったのだ。ゆえにこの写真は私にとって衝撃だった。

「地域に野球を応援する土壌が整っていたんです。子どもたちの野球道具を買うためのお金を町民たちが積み立てをしていたり、大人になっても野球をプレーできる神宮寺クラブというチームが誕生したり。子どもたちが練習するグラウンドは、町民が田んぼ仕事の行き帰りで休憩する場所のそばにあり、いつも誰かが野球を見ていたそうです。審判が足りないとなると、町民が浴衣《ゆかた》のまま手伝うような光景も珍しくなかったとか」

その「土壌」はいかにして築かれたのか。キーパーソンは、桜田鐵之助と富樫武治という、2人の教育者である。

桜田は現在の大仙市、仙北市、美郷《みさと》町からなる仙北地方、横手市、湯沢《ゆざわ》市などが属する「県南」と呼ばれる地域に野球を広めた人物。1871（明治4）年、秋田市に生まれた桜田はスポーツ好きで当初は相撲に熱中していた。秋田中を中退して教師となった後、東京で舶来の「ベースボール」というスポーツが盛んになっていると聞くと、好奇心旺盛《おうせい》な桜田は、独自に情報を集め始める。1896（明治29）年、桜田は現在の神岡町に隣接する南外《なんがい》村の坊田尋常小学校（後の南楢岡《みなみならおか》小学校。現・南外小学校）に赴任。1年が過ぎた頃、「野球」の命名者として知られる中馬庚《ちゅうまんかなえ》が『野球術』という著作を出したことを知ると、早速購入して野球の研究に没頭した。

「探究心の強い桜田は、教育には『心育』と並行して『体育』が必要というのが持論。日本の国技とすべくスポーツの条件として8ヶ条を挙げるといった試みを行っていました。野球は相撲と並びそれにかなうものだ、と感じていたようです」

桜田は坊田尋常小学校を拠点に、仙北地方一帯の少年たちに野球を教え始めた。そして1899（明治32）年、そこに代用教員として赴任してきたのが17歳の富樫だった。

富樫は1882（明治15）年、当時の神宮寺村に生まれた。少年時代に鉱山技師だった父の仕事の都合で東京に居を移す。富樫はこの東京生活で野球を経験し、夢中になった。東京で最先端の野球を体得していた富樫は、当然のように桜田と意気投合。手を取り合って野球のプレーと普及に打ち込んだ。プレーの面では桜田が小学校の教員と生徒からなる野球チーム「南楢岡クラブ」を結成。富樫は創設当初から投打の柱として活躍した。

当時、桜田の活動によって既に仙北地方の小学校には野球が普及しており、1899年には仙北地方西部の小学校による「チャンピオンフラッグ（優勝旗）」争奪試合が早くも開催されている。そして1902（明治35）年、富樫が神宮寺尋常高等小学校に転任。準訓導（準教員）として、あの「野球選手任命状」の発行を主導することになった。

「富樫には運動教育の一環として、任命状を与えることで生徒に感動を与え、励みにしてほしいという意図があったようです。もちろん、そこには桜田の影響も大きかったでしょう」

こうして神岡、仙北、やがては秋田県全体に旧制中学に負けず劣らず、少年野球熱が広がる。それは、選手だけではなく、周辺の大人も巻き込んだものだった。高橋によると、県大会があると町から人通りが消えたこともあったという。

そして、1921（大正10）年には秋田市の野球チーム・旭クラブの主催で秋田市楢山グラウンドを舞台に「第1回全県少年野球大会」が開かれ、12チームが出場。大会は選手は満14歳以下、小学校単位での参加だった。第3回からは尋常科と高等科に分かれての開催に。現代ならば小学校の部・中学校の部といったところだ。参加チームも27に増えていた。

全県少年野球大会開催を主導したのは、旭クラブの人見《ひとみ》誠治《せいじ》という秋田中OBの選手だった。人見は1927（昭和2）年、現在も秋田を代表する新聞社である秋田魁《あきたさきがけ》新報社に入社。過熱する野球ブームと大会を見た秋田魁新報社が、全県少年野球大会を自社開催にしようと人見を招聘《しょうへい》したのだった。こうして全県少年野球大会は、人見が入社した年の第7回から秋田魁新報社に主催が移る。当然、紙面でも大々的に取り上げられ、秋田の少年野球熱はさらに加速した。やがて戦後の学制改革により日本の学校教育は現在の6・3・3制になり、義務教育は小中学校の9年間と定められた。全県少年野球大会も尋常科は学童野球の大会に、高等科は中体連の大会に、それぞれ姿を変えて現在に至る。一連の流れを知ると「全県少年野球大会は、まず高等科から復活しました。秋田が中学軟式野球に熱心なのは、こうした少年野球の歴史が影響しているのではないでしょうか」という高橋の言葉も十分、頷《うなず》ける。

熱狂の少年野球に没頭していた選手たちは、やがて中等野球の選手となり、秋田中の第1回準優勝を成し遂げる。他県のチームを凌駕《りょうが》した秋田中の野球への情熱と行動力。それは決して偶然ではなく、地域に根ざした、当時としては突出した野球熱に幼い頃から触れてきたことが背景にあったのではないだろうか。

夏の甲子園13年連続初戦敗退

熱烈な中学野球熱を背景に、東北高校球界の中でも存在感を放っていた秋田勢だったが、2000年前後から光を失っていく。1998年から夏の甲子園で全く勝てなくなり、13年連続初戦敗退を喫してしまったのだ。一方、東北他県は同時期を境に勝率が急激な上昇傾向に転じる。言ってみれば、秋田だけが東北勢の中で取り残されたような状態に陥った。

仙台育英（宮城）が準優勝、秋田経法大付（秋田）がベスト4となった1989（平成元）年夏の甲子園は、「東北勢の夜明け」のように報じられた。しかし、躍進が期待された1990年代、東北勢の勝率はむしろ1980年代よりも下がってしまった。この結果をどう読むか？

一つ仮説を立ててみた。1989年は、東北の新しい時代の始まりではなく、高校球界全体の流れの中に位置づけてみると、時代の流れにやっと追いついた結果ではないか、という推察だ。

高校野球黎明期は、優勝こそなかったが、東北勢も秋田中、盛岡中が相次いでベスト4以上に進出する。しかし、野球の普及と人気が高まると東北勢の成績は徐々に下降。戦前の1937年から戦後の1951年にかけての時期は、勝率1割台にあえぐ。それに従い、雪の影響など、後々まで指摘される「北国のハンディ」がささやかれるようになる。

一方、高校野球全体を見渡せば、戦前から戦後にかけては公立校の全盛期で、そこに大都市を中心とする一部の強豪私学が優勝争いに絡む構図だった。そんな時代に変化が訪れるのは１９６０年代。戦後、潤沢な資金を投下し、充実した指導体制と練習環境を整えた新興私学が台頭してくる時期だ。ＰＬ学園（大阪）と東海大相模《さがみ》（神奈川）の対戦となった１９７０（昭和45）年夏の甲子園決勝は、その象徴だろう。そんな転換期において、東北勢は三沢高、磐城と短期間で2校が秋田中以来の準優勝を記録する。両校はともに公立校。当時の新興私学台頭とは対照的である。

そして金属バットが導入された１９７０年代半ばからは、私学台頭の流れが加速する。１９７０年代の春夏の甲子園20回のうち、優勝を果たしたのは東海大相模、日大三（東京）、桐蔭《とういん》学園（神奈川）、横浜高（神奈川）、報徳学園（兵庫）など、現在でも強豪の座にある高校であった。それまでの公立校優勢から、公立と私立が張り合う時代に突入したのである。私学台頭の流れは、その後も全国各地で発生。１９８０年代以降は、徐々に私学「台頭」から私学「優勢」になり、公立校の甲子園出場と優勝は減少していく。国民的人気を誇り、全試合が国営放送で生中継される甲子園は、私学にとってかっこうの宣伝の場。投資する価値は十分にあった。

物心両面豊かな私立と一部の公立強豪校は、スカウティングにも力を入れ、入学した才能豊かな選手は恵まれた環境の中で練習とトレーニングに励み、豊富な実戦経験も積む。こうして高校野球のレベルは強豪校を中心にグングン上昇。そして現在、２０２０年代は、そういった私学を中心とする強豪校と、それ以外の高校の「格差」が広がっている時代とささやかれるようになった。「格差」が萌芽《ほうが》したターニングポイントはいつかといわれれば、１９９０年代後半であろう。春夏甲子園において公立校同士の決勝戦は1996（平成8）年が最後。そして1998年、松坂大輔《まつざかだいすけ》（元・レッドソックスほか）が牽引《けんいん》した横浜高の春夏連覇およびPL学園との死闘は、まさに高度に発達した高校野球の象徴のような試合であった。また、当時の横浜高の選手たちは、中学時代、ほぼ硬式クラブチームでプレー。彼らの進学時のエピソードが盛んに取り上げられたことは、全国レベルの強豪校の選手が硬式クラブチーム出身者中心になっていることを示唆しているようでもあった。偶然にしてはできすぎだが、秋田の夏の甲子園13年連続初戦敗退は、この年から始まっている。

こうした時代の流れを整理してみると、1970年前後の三沢高や磐城の準優勝は、戦前から戦後にかけての「公立校全盛時代」に、1989年の仙台育英の準優勝や秋田経法大付のベスト4は、1970年代の「新興私学の台頭」に、東北勢がそれぞれ20年遅れて追いついた結果のようにも見えてくるのである。こじつけ的な数字の符合に過ぎない、という自覚はある。それでも、1990年代に東北勢が周囲の期待ほど結果を残せなかったのは、新たな時代、すなわち同年代の私学を中心とする全国トップ層の強豪校の急激なレベル向上についていけなくなった結果ではないか。そんな仮説は、高校野球の歴史における潮流の変化と東北勢の結果とを比較したときに、どこか納得できるのである。

ただ、その流れに従えば、東北勢の次の準優勝は2010年前後になるはずだ。しかし、実際は2001年春の仙台育英。20年ではなく10年後だった。その後も2003（平成15）年に東北高が夏の甲子園で準優勝を記録。東北勢全体の勝率も2000年代以降、上昇傾向に入る。そして、2010年代になると甲子園でも頻繁に上位進出するようになった。

20年を10年に、そして地域差がほとんどなくなった状態にした要因は、冬でも様々な練習ができる充実した室内練習場の普及と整備、全国を知る指導者の増加など複合的であり、一言では表せない、本書一冊を通じて伝えるテーマだ。ただ、重要な要因として欠かせないのは「情報」と「交通」のインフラの変化、向上である。

１９９０年代後半、爆発的に普及したインターネットは、多くの分野で先端地域と後進地域の情報格差を埋める武器となった。さらにこの時代、東北地方では高速道路や新幹線など交通網の整備が加速度的に進んだ。それにより全国レベルの高校との練習試合や人材の交流が、以前よりも気軽に、活発に行えるようになった。この２つが「20年」を「10年」に、ついには差がほぼない状態にまで縮める背景の一つになったことは間違いない。

では、こうした東北勢強化の流れに、２０００年代から２０１０年代にかけ、秋田だけが乗れなかったのはなぜか。一つは私学の少なさにあることは確かだろう。全国の潮流同様、東北でも２０００年代以降の進化する高校野球の中心にいたのは私学であった。青森は八戸《はちのへ》学院光星と青森山田、岩手は盛岡大付と花巻《はなまき》東、山形は日大山形、酒田《さかた》南に羽黒《はぐろ》、宮城は仙台育英に東北高、福島は聖光学院と、この時期に存在感を放った東北の高校のほとんどが私学である。その点で、秋田はそもそも硬式野球部のある私学がわずか２校。そのうちの１校である秋田経法大付も、１９８９年ベスト４時の鈴木寿《すずきひとし》監督（現在の名は鈴木寿宝《ひとし》。秋田修英監督）が２００１年初頭に退任。以降、やや不振の時期に入ってしまった。

前出した東北他県の私学の中には、関東や関西の選手が多く進学してくる高校も多い。そこで地元選手が強豪県の野球やマインドの良い影響を受け、チームも強化。他校との切磋《せっさ》琢磨《たくま》につながった。また、他県から優秀な指導者を招いたことが成長の起爆剤となった例もある。基本的に地元選手だけの公立校中心である秋田に、そういった状況は起きにくい。また、私学には、公立のような教員指導者の強制的異動がないため、同じ指導・強化体制の継続と、甲子園の経験・ノウハウの蓄積とフィードバックをしやすいというメリットもある。

そして、全国の強豪校の多くが、硬式クラブチーム出身の選手で占められていくなか、秋田は硬式クラブチームが長く出現しなかった。それが、秋田の高校野球とその強さを長く下支えしてきた中学軟式野球人気の影響だったのであれば、皮肉といえば皮肉である。

「暗黒」からの脱出を目指し

「私もそうでしたが、多くの指導者には東北の中で秋田が弱いという意識はなかったんですよ。でも、よく練習試合をしていた青森山田さんなどを見ていると、想像以上に洗練されている。試合前のウォーミングアップを見ていても、どこか秋田の一歩先を行っているような印象で……それこそ90年代の終わり頃からですよ」

秋田県庁保健体育課で学校体育・部活動班の班長を務める野中仁史は、かつて鷹巣《たかのす》高、秋田南の野球部を監督として率いていた。秋田南は甲子園出場歴こそないものの、県大会ではコンスタントに上位に進出する実力校である。

「守備力、特に内野守備には差を感じました。青森山田や光星学院（現・八戸学院光星）の選手は、多くが中学時代は硬式クラブチーム出身。秋田の1年生がやっと硬球に慣れてきたかな、という時期、あちらの1年生はすでに硬式慣れしているから洗練されたプレーをしている。プロ野球で活躍している投手の中には、中学時代、軟式でプレーしていた投手が少なくないように、硬式と軟式、それぞれに良さはあると思います。ただ、当時の秋田の中学野球は、ようやく硬式クラブチームが誕生したばかりの頃で、ほぼ軟式一択でしたから……いずれにせよ、連敗が始まった頃は、他県の強豪校に差をつけられ始めていることを痛感していました」

野中ら現場の指導者にとってショックだったのは、秋田を圧倒的な力で勝ち上がった代表校ですら、甲子園となると大差で敗戦してしまうことだった。野球熱の高い秋田、そんな状況が続くと市民からも「このままでいいのか！」という声が上がり始め、県議会でも俎上《そじょう》に載せられるように。ついには2011（平成23）年、県知事の号令で秋田の高校野球を立て直すプロジェクトがスタートする。それが「秋田県高校野球強化事業」だった。

目標は「5年で全国ベスト4」。甲子園の連続初戦敗退は、同年夏に能代商（現・能代松陽）が2勝を挙げて13でストップしていた。しかし、連敗中に落ちた秋田の力を取り戻すだけでなく、より高いレベルを目指すことを主眼としたため、「秋田県高校野球強化事業」は実行された。

まず、アドバイザーとして甲子園優勝経験のある元・中京大中京監督の大藤敏行《おおふじとしゆき》（現・享栄《きょうえい》監督）、元・日本新薬監督で春夏甲子園の中継の解説者も務めていた前田正治、スポーツマネジメントを研究する筑波大大学院准教授の高橋義雄《たかはしよしお》、国際経験が豊かでコーチングにも造詣《ぞうけい》が深い元・熊谷組監督の清水隆一《しみずりゅういち》、甲子園大会審判員の岡本良一らを招聘。年2回のプロジェクト委員会への出席と助言、春季大会ベスト8以上のチームへの訪問指導、夏の甲子園代表校の現地サポート、冬季講習会での指導などへの協力を求めた。

野中はこのプロジェクトの開始当初は秋田南の監督として経験し、4年目の2014(平成26)年、県庁に異動。担当職員としてプロジェクトを推進する立場となり現在に至る。

「秋田にとっては全てが学びになりました。なかでもよかったのはプロジェクト委員会。高野連会長、高校の指導者、中学野球の関係者など、県内の様々な野球の現場に立つ方を集めて意見をぶつけ合う会議です。テーマは高校野球強化なのですが、いつのまにか秋田県全体の野球発展について話すようになりました」

監督としてプロジェクトに参加していた頃、野中はあるアドバイザーからの厳しい指摘が忘れられないという。それは「全国ベスト4が目標なのに、秋田の指導者は甲子園に出場することだけで満足しているように見える。全国で勝てないのは選手の技術うんぬんではなく、監督の意識の低さが一番の問題だとわかった」という内容。野中はこの言葉にハッとさせられた。

「問題の原因を外(選手)ではなく内(監督自身)に向けなければならない。秋田は全国でも戦えると思っていたのに、10年以上、全く勝てなかったことで、知らず知らずのうちに指導者の気持ちの強さやプライドが失われていったのかもしれません」

プロジェクト委員会はそんな指導者の意識を変えていく機会にもなった。

「さらには軟式野球部を引退した中学3年生向けの硬式野球練習会。硬式クラブチームがなかった秋田において、高校入学までの間に硬球に慣れておくことは意義がありました」

現在は秋田にも中学生の硬式クラブチームが複数、生まれたことで硬式野球練習会は終了したが、野中は副産物的な効果もあったと感じている。

「練習会では県内の社会人野球チームの力を借りたので、中学・高校・社会人が手を取り合って協力し合う必要がありました。また、中学1、2年生向けの練習会や高校生と小学生の野球教室を兼ねた交流会も実施したんです。これらによって、それまで各カテゴリー、横同士のつながりだったのが、縦のつながりも生まれたことが実感できました」

さらに、「秋田県高校野球強化事業」によって招聘されたアドバイザーの中には、私がひときわ目を引かれた人物もいた。それは國學院大学人間開発学部健康体育学科の准教授・神事努《しんじつとむ》である。

ここ数年、MLBの影響もあり、日本の野球界でもデータや動作解析など最新のテクノロジーを利用して選手やチームの強化を図るケースが増えている。神事はその分野の専門家であり、ボールの回転数と回転軸、変化量に焦点を当てた投手のボールのデータ解析においては日本の第一人者だ。近年はメディアに登場することも増えたため、目の肥えた野球ファンの中には知っている方も多いだろう。ゆえにアドバイザーとして招聘されること自体は意外ではない。ただ、秋田県が神事を招聘したのは、プロジェクト発足当初なのである。

1979年（昭和54）生まれの神事は、当時32歳。国立スポーツ科学センター（JISS）の研究員で、北京五輪でソフトボール日本代表のサポート経験はあった。しかし、野球界での実績はほとんどなく、現在は耳にすることも増えた回転数、回転軸、変化量という言葉も、日本の野球界にはほとんど浸透していなかった頃。いわばプロジェクトに「先見の明」を感じたのだ。いったいどういった経緯で秋田県は神事をアドバイザーに招いたのだろうか。

「確かに早かったですね。早すぎるくらい（笑）」

秋田県から声をかけられた当時を思い出して神事が笑う。秋田県と神事の縁を結んだのは、秋田高の元監督、小野巧だった。

「当時、小野さんはプロジェクトのアドバイザーを探していました。強化のためには科学的アプローチも必要だと感じ、JISSでスポーツ科学研究部に所属し、副センター長を務めていた平野《ひらの》裕《ゆう》一《いち》さん（元・東大監督。現・法政大教授）にアドバイザーを依頼されたようなんです」

そこで平野が「自分よりも若くて適任の研究者がいる」と推薦したのが神事だった。

「私は自分なりにボールのノビ（伸び）やキレ（切れ）など球質の数値化で投手のパフォーマンスが上がっていく肌感覚があって、大学院時代からボールの回転数の研究をしていました。JISSに勤務していたのも、研究の成果を活《い》かしたかったのが動機。スポーツ科学は研究成果が現場でなかなか反映されないのが課題でしたから、秋田県からの誘いは良い機会だと思い快諾したんです」

とはいえ、当時の日本球界は回転数こそ耳にしたことがある程度の人はあれど、回転軸や変化量ともなれば「ハア？」というような状況。神事にしても現場での計測やフィードバックの手法は手探りな部分が多かった。

「今のようにトラックマンやラプソードもない頃。数値化にはモーションキャプチャーを利用していました。3、4000万円する重い機材をクルマに積んで秋田に運び、会場に着いたら3時間かけて機材を設置して、計測はボールに反射マーカーを付けて行う。この方法だと計測結果が出るまで1球に最低1分はかかりました。今なら簡単に設置できるラプソードを使えば1球5秒。もう1回やれと言われたら嫌ですねえ（笑）」

この若手研究者に未来を託した小野の判断に恐れ入る。小野は秋田高の監督として甲子園出場を重ね、1996年には高校日本代表のコーチにも選ばれた実績の持ち主で、当時56歳。功も名もあるベテラン指導者である。それが何者かもわからず、得体の知れない機材を使って研究している若い神事を、他の実績豊富なアドバイザーと同列に扱ったのだ。

「それはもう小野さんがすごいとしか言えません。教育者は学び続けることが大事だと思いますが、それを地で行く方です。『秋田県に（低迷脱出の）答えはない』とよくおっしゃっていて、外の情報を求められていました。秋田は私学が少ないですから、指導者が外から来にくい。最新のテクノロジーを導入しようとしても、学校の判断一つで資金を投入できる私学と異なり、公立校ではなかなか難しい。だから県が動くしかなかった」

内にこもらず自ら積極的に外に出る。その姿勢は小野の先輩である、明治・大正時代の秋田中の選手たちの姿にどこか重なる。

では、実際に秋田の地でどのように科学的アプローチが進んだのか。中心となったのは、当然ながら県内の投手の球質測定である。

「11月に計測して、1月に結果を投手と高校にフィードバックします。最初は機材の問題もあって計測できる投手の数に限りがありましたが、今は60人前後、だいたい県内の全高校の投手2名ずつくらいは計測していますね。また、フィードバックの際にボールの球質解析を中心にテクノロジーについて講演会を行うのがセットになっています」

こうして始まった秋田の科学的アプローチ。神事は秋田の選手の変化を実感している。

「10年以上、測定を続けていますが、もともと秋田の投手が全国平均に比べて特別、劣るというわけではありませんでした。ただ、測定を始めたからといって、彼らの球速、回転数、変化量の平均値が激的に向上したわけでもありません。そもそも回転数や変化量はそう簡単に上がるものではないんです。ただ、球質への興味は非常に高くなったと思います。それと、いろいろな球種を操る投手が増えました。回転軸の方向とその効果を考えながらカットボールやスプリットを習得したり」

数値がわかれば自己分析ができる。たとえ数値が低くても「ならばどうすればいいか」という思考ができるのだ。たとえばストレートのホップ成分が平均以下、いわゆる「垂れ系のストレート」なら、低めを攻める配球でゴロを打たせることを狙えばいい。神事が行う「フィードバック」は、そんな「ピッチデザイン」の提案でもあった。ピッチデザインがわかれば、ゴロを狙う投手ならば内野守備も強化しなければいけない、というように投手だけではなく、バッテリー、チームとしてやるべきことが見えてくる。そういった発想や思考を広げたことも、測定の大きな効果だった。

「計測の経験によりホップ成分、シュート成分といった言葉を知るのも重要。選手の使う言葉、指導者がかける言葉も変わる。運動学習においてボヤッとした感覚を言語化できることは成長においてとても大事なんです」

そして一番の効果は、実は指導者のレベル向上ではないか、と神事は言う。

「高校野球は、選手は3年で卒業していきますが、指導者は長くチームに携わります。プロジェクトに最初から参加している指導者が今も現場に出ている例も珍しくありません。そういった指導者はテクノロジーに詳しく、データも深く見られるようになるし、着目点も鋭くなる。投手の評価についてもノビやキレも含めて正しくできる。これは大きな進歩でしょう」

やがて神事のデータ解析を受けた選手が、教員として秋田に帰ってくるケースも出現。経験を指導現場で活かすケースも見られる。秋田の高校野球は少しずつ変化していき、やがて低迷からの脱出が実現していく。


「この数字はズバ抜けている」

2014年11月、神事がプロジェクト4年目の測定で驚いたのは、秋田商の小柄なサウスポーが投じたストレートのホップ成分だった。その数字は、一般的な高校生投手の平均値に比較して約20センチ、NPBの投手平均と比較しても約10センチも大きい。投手の名は成田翔《なりたかける》（現・ヤクルト）といった。

「ボールの回転数も多く、回転軸もバックスピンに近いので、シュートせずに打者に向かっていき、上方向へ伸びるような球筋になる。成田投手の場合、上方向、すなわちホップ成分の数字が高校生としてはケタ外れに大きいので、打者がふだん見慣れたストレートの軌道を予想して打ちに行くと、ボールの下を振ってしまい空振りになりやすいと考えられます」

「空振りがとれる投手」は、神事が個人的に感じていた秋田勢の低迷脱出のキーポイントだった。

「ゴロを打たせる投手の場合、計算通りに打ち取っても、内野手の捕球とスローイングを経てアウトをとる必要がある。つまり不確定要素が増えるわけです」

連敗が続いていた時期の秋田では、甲子園での経験を豊富に持つチームや選手がほぼいない状態になっていた。ピンチでの守備では浮き足だってしまうことは十分あり得る。

「そう考えると、秋田勢が甲子園ベスト4を目指すなら、空振りをどんどんとれるボールが速いうえに当てられにくい投手がいた方がいい。成田投手は、その典型になれそうでした」

秋田商と成田は期待に応《こた》え、翌2015（平成27）年、夏の甲子園に出場。秋田大会では39回を投げて55奪三振と神事の見立て通りのピッチングを見せていた。甲子園でも初戦となった2回戦の龍谷《りゅうこく》（佐賀）戦で9回1失点16奪三振の快投を披露。チームを勝利に導く。続く3回戦の健大高崎《けんだいたかさき》（群馬）戦も延長10回3失点完投勝利。秋田県勢20年ぶり、秋田商として80年ぶりとなる夏の甲子園ベスト8進出を果たした。準々決勝で仙台育英に敗れたが、成田は3試合で24回2／3を投げて28奪三振。大会後はU18日本代表にも選出された。そのピッチングは、秋田が県一体となって取り組んだ結果でもあった。

「秋田県高校野球強化事業」はこの2015年が、当初予定の最終年である5年目。目標であった全国ベスト4は達成できなかったがベスト8には進出。一定の成果はあったということで一区切りをつけることになった。ただ、想像以上に得られるものが多いというのが関係者の総意。引き続き強化を図ろうと、名前を「秋田型高校野球育成・強化プロジェクト」に変え、プロジェクトの3年延長が決定。神事らアドバイザーの多くも留任となった。
そして、その1年目となる２０１６（平成28）年、あの投手が秋田の高校球界に足を踏み入れる。金足農《かなあし》の吉田輝星《よしだこうせい》（現・日本ハム）である。

「吉田投手を初めて見たのは、彼が2年生の11月でした。ストレートのノビ、球質が成田投手に似ていて、キャッチボールを見ただけですごいと思わせる迫力がありました。私が見てきたなかで、キャッチボールからレベルが違ったのは、高校時代の千賀滉大《せんがこうだい》投手（現・メッツ）、亜細亜大1年生のときに見た山﨑康晃《やまさきやすあき》投手（現・ＤｅＮＡ）、そして吉田投手の３人ですね」

神事が吉田のボールを初めて計測した日のことをそう思い出す。

「その段階でも球質だけなら全国トップレベル。スピードは当時で最速１３６キロでしたが、一冬越えたらもっと速くなる予感は十分ありました」

神事が見せてくれた当時の吉田のストレートの測定結果は圧倒的だった。ボールのホップ成分は高校生平均より約20センチ上回り、大谷翔平《おおたにしょうへい》（現・エンゼルス）、ダルビッシュ有《ゆう》（現・パドレス）、田中将大《たなかまさひろ》（現・楽天）よりも上。３人よりノビのあるストレートを投じていたのである。

ご存じの通り、２０１８（平成30）年夏、吉田がエースの金足農は、鹿児島実（鹿児島）、大垣日大《おおがきにちだい》（岐阜）、横浜高、近江《おうみ》（滋賀）、日大三と甲子園常連校を次々と破って決勝進出。大阪桐蔭（大阪）に敗れ準優勝に終わったが、全国的なフィーバーを巻き起こし、99大会ぶりの県勢準優勝に秋田は沸いた。その予兆は、前年秋に既に数字として表れていたのだ。

「とはいえ、あそこまでの活躍は予測できませんでしたけどね。整形外科医1名と理学療法士2名がチームに帯同していたので、ケアとコンディションチェックの態勢は万全でしたが、それでも吉田投手1人の力で甲子園で勝ち上がることは難しかったでしょうから」

言い方を変えれば、プロジェクト関係者から見ると、金足農の快進撃は決して吉田だけの力ではなく、節々に継続してきた取り組みの成果でもあった。当時、保健体育課・主任指導主事の立場でチームに帯同していた野中は、それまでの秋田の代表校と金足農の違いを次のように話す。

「金足農は最終的に夏の甲子園で20泊以上したのですが、途中で選手たちが『練習は短いし、食事は美味《おい》しいし、もっとこの生活を続けたい』と話しているのを耳にして、この子たち、まだまだ上に行くんじゃないか、と感じました。過去の秋田の代表校の中には、8月の頭に甲子園入りして初戦が8月10日くらいになると、慣れないホテル生活に疲れて試合前に『もう秋田に帰りたい』みたいな雰囲気が出るときもあったんです」

軽いホームシックというわけだが、これは秋田勢に限らず、甲子園経験の浅い高校、特に学校に寮がなく実家から通学する選手が中心のチームからたまに聞く話である。寮生であれば、ふだんから集団生活に慣れているため、ホテル生活でもストレスは少ないように見えるという。この点で秋田はもともとハンディがあった。私立校が少なく公立校がほとんどで、その性質上、実家から通う選手中心のチームが大多数を占めるのである。

では、金足農ナインはなぜ、そのストレスと無縁だったのか。もちろん勝っていた勢いもあったのだろうが、サポート効果も生きた。プロジェクトでは「甲子園での過ごし方」についてもフォローをしていたのである。第三者として見ていた神事は、その取り組みに感心したという。
「驚いたのは学校を越えて情報共有をしていたこと。甲子園出場校にヒアリングして、その経験を引き継ぎ、後の出場校にも伝えて県としてノウハウを蓄積していました。たとえば暑熱対策、練習ができる場所、どこで何を食べられるか、選手や監督がリラックスできる方法や場所、部長の業務やマスコミ対応のポイント……。これがあるとないとで甲子園で地に足をつけてプレーをできるかが変わってくる。野中先生は『団体で行きやすい焼肉屋を知っていることも大事』なんてお話もされていましたけど、これって冗談ではなくめちゃくちゃ重要なんですよ」
神事は北京五輪でソフトボール日本代表に帯同していた。その際、栄養士が現地に先乗りしてレストランを調査したり、ホテルで美味しい日本料理を用意をするなど、勝利を目指すうえで、選手たちが日本にいるときと同じ感覚で生活できる環境を整えることの大切さを痛感したという。
「だから、秋田の初出場校は初出場校に見えませんでしたね」（神事）
「2015年のセンバツで初出場の大曲工が初戦突破をしましたが、この効果もあったと思います」（野中）
長年にわたり同じスタッフ、体制での指導をしやすい私学が少ない秋田。公立校は指導者の異動も多く、学校単体ではノウハウが蓄積しにくい。学校の枠を越えた情報共有は金足農も後押ししただろう。ただ、金足農には固有の強みもあったと野中は感じている。
「金足農は県立校ですが宿泊施設も整ったセミナーハウスがあるんです。野球部はそこに泊まって6月に3週間くらいの合宿をするなど、泊まり込んでの練習をけっこうやるんですよ。それもホテル生活にストレスを感じにくい一因かな、と思いましたね」

金足農は嶋崎久美《しまざきひさみ》監督時代から「地獄の田沢湖《たざわこ》合宿」と呼ばれるハードな冬の泊まり込み練習も有名だ。これまで基礎体力と精神面の強化ばかり語られていた田沢湖合宿だが、知らず知らずのうちに甲子園出場時の予行演習にもなっていたのかもしれない。金足農は、甲子園出場回数は少ないが、出れば上位に勝ち進むことが多い。その要因の一つに思うと同時に、寮を持たない高校が甲子園で勝つための参考にもなる話だと感じた。

「スポーツで超集中状態に入ることをゾーンと呼びますが、あの夏の金足農は、大会期間中、ずっとゾーンに入っているかのように見えました。ゾーンは緊張や不安が高すぎても低すぎても発生しないそうです。金足農の対戦校は全て強豪校。気が緩む暇はないが、充実している自分たちにとって頑張れば届くのではないか、という目標が常にあったのがよかったのかもしれません」

秋田を興奮の渦に巻き込んだ「金農フィーバー」は、3年延長したプロジェクトの最終年。まさに集大成の夏となった。プロジェクトは予定通り終了したが、「高校野球強化支援」という名称のもと、規模は縮小しつつも強化策は続いている。

「プロジェクトは終わっても、この経験を未来につないでいかないと意味はありません。やめたらまた13連敗のような状況になる。今の若い指導者の中には、プロジェクト当初、意見をぶつけ合った委員会のような場がないので、何かしらの形で設けたいと思っています。また、全国の強豪に対して、我々は県一体となる『和』で対抗したわけですが、今後は『個』でも勝負できないと甲子園優勝は獲《と》れないと感じています」

「今後は投手だけではなく、打者の測定と解析も必要」と語る神事も、秋田での測定を続行中だ。

「成果はもちろんですが、甲子園が現実的ではないようなチームの選手も、計測結果をもとに課題克服に取り組んだ結果、成長を実感できてやりがいにつながっている、という話もうれしかったんです。秋田での経験を通じてテクノロジーは日々の生きがいにも寄与できると実感しました。高校でも情報の授業が必修化された現代において、データリテラシーは『読み書きそろばん』みたいなもの。この経験が野球に止《とど》まらない選手の将来につながる教育的効果も期待しています」

秋田は過疎化と少子化のスピードが加速している。人口減少率は10年連続で全国一。熱い支持を受ける中学野球も選手集めに苦労するチームが増えてきた。

「野球界だけではなく、秋田のそれぞれの世界にピンチがある。苦しいのは我々だけではない。野球だけではなく秋田全体も前向きに。そんな意識で取り組んでいきたいですね」

そして、再びの秋田高

今も昔も、秋田高は「シュウコウ（秋高）」の通称で知られる県内一の公立進学校であり、野球名門校である。ただ、最後の甲子園出場は２００3年の夏。２０２３（令和５）年で聖地と縁がなくなり20年が経つ。現在、硬式野球部の指揮をとる監督はＯＢでもある保健体育教員の伊東裕だ。

「秋高は文武両道・自主自律の精神が尊重されてきた高校なんです。そのため、我々が生徒だった頃は、勉強を強制されることも、成績が悪くても怒られたりすることもなく、伝統的に自由な校風でした」

全ては自分自身の責任、というわけである。

「しかし、近年は大手予備校の特別講座や模試、学習塾通いなど、学習環境の変化もあり、少子化で生徒数は減っているのに、生徒数に対する東大や東北大の現役合格者数は昔より増えているんですよ」

喜ぶべき話である。しかし、伊東の表情から一抹の寂しさも感じるのは、気のせいだろうか。

伊東は1981(昭和56)年、秋田市の北にある旧・八竜町《はちりゅう》(現・三種町《みたね》)で生まれた。八竜中の軟式野球部時代は副キャプテンで内野手。実家から秋田高まではクルマと電車を乗り継いで1時間以上かかるが、地元の高校ではなく、秋田高の門を叩《たた》いた。

「秋高は秋田で一番、甲子園に行っていましたし、勉強も頑張りたかったので。当時は小野監督の時代ですが、3年に1回は甲子園に行っていましたから、そこですね、一番の志望理由は」

「小野監督」とは、神事を秋田に招聘した、あの小野巧である。

そして高3の夏、念願叶って甲子園に出場。卒業後は小野に憧れて教員を志し、現在に至る。小野監督時代に限らず、秋田高は第1回の準優勝以降も2000年代に至るまでコンスタントに甲子園出場を重ねてきた。選手は県一番の難関校の入試を突破してきた生徒たちばかり。そこには嘘偽りもからくりもない。

「小野先生も僕も生徒たちに伝えていますが、強さの理由はプライド。勉強ができるから野球は負けてもいい、ではない。勉強はナンバーワン、そのうえで野球でも簡単に負けてはいけないのが秋田高の野球部。そのプライドです」

ただ、前述した通り、近年は甲子園に届いていないのが現実。部員も減少傾向にある。

「入学のハードルが高い高校ですから、昔も1学年10人を切る年はあったんですけどね。ただ、他県の進学校もそうだと思いますが、入学者は中学時代、塾通いをしていた生徒が昔より圧倒的に多い。塾では医学部に現役合格した先輩の大学生などが『高校で厳しい運動部に入ったら、第一志望の大学に現役合格するのはかなり難しい』なんて話をするそうです。そんな影響もあるのか、野球部だけではなく学校全体の部活動の加入率も下がってきているんですよ」

硬式野球部とは対照的に、軟式野球部は2022年夏に東北大会準優勝。全国大会まであと一歩だった。軟式野球部は硬式野球部に比べると練習時間も短く、勉強との両立がしやすい。

「戦力分散が進んでいることも理由ですかね。以前は秋田市内の高校に、遠方から進学する生徒も含め、好選手が集中する傾向がありました。でも、これだけブランクができてしまった一番の理由は我々の指導にあると思います。選手個々の能力、ポテンシャルは、我々の時代より落ちるとは思いません。秋田県のチームが甲子園出場校とも互角に張り合うことも多いですし。もともと技術では劣っても、ここ一番の場面で集中力を発揮して勝つのが秋高ですしね。学校の学習環境が変わって勉強が忙しくなったり、大人が生徒を導く場面が増えたり、昔と状況は変わってきています。でも、そこをなんとか自走と両立をさせるのが、指導者として、教員としての役割。我々の先輩方も、決して勉強をおろそかにしていたわけではありませんでした。そのためにもプライドを植え付けさせたい」

秋田中時代の選手たちが、当たり前にやっていた「自主自律」を取り戻せるか。最後の甲子園出場は、今の選手たちが生まれる前。実際に甲子園で試合をする秋田高の姿を見たことはない。プライドを植え付けるのも難儀だろう。

「伝わるまで、何度でも伝えますよ。野球自体は時代と選手に合わせて変えていかなければならないし、私自身の指導も過去に固執しすぎてはいけない。だけど、秋高のプライドは絶対に捨ててはいけないと思います。我々、秋高硬式野球部には勉強の甲子園と野球の甲子園、2つの甲子園がありますから」

「甲子園に出る、秋田県を勝ち抜くことって、高校野球ですから技術どうこうの前に、絶対勝つんだという気持ちであったり、これだけ練習をやってきたんだぞ、というメンタルであったりが必須《ひっす》だと思うんです。細かな技術や戦術の課題は、それが根本にあってからの話。だけど、今のチームには、その根本がない」

これは監督である伊東の言葉ではない。秋田高の主将である外野手、長澤晃汰に訊《たず》ねた「甲子園に行くためにチームに必要なこと」への回答である。

「今のメンバーを見るに、『根本』は何かしらを成し遂げて初めて得られるものだと思うんです。たとえばピッチャーだったら『140キロを目指して頑張ったけど結局120キロしか出せなかった。だけど、頑張ったから勝てる』ではなく、120キロから140キロまでちゃんと上げて、初めて本当の自信がつく。目に見える結果を出してつけた自信は絶対に揺らがない」

滔々《とうとう》とした語りぶりには、伊東の心配は杞憂《きゆう》ではないか、と思わせられる。もちろん、選手全員が長澤のようでもないのだろうが。

「じゃあ、それを達成するには、感情やメンタルを切り離して、まず数値を上げましょう、と。150キロは150キロ。絶対的数値は絶対に裏切らない。きちんと考えて取り組めば、上がっていかなかったらおかしい。それくらい心を鬼にして数字を追い求めていくこと。それが『根本』にたどり着くために必要だと思います」

「技術の前に」と言いつつ、その手法は「根本」を追い求めることで、結果的に技術向上につなげることもできる。長澤が現在の秋田高の時間のなさも考慮して考え抜いた結論なのだろう。まるで指導者のような選手である。

「ちょっと、自分でもそういった意識でやっています。まだ全然できていないですが、チームを俯《ふ》瞰《かん》して見られるような選手になりたい。成功するために計画を立てて、ステップを踏み、達成していくのがすごく好きなんです」

長澤は小学生時代、楽天ジュニアのメンバーにも選出されてNPB12球団ジュニアトーナメントにも出場した。夏の甲子園を制した仙台育英にも、当時のチームメイトがいる。中学時代は秋田シニア、つまり硬式クラブチームでプレー。当たり前のように県外の強豪校への進学も検討する、秋田では新世代的な球歴の選手である。

「2023年、秋田高校は創立150周年なんですよ。そこにあたるってなかなかないですよね。だから甲子園出場のために利用したいです。伝統には囚《とら》われすぎたくないし、150周年といっても、なんてことのないただの数字ではあるんですけど、あえてそこを意識したい、あえて」

長澤も伊東と同じく「プライド」がキーになると見込んでいるようだ。

学校の記念すべき年を「なんてことのないただの数字」と言い切る反骨精神とたくましさ。それがわかったうえで利用してやろうという狡猾《こうかつ》ギリギリの聡明《そうめい》さ。

長澤を見ていると、学校に内緒で勝手に野球部を再興して東京に遠征したり、全国大会に出たいと臨時東北大会を開いたりした、常軌を逸した野球熱に突き動かされていた秋田中の選手たちの姿が、見たこともないのに重なってくる。苦しい時代も県が一体となって乗り越えた秋田の野球熱。それは、新たな世代にも受け継がれている。

蛇足ながら、長澤の出身中学は大仙市立中仙中。桜田と富樫が野球熱の種を蒔《ま》いた、仙北地方で生まれ育った野球少年である。

第二章

宮城

~竹田利秋の挑戦~

「よそ者」の力

野球留学生から指導者まで、東北勢の強化の歴史において、東北以外の地域の野球人が果たした役割は大きかった。関東や関西でトップレベルの野球を身につけた人々がもたらした技術・戦術は大きな力となり、勝負に対する闘志は、控えめでガツガツしないといわれた東北の人々の内面に刺激を与え、チームを成長させる。そんな例を東北の高校野球ファンであるならばいくつも知っているだろう。閉塞《へいそく》した時代、停滞した組織を変えるのは「若者・よそ者・バカ者」とはよく言われることだが、前章の秋田のケースしかり、東北においては「よそ者」の貢献が圧倒的に大きい。

では、そのルーツはどこに見出《みいだ》せるだろうか。挙げるならば宮城県の東北高だろう。強豪といえば公立校であった東北高校球界の黎明《れいめい》期において、旧制東北中（以下、東北中）時代の1930（昭和5）年、私立校として初めて甲子園出場を果たし、県勢初となる勝利も挙げた。その原動力の一つは、関東から招いた指導者の存在だった。1925（大正14）年には、後に「俺がルールブックだ！」の名言で歴史に残る審判となった明治大の外野手、二出川延明《にでがわのぶあき》がコーチに招かれ、チーム力が格段にアップした。1930年には東京の國學院大で野球部監督を務めていた青年、松尾勝榮の監督招聘《しょうへい》を試みる。松尾は福島県出身ではあるが、中学から旧制早稲田中（現・早稲田／東京）に進み、最新の野球知識を身につけていた。松尾は「甲子園出場まで」という条件で監督を受諾。見事、就任1年目に約束を果たす。その後、松尾は約束通り、國學院大に戻った。

東北勢は昭和初期から戦後にかけて、大きく成績を落としたが、東北高の奮闘は続く。後年、高校野球は私学隆盛の時代に移っていくが、東北でいち早く私学の特性を活《い》かして強化を図った高校といえよう。

松尾は後年、再び東北高の監督に就く。そして、自身の後継者として白羽の矢を立てたのが、和歌山県出身で國學院大の後輩でもある竹田《たけだ》利秋《としあき》だった。

竹田利秋——。

東北高、後には同県のライバル、仙台育英の監督として甲子園に春夏合わせ27回出場。弱かった時代の東北勢において孤軍奮闘。全国レベルのチームを育《はぐく》み、初の甲子園優勝に挑み続けた名将である。

高校時代は関西で、大学時代は東京で、高いレベルの中で野球をしていた竹田もまた「よそ者」。東北の地に優勝旗をもたらすために、その知識と経験と情熱を注ぎ込んだ。大旗には届かなかったが、その功績は計り知れないものがある。

松尾から竹田へと受け継がれた甲子園優勝への情熱。現代高校野球における東北勢強化の第一歩であり、「よそ者」の力と効果を東北の地で示した指導者の歩みを見ていこう。

「当時は東北で本格的にスポーツに力を入れていた高校はなかったと思います。五十嵐家はもともとスポーツが身近にあったので『どこもやっていないことにチャレンジするんだ』という気概があったのではないでしょうか」

そう語るのは、現在の東北高の校長、かつて硬式野球部監督も務めた五十嵐征彦《いがらしゆきひこ》だ。

南光学園という学校法人名から地元では「ナンコウ」の愛称でも呼ばれる東北高。創設者は征彦の曾祖父《そうそふ》である五十嵐豊吉《とよきち》である。教育者だった豊吉は、1894（明治27）年、師と同志と3人で、仙台に「東京数学院宮城分院」を開校。翌年には名を仙台数学院に改める。これが東北高のルーツとなった。豊吉は弱冠24歳で学校経営をほぼ任され奔走。1900（明治33）年、中学校令により仙台数学院は東北中として新たに開校する。初代校長となった豊吉の教育理念は「知育・徳育・体育」の3つを柱とする人間教育。故にスポーツも奨励された。

豊吉は野球にも熱心だった。甲子園初出場の際は、試合前に自らノックバットを持って選手たちにシートノックを敢行。観衆から喝采《かっさい》を受ける様は「校長のノック」として話題を呼んだ。

このように昭和初期から野球に力を入れ始めた東北高は、戦後も甲子園出場を果たすが初戦敗退を喫する。当時、3代目校長であった豊吉の息子、征彦の祖父である信四郎《のぶしろう》は、大の野球好き。なんとか甲子園でも勝てるようになりたいと考えた信四郎は、野球部強化計画を立てる。全国レベルの投手の出現はアテにはできない。理想としたのは、打撃を鍛えた大型選手が揃うチーム。自ら物理の法則に基づいた打撃理論の構築にも取り組んだという。

「自らバッティングの指導もしていたと聞いています。生徒を家に呼んでつきっきりで教えたり。スイッチが入るとものすごいエネルギーを発揮する人でした」

そんな野球の虫であった信四郎は、全国優勝へも熱意を見せる。1947（昭和22）年、旧制小倉中《こくらちゅう》（現・小倉／福岡）の夏の甲子園優勝によって、甲子園優勝を果たしていない地域は、早くも北海道・東北のみとなっていた。それが悔しかったのであろう。信四郎は偉業達成のために優秀な指導者の必要性も感じていた。そこで思いついたのが、東北高に初の甲子園をもたらした松尾の再招聘。父の豊吉は二出川や松尾ら、野球先進地域の人材を招いてチーム力をアップさせていた。それに倣ったわけである。

「若生《わこう》」の名は宮城の高校球界で特別な響きを持つ。

仙台商の監督として八重樫幸雄《やえがしゆきお》（元・ヤクルト）を育て、甲子園にも出場。県高野連の要職も務めた若生久仁雄《くにお》。投手として東北高からプロに進んで通算121勝を挙げ、引退後は名投手コーチと呼ばれた若生智男《ともお》（元・阪神ほか）。東北高の投手・4番として甲子園に出場、監督として多くのプロ野球選手を育て、ダルビッシュ有（現・パドレス）を擁して夏の甲子園準優勝も果たした若生正廣《まさひろ》。3人は仙台市内の鮮魚店に生まれた兄弟である。さらに智男の東北高同期の投手には、智男とともにプロへ進んだ若生忠男《ただお》（元・西鉄）、中央大を経て大洋（現・DeNA）に入団する若生照《てる》元《もと》という2人の「若生」がおり「東北の三若生」と呼ばれた。

「忠男や照元とは血縁関係が全然ないから、珍しいケースだったよねえ」

86歳となった現在でも中高生を指導している智男が若き日を振り返る。7人きょうだいの次男で1937（昭和12）年生まれ。野球好きのきょうだいの中で唯一、プロ野球選手となった智男だが、本格的に野球を始めたのは遅かった。家業である鮮魚店を継ぐために兄・久仁雄は仙台商に進んだ。

ところが兄は商売よりも野球に夢中になる。家は継がないと勝手に社会人野球チームの強豪、日本石油（現・ＥＮＥＯＳ）への就職を決めて上京。激怒した父は次男である智男を後継に考える。智男は父の命に従い、仙台商を受験するが失敗。滑り止めとして合格していた東北高の商業科に進んだ。

「小中学校時代は戦争直後で野球どころではありませんでした。小学生のときは校舎ができるまで青空教室ですよ。そんな時代なのに兄は野球に没頭していた。私は兄の練習を球拾いとして手伝ったり、人数が足りないときに試合に出たり。中学までの野球歴はその程度です」

野球よりも家業。東北高進学はあくまでも店を継ぐため。野球は関係なく、よって部活動にも所属しなかった。ところが2年生の秋、智男の運命が変わる。

「ある日の体操の時間、校庭に五十嵐校長（＊信四郎）がやってきて、僕に『体大きいな、何かやってるのか？』と声をかけてきたんです。私は『何もやっていません』と答えたのですが、周囲の友達が『智男は野球やっていましたよ』と言うわけです。そしたら校長に『今度、松尾という優秀な監督を呼ぶから野球をやれ』と言われ、それで野球部に入ることになりました」

信四郎の目にとまったように智男の体は大きかった。身長は１８２センチ。当時の成人男性の平均身長は１６０センチ強である。今の感覚であれば智男は１９０センチほどに見られていただろう。

こうして１９５４（昭和29）年、再び東北高の監督となった54歳の松尾が、智男の前に現れた。

「ちょび髭《ひげ》をはやした紳士然としているおじいちゃん、という感じでしたね。いつもニコニコしていて、話す言葉も東北弁じゃなかったのが印象に残ってます」

松尾は試合以外ではユニホームを着ず、常に背広姿であった。

「ルールを外れるようなことはしない、正しい野球を教える人でした。殴ったりもしませんでしたね。選手をヘンにいじったりもしない。知的な人で、いろいろな練習や育て方のアイデアを持ち、それぞれの選手に合った教え方をしていました。守備でも手ではなく足、今でいうフットワークを大事にされていた。投手を命じられた私は『真っすぐを狙った所に投げられるまで投げろ。自分の好きなように投げていいから、まずは自分のフォーム、スタイルを作りなさい』と言われました」

その日から智男は、1日200球を来る日も来る日も投げ続けた。

「最初から成功する人間はいない。失敗してうまくなっていくんだ。失敗したら自分で考える頭をもちなさい、と励ましてくれました。全国優勝を狙うなら近くの高校とばかり試合をしても意味がないと社会人野球のチームと練習試合をしたり、高校生同士なら他県のチームとやったり。チームバスなんてない時代ですから、道具を担いで松尾先生といっしょに電車に乗って出かけましたね」

東京の大学で長く指導者を務めた松尾は、球界に広いネットワークをもっていた。東北生まれであったが、早くに故郷を離れ、東京の名門中学で育った立ち振る舞いや雰囲気は洗練された都会人そのもの。智男たちはその刺激を日々受ける。「雪が降ると外では練習できない」という常識にもメスを入れた。冬になると、松尾は奇妙なボールを持ってきたのである。

「硬球をゴムの皮で包んだボールでした。グラウンドには雪が積もっているのですが、そこでバッティング練習をするぞ、と。ゴムのボールだから水洗いすればすぐキレイになるし革も傷まない。これなら雪と土でグチャグチャになっても大丈夫。知的でニコニコしていたけど、野球に対する執念は本当に強かった」

春が近づくと、智男のマウンド姿もだいぶ様になってきた。愚直に投球練習を続けた成果である。大柄な智男の真っすぐはチームの中でも一、二を争うほど速くなり、制球もよかったため最後の夏はエース格となっていた。結果的に夏は宮城大会で準決勝敗退。しかし、智男はプロのスカウトも注目する投手となり、卒業後は毎日に入団した。

松尾は智男の例のように選手個々の長所を活かす育成を行い、最新の技術を伝え、雪にも負けない執念でチーム強化を図った。その結果、1957（昭和32）年春にセンバツ初出場。東北勢では3校目の出場だった。1958（昭和33）年から1961（昭和36）年にかけては4年連続で夏の甲子園出場。1959（昭和34）年には後にプロへと進む選手4人を擁してベスト4まで勝ち進むなど、東北高の第一次黄金時代を築き、「みちのくに東北高あり」と全国に印象づけた。

いよいよ甲子園優勝が視界に入ってきた東北高。だが、松尾は既に60歳を過ぎていた。現在のような長寿の時代ではない。当時の日本の男性平均寿命は65歳前後。後継者を立てるのは当然、遅すぎるほどであった。そこで白羽の矢が立ったのが、國學院大で松尾の後輩となる和歌山出身の銀行員、竹田利秋だった。

竹田利秋、北へ

松尾が大勢の候補者から竹田を選んだのには理由があった。それまで大型チームを志向していた東北高だが、高校球界はより緻密《ちみつ》な戦術を駆使する野球へと変わりつつあった。1960（昭和35）年夏から翌年春にかけ「ドジャースの戦法」を導入した法政二（神奈川）が夏春連覇を達成。「ドジャースの戦法」は犠打やヒットエンドランを用いて得点。それを緻密な守備を最大限に活かして守り勝つ野球である。松尾は竹田にその時代の変化に対応できる才を見出したのだ。

竹田は1941（昭和16）年1月、和歌山県和歌山市に生まれた。高校時代は和歌山工の三塁手として1958年春のセンバツに出場。卒業後に進んだ國學院大では3年生から選手兼任コーチを務める。そのときの働きぶりを松尾が評価した。竹田は大学卒業後、都内の銀行に就職。大学時代から続く松尾の誘いは、銀行員として歩み出し、2年が経とうとしているのにまだ続いていた。安定した企業で花形部署にも配属され、出世コースも視野に入っていた竹田は、松尾の誘いを断り続けていた。しかし、最後には折れて、1965（昭和40）年、東北高のコーチを引き受ける。温暖な紀州育ちの竹田にとって、北国・仙台は暮らしの想像もつかない土地だった。松尾と交代して監督になったのは3年後、1968（昭和43）年のことである。

この時期、東北高は甲子園から遠ざかっていた。八重樫のいた仙台商が強く、後にライバル物語を紡ぐことになる仙台育英も台頭していた。だが、竹田は監督就任1年目、東北高7年ぶりとなる夏の甲子園出場を決める。エース・4番・主将と大黒柱を担っていたのは、若生きょうだいの末弟、正廣であった。これで役目は果たしたと帰郷も考えたが、甲子園の組み合わせ抽選会場で、竹田は人生を決定づける光景を目にする。それは東北高も含め、東北・北海道の代表校と対戦が決まったチームが喜ぶ姿。それに対して憤慨することもなく、おとなしくうつむいている東北・北海道のチームの姿。就任したときから「東北の選手は覇気が足りない」とは感じていたが、甲子園の舞台で相手がそんな様子でもこれかと、あらためて根深いコンプレックスを痛感した。

「この状況を変えなければ」

竹田の闘志に火がついた。初の甲子園は佐賀工（佐賀）に6対8で初戦敗退。請われに請われて、この結果だけで帰郷するのもプライドが許さない。時を経て、東北の地に対する愛着も湧いてきたのだろう。東北高でも、後に指揮をとる仙台育英でも、竹田が率いるチームの選手は、概《おおむ》ね東北出身者で占められていた。それは時代のせいもあっただろうが、竹田のこだわりも感じる。東北の選手で日本一を獲《と》らなければ意味がない、といったような。背景は、この原体験かもしれない。後年、竹田は新聞記者の質問に対して、次のように答えている。


「こんなに言われてまで、どうして仙台育英の監督になったのですか」。若手記者の緊張をほぐすように、温和な表情を見せながら「宮城に、東北に」の言葉。熱い思いが伝わってきた。

（『日刊スポーツ』2022年8月28日発刊号より）


あらためて「東北から日本一」を目指し始めた竹田の練習は壮絶を極めた。厳しさの裏には、「覇気がない」と感じた東北の選手たちを煽《あお》り、反骨心を引き出す狙いもあったのだろう。体の芯《しん》の芯まで染み込んだ東北人の負け犬根性を払拭《ふっしょく》することは、そう簡単なことではない。まして当時は、現代の状況からは想像できないほど東北勢が勝てなかった時代である。竹田は指導理念を「社会に通用する人間づくり」としていたが、厳しさはその一心から来るものだった。精神の成長は野球を離れても役立つはずだ、と。

「これは僕も同感なのですが、竹田先生は『東北人は粘り強いのではなく我慢強いのだ』が持論。何を言われてもじっと我慢するのには長《た》けている。西の人は我慢しないで言う。髪を切りに行けば『ここが痒《かゆ》い』と言える。それすら言えないのが東北の人」と話すのは、東北高時代に竹田の指導を受け、後に仙台育英のコーチとしても竹田を支えた佐々木《ささき》順一朗《じゅんいちろう》（現・学法石川監督）である。

全国で勝つために、竹田は厳しさに厳しさを重ねた。ただ、その竹田も雪には手を焼いた。グラウンドに広がる、生まれて初めて見る本物の銀世界。その雪が溶けるのではないかと、トタンの上で火を燃やしてみたこともあったが徒労に終わった。

竹田「雪が降っているからできない、仕方がないといったマイナス志向の考え方を改め、だったら雪降る期間、何ができるかというプラス志向でモノを考える。つまり、発想の転換をさせました。創意工夫によって前向きな練習方法を子供たちに求めさせたんです」
蕪木「たとえばそれはどんな？」
竹田「除雪作業ですね。多分にこじつけではありますがウェイトトレーニングになるでしょう。やってるうちにパワーがついてきます。それと精神的な面ではいやなことに向かってゆくことで忍耐力を養えるというメリットもあると、こう子供たちにハッパをかけてきたんですよ」
（風塵社・蕪木和夫／『大旗よ、届け　甲子園 夢三国志』より）

東北の高校に室内練習場の存在が確認されるのは1970年代後半くらいから。それまで東北の熱意ある指導者は、大なり小なり、こうした戦いを強いられたのだろう。

この発言で注目したいのは、竹田がパワーに着目している点だ。前任の松尾は大型チームを志向した。竹田も日本一になるにはパワーの必要性を早くから感じていたフシがある。監督就任後、しばらくは松尾が部長として竹田をサポートしていたため、その影響があっても不思議ではない。松尾が竹田の力を買ったのは、緻密化する高校野球に対応できる人材と踏んだから。だが、『大旗よ、届け　甲子園 夢三国志』によると、そのうえで竹田はパワーを活かした攻撃野球をも志向したようである。実際、竹田の監督就任以降、東北高は東北地方のチームとは思えないほど個々の能力に優れるスケールの大きな選手を主軸に、甲子園に乗り込むことが増えた。竹田は緻密さばかりに固執していたわけではない。スカウティングにも力を入れていたのだろう。この頃の高校球界は、豊富な資金と組織力で野球強化を進める私学の台頭が見られた時代。竹田の東北高は、その流れについていった東北でも数少ないチームだった。

「とはいえ、実際はバントを多用していましたよ。僕なんか4番だったけどスクイズがすごく多かった。自分で試合を動かそうとする熱はすごかったです。だからタイムの数も半端ない」(佐々木)

攻撃的な大型チームを作ったと思っても、甲子園の上位になれば、なかなか圧倒できない。致し方なく送りバントやスクイズを多用する。竹田の歯ぎしりが聞こえてくるようである。それでも気持ちは折れない。当時の宮城では仙台育英が急成長していたが、東北高の甲子園出場が長く途切れることもなかった。しかし、1970年代後半からは甲子園ベスト8の壁が破れない。竹田は何度壁に跳ね返されても挑戦を続けた。その熱意は当時の部員の証言を聞くと痛いほどわかる。

「絶対にスキがない」

1981（昭和56）年、東北高に入学した藤木豊《ふじきゆたか》（現・東日本国際大監督）は、当時の竹田の印象をそう話す。藤木は打力を買われて入学時からレギュラー組に入っていた。

「僕らはスパルタで鍛え上げられた時代。ちょっとでも抜きたいから、サボるタイミングを探すわけです。でも、絶対に見つかってしまう。夏になると竹田先生はサングラスをするのですが、その金色のフレームの奥から僕らの動きを全て見ていると言われていました。こっちを見てないと思っていても『コラー！』とくるんですよ。頭、動かしていないのに。そんな人だから、長い間コーチもつけず1人で指導できたんじゃないですかね」

最もキツかったのはランニングだった。

「『集合ラン』というのがあったんです。練習中、ボーンヘッドやノックでエラーをすると全員ホームベースに集められ、『ランニング』といわれる。これがホームベースを起点にグラウンドを1周する『ダービー』というランニング。1周で終わるから抜こうにも抜けない。それが3日間で三百何周になったときがあって。最後はおかしくなって、当時、流行《はや》っていた松田聖子《まつだせいこ》の歌とか歌いながら走っていました。あれが真のランナーズハイです」

藤木に同期の入部者を聞くと「118人」と即答する。だが、この集合ランなど厳しい練習に耐えられず脱落者が続出。夏の大会を迎える頃には30人ほどになっていたという。

「根性あるというか頭おかしい。頭おかしいのだけ残った。竹田先生も当時は若かったから勢いもあったし」

こうした昭和の高校野球のエピソードでよく聞くのは「だから甲子園に出るとキツい練習がなくなるのでラクだった」といった類《たぐ》いの話である。だが、当時の東北高は甘くなかった。

「割当練習以外にも監督の知り合いがいる高校のグラウンドを借りて毎日のように通常練習。『集合ラン』もある。甲子園に調整などなかった。それは声を大にして言いたいです」

ホテルでも安心はできない。

「食事がすごく豪華だったんです。だけどヘトヘトで食えない。でも食べないと夏バテするから怒られる。『これは飾りか?』と。飾りであろうパセリも竹田監督からすれば栄養素。僕、パセリ好きになっちゃいましたよ。必ず食べるようになったから」

野球については選手個々の長所を伸ばす指導だったというが、守備はきめ細やかだった。

「チームづくりは毎年変わっていたと思います。3年生のカラーにあった野球をベースにして、下級生が足りない要素を補って、刺激を与える。パズルのようでした。ディフェンスはとにかく細かった。『ドジャースの戦法』を取り入れていましたね。サインもいっぱいあって、攻撃と守備を合わせたら100以上あったんじゃないですか」

印象的だったのが「野球を学べ」という要求である。

「練習試合でケースごとにいろいろな戦術を試し、どういった選手が対応できるかを見極めていました。その際、よく言われたのが『オレを読め』。この状況、このタイミングならば、このサインが出ると考えなさいということです。つまり、試合では展開を考えて竹田監督の戦術を先に読み、準備をしておかなければならない。これは勉強になりました」

執念は雪の上でも発揮された。

「雪の上での練習、やりましたよ。除雪方法があるんです。まず長時間の雪上サッカー。これがキツい。最初は楽しいんだけど1、2時間やっているとね。先生の目的は圧雪すること。そして雪が固まったら剝《は》がす。圧雪するとペロンと取りやすくなるんです。すると土が出てくるので火を焚《た》いて乾かす。1日でも早くグラウンドで練習がしたかったんでしょうね」

そのまま雪が降らなければ練習をするし、再び雪が積もったらまたサッカー。まさに除雪がトレーニング。執念という名のしつこさ。ただ、厳しくとも藤木は退部を考えたことはないという。

「親に無理を言って進学しましたし、甲子園にも行きたかったので。そもそもナンコウに憧《あこが》れていたわけですから」

藤木は茨城県日立《ひたち》市生まれの那珂《なか》郡東海《とうかい》村育ち。父母の実家は仙台だった。親類に東北高の出身者が多かった関係で、帰省するとよく東北高の練習見学に行き、甲子園で力投する佐々木順一朗に憧れたことが東北高に進学するきっかけだった。

「竹田先生に教えを乞《こ》いたい。それ一筋だったので、練習がキツくても嫌いにはなれませんよ」

藤木の最後の夏は、自身のミスが響いて宮城大会準決勝で敗退した。

「負けて宮城球場から学校のグラウンドに帰ってくるまでが全く記憶にないんです。それで竹田先生から3年生にねぎらいの言葉があって。そのときですね、ハッと我に返った。もう号泣です。みんなの人生、変えてしまったと」

解散となった後、藤木は竹田に謝りにいった。竹田は「謝ることはない」とだけ、穏やかに答えたという。

「正月に新年会があるんです。3年生だけ竹田先生の家に呼ばれて。そのときだけは監督の顔じゃなくて笑っている。こんな顔もするんだな、と子どもながらに思いました。僕、今は指導者をしていますけど、これも結局、竹田先生に憧れたのが原点なんですよ」

狂気スレスレの熱意で指導していた竹田だが、藤木に言わせれば「当時はスパルタの時代でしたから、ある意味、時代にマッチしていたんでしょう。とにかく本気で東北初の甲子園優勝、白河の関越えをしたかったのだと思います」となる。実際、この頃から東北高は、甲子園に出る度、優勝も夢ではないようなチームを作ってきた。その象徴といえるのが1985（昭和60）年、夏の甲子園に出場した代。エースは佐々木主浩《かづひろ》（元・マリナーズほか）を中心に好選手が揃い、竹田もはっきりと全国制覇を意識したチームである。だが、結果はまたもやベスト8。佐々木が腰痛を抱えていたうえに、右足親指のマメを潰《つぶ》して力尽きた。無念の敗退だったが、また竹田は強力なチームを率いて甲子園にやってくるのだろうと、誰もが思った。だが、夏が終わると予想もしない事態が発生する。竹田が東北高の監督を辞して、同県の宿敵、仙台育英の監督に転じるというニュースが飛び込んできたのだ。

ライバル校の監督に

竹田が東北高から同じ宮城県の最大のライバル、仙台育英の監督に転じる。それは宮城の高校球界において最大級の衝撃だった。「裏切り者」「高額な報酬が理由」「恩をあだで返した」といった憶測をもとにした批判の声もかなりあった。関係者の話を聞くと、実際の理由は甲子園出場を重ね、プロへ選手を送り出し、「東北の名将」として名声を高めていく竹田に、校内でやっかみが出始めていたこと。それが耐えきれないほどのレベルになったのがきっかけのようである。

実績豊富な竹田には、県外の高校からも監督の誘いがあった。だが、時の宮城県知事がその才を惜しみ「宮城県に残ってほしい」とコメント。その意を受けるように宮城県高野連を通して仙台育英の監督就任要請が竹田に届く。まさかのオファーに竹田は断りの返事を入れた。50を超える県内の高校の中でも、よりによって仙台育英とは。これまでの教え子の顔も浮かぶ。当然の思いだろう。だが、断っても要請は続く。当時、仙台育英は不祥事により出場停止処分を受けていた。甲子園からも4年遠ざかっている。その再建を託したいとのことだった。竹田はついに「それならば」と教育的見地から監督を引き受けることにした。1985年の秋のことだった。

仙台育英のルーツは、福島県会津《あいづ》若松《わかまつ》市（旧・若松市）出身の創設者、加藤利吉《かとうりきち》が1905（明治38）年に仙台市内の自宅に開いた私塾「育英塾」。現在の校長・加藤雄彦《たけひこ》は利吉の曾孫《ひまご》である。1922（大正11）年、利吉は塾を発展させる形で旧制の仙台育英中学を開校。利吉は校長に就任した。以降、戦後の学制改革で新たに仙台育英高校となり現在に至る。

野球部が誕生したのは1930年のこと。後に初代部長となる三島常鳳が「スポーツのチームワークによって若者の可能性を大きく伸ばしたい」と提唱。利吉に野球の有効性を説いたのがきっかけだった。3年後には早くも甲子園に王手をかけるところまで勝ち進むが、惜しくも敗戦。結局、甲子園初出場は1963（昭和38）年まで待たなければならなかった。だが、徐々に強化を進め、OBである金沢規夫（現姓・氏家）が監督に就く1970年代からは、東北高と2強時代を形成するまでに成長する。

竹田が監督に就任したのは、そんな時期であった。

ほんの数ヶ月前まで最大のライバルであったチームの指導。当初は選手の反発もあったというが、粘り強く話し合うことで徐々に選手たちも竹田を受け入れた。興味深いのは、この転身を機に竹田の指導が変化したことだ。厳しさをなくしたわけではなかったようだが、東北高時代よりも選手との対話を重視するようになったのである。


仙台育英ではやり方を大きく変えました。徹底的に彼らと話をして、理解を得ながらの共同作業で良いチームをつくっていきましょう、と。1対1や1対2。ユニフォームに着替えてもグラウンドに行かず、教室での座学でそのまま練習が終わったこともありました。

（ベースボール・マガジン社／高校野球名門校シリーズ20『仙台育英学園高校野球部』より）

このスタイルを、当時の資料などでは「問答形式」と表現している例もある。監督から選手への一方通行ではなく問答。選手たちが自分で考えた意見や取り組みを、納得できれば尊重する。他にも後の時代に至るまで、仙台育英では東北高時代には考えられなかった策や方針を用いた。たとえば「チームワークを学べ」とオーケストラの鑑賞に選手を連れていく。野球部だからといって丸刈りにする必然性はないと髪型は本人の意思に任せるなど。当時の仙台育英には東北のチームらしからぬ先進的でスマートな印象を受けたものだが、そこには竹田の「改革」も影響していたのだろう。

１９８６（昭和61）年、竹田は就任後、初めての夏に仙台育英を5年ぶりの甲子園に導いた。実力的に高いとは言えないチームだったが、主将・斎藤司を中心にチームがよくまとまったのが勝因と竹田は語っている。周囲から見れば「竹田マジック」のように感じられたかもしれないが、竹田にしてみれば新しい指導法に自信が持てた結果といえよう。

きめ細やかに守備を鍛え、攻撃力も優れた大型チームを形成。徹底的に選手を絞っても、何度も壁に跳ね返され、届かなかった大旗。宮城の高校球界を驚かせた転身は、図らずも竹田にとって良い転機になったのかもしれない。「今の指導では、これ以上の結果は出ないのではないか」と。

そして、１９８７（昭和62）年4月、新たな引き出しを得た竹田のもとに新入生が入部してくる。2年半後、夏の甲子園の決勝に進出する大越基（現・早鞆監督）らの世代である。

「終わったと思いましたよ。先輩たちの打球は速いうえに飛ぶし、ピッチャーの球もすごい。同期のピッチャーは20人以上いるし、なんだここは、と」

山口県下関《しものせき》市、早鞆の寮内にある自室で大越が当時を振り返る。

「それより何より竹田先生の〝圧〟ですよ。毎日の練習のプレッシャーがすごい。先輩たちがビビってピリピリしているんです」

入学したばかりの1年生だった大越は、最初、その空気に気づかないままレギュラー組に入れられた。大越は、竹田がボールの力を見込んで勧誘した期待のピッチャーだった。大越は青森県八戸市の八戸二中出身である。生まれは宮城県宮城郡七ヶ浜《しちがはま》町だが、転勤族だった父の仕事の関係で、中学は八戸で過ごした。幼い頃から甲子園に憧れ、東北で甲子園を狙うなら一番確率が高いだろうと東北高を志望していたが、竹田が移ったことで仙台育英に進路変更。見学に来た大越のボールを見た竹田は、1球で「ぜひウチに」と大越の非凡な才能を見抜き、褒め称《たた》えた。さらに、八戸二中の野球部は、教員であった監督が校務で多忙ということもあり、練習も試合も、ある程度、選手主導で行っていた。故に大越は「監督」というものの存在の大きさを感じた経験がほぼなかった。

「ノビノビしていたのでピリピリがわからなかったんでしょうね（笑）。それにしても、見学に行ったときの竹田先生はどこに行ったんだ、というくらいの豹変《ひょうへん》でびっくりしましたよ」

こうして大越と竹田の1対1の勝負、もとい対話が始まった。

「みんなね、最初は竹田先生を意識するあまり、自分のプレーができなくなってしまうんです。そんな竹田先生を乗り越えた選手たちがレギュラーになれる。自分みたいに『こんなオッサン、関係ねえよ』くらいに思っていた方がやっていけるんですよ。先生のプレッシャーに負ける人間は、いくら能力が優れていても3年生になるとレギュラー組から消えている。先生は甲子園に行くために必要なことを全てわかっているから、負けない選手づくりも意識していたんじゃないかな」

当時の仙台育英には、理不尽な上下関係はほとんどなかったという。

「みんな先生との勝負に必死だから、そんなことをしている暇はないというかね。もちろん嫌な先輩はいたけど、その程度」

これも竹田が「1対1」「1対2」を心がけた成果といえるのか。そんな竹田との「対話」だが、大越は投手指導の内容を自分で取捨選択していた。

「指導内容を全部聞くのではなく、自分の中で捨てたり拾ったりしながら試していました。『ハイ！』とか言いながら、やらずにやったふりをしたり。でもドワイト・グッデン（元・メッツ）もどきみたいな、変な投げ方をしていた自分のフォームを直してくれたのは先生ですよ」

竹田は常々「考えろ」と選手たちに伝えていた。その意味では、少々大人をナメているような大越は、ある意味、優等生だった。おそらく竹田は大越の「やったふり」にも気づいていたが、知らぬ顔をしていたのではないだろうか。

「『オレの言うことに全部ハイハイ言っていたらダメだぞ』と言っていましたね。実際、ハイハイばかり言っていると全員でハイの練習を2時間くらいさせられたりして。『お前らはロボット人間か！』と叱られながら。だから『こうやってみろ』と言われたらすぐにハイと言わずに『でも、こっちの方が』とか言う方がむっちゃ喜んでました。面白かったです。だから自分、先生が大好きでした。まあ、場合によってはハイハイ言わないと怒られるときもあるんですけど（笑）」

「対話」「問答」という言葉の割にはハードだが、藤木の時代からは大きな変化だ。それにしても驚くのは、大越の高校生離れした度胸と振る舞いである。もっとも、やりすぎると竹田から大目玉をくらうこともあったそうだが。いずれにせよ、東北の選手に「覇気がない」と感じていた竹田にとって、大越には東北人らしからぬ気持ちの強さと頼りがいを感じたのか、試合でも1年生の春から積極的に起用した。

「当時は変化球もろくに投げられなかったし、自分より速いボールを投げるピッチャーもいたんですけどね。気持ちの強さが買われたのかな？　ボールやバットに気持ちを入れられるのが自分。気持ちを入れて投げれば打者のバットの芯も外せると思っていましたから」

公式戦では1年春の東北大会に早くも登板。同点の9回にリリーフでマウンドに立って粘投したが、延長で一挙5点を取られて敗戦投手となった。

「怒られると思ったんですけど、試合後に褒められて。逆に先輩たちが『1年生がこんなに気合いを入れて投げているのにお前たちはなんで点を取れないんだ』と責められている。敗戦の責任は自分にあると思っていたからびっくり。今まで見てきた指導者と違うな、と。単純な勝ち負けの結果だけで何かを言っているわけではないんだな、と感じました。そこから先生が好きな存在になりましたね。そんなふうに選手一人ひとりのやる気を引き出すのがうまいんですよ」

新チームになると大越はエースに指名される。大越以外にも同期には後に4番打者となる藤原伸行、攻守に優れた山口貴史ら下級生時代から起用される選手が目立った。「2年後は最強世代になる」と評する関係者も多かった。

「たぶん竹田先生も狙っていた代だと思いますよ」

だが、1年秋は福島北（福島）を相手に東北大会準決勝敗退。2年夏は宮城大会準決勝の東陵戦、3対4で敗退。東陵の監督は竹田就任以前に仙台育英を指揮していた金沢である。実はこの時期、大越は肩を痛めており、投球ができない状態だった。

「先輩が投げて負けたんだけど、試合後に自分がめちゃくちゃ怒られたんですよ。お前が投げられなかったから甲子園を逃した、みたいに。こっちだって投げたいのにしょうがないでしょ、肩を壊しているんだから。本当、負けず嫌いなんです」

こうして将来を嘱望された大越たちの代は、甲子園未経験のまま最後の1年を迎えた。秋季大会は大越の肩がまだ万全ではなかったが、それが危機感をもたらしたのか打線が奮起。投手陣も大越の控えだった左腕の斉藤利樹が奮起して好投を見せる。県大会から先発・斉藤、リリーフ・大越というリレーで勝ち上がっていき、東北大会の初戦と決勝で斉藤が完封。仙台育英は優勝を果たし、翌春のセンバツ出場を決定的にする。「最強世代」がようやく全国デビューの舞台をつかんだ。

打倒、上宮

大越が入学早々、竹田と「対話」を重ねていた頃、グラウンドの隅で絶望を味わっていた1年生がいた。後に夏の甲子園で「背番号14の主将」として話題になった髙橋左和明《たかはしさわあき》（現・九里学園監督）である。宮城県桃生《ものう》郡雄勝《おがつ》町（現・石巻《いしのまき》市雄勝町）出身。KKコンビのPL学園（大阪）に触発されて夢は甲子園出場。たまたま中学の同期のエースがちょっと速いボールを投げていたのが仙台育英の目にとまり、髙橋はエースのおまけのような形での進学だった。

「来るところを間違えたと思いましたね。練習が整然と組織化されていて、キビキビして、緊張感があって。自分より体格のいい大男たちが見たこともないような動きで野球をしていました」

その中に、髙橋と同じ1年生だった大越、藤原、山口らが既に加わっていたこともショックだった。足とすばしっこさには自信があったが、打撃と守りはどうやったらレギュラー組に入れるか、見当もつかなかった。

「当時、グラウンドで練習できるレギュラー組は30人くらい。残りの選手は第2球場で練習したり室内でトレーニングしたり。あとは整備隊。グラウンドや設備の手入れですね」

「箸《はし》にも棒にもかからない存在だった」という髙橋。寮では同期たちの中学時代の勲章を次々と知る。「シニア（リーグ）」という言葉も初めて耳にした。「自分が勝てる見込みはない」と思い知った髙橋は一計を案じる。自分はアピールのために何を頑張ればいいのか？　答えは「勉強」だった。

「監督さんも野球部員が勉強でクラスの一番を取ったと聞けばうれしいと思って。もともと地元の公立進学校も進路に考えていて、勉強は苦手ではありませんでしたから。それにクラスは体育コースだったから、自習時間をあまり取れなくてもオール5を狙えそうだった。そうすれば『あいつは賢い』と思ってもらえるかもしれない。そんな目論見《もくろみ》でした」

狙いは的中した。秋を過ぎると髙橋は竹田に気にかけてもらえるようになり、少しずつチャンスをもらえた。ここぞとばかりに髙橋は足と小技をアピールする。つまりは「今の主力にはいないタイプ」として存在価値を出そうとしたわけである。そんな工夫はショートの守備でも発揮された。

「肩がそれほど強くないので、前に出て攻める守備を心がけました。あとはショートだから賢そうな雰囲気で司令塔のような振る舞いを意識する。そういったことも功を奏したかもしれません」

努力が実り、髙橋は自分たちの代になる頃にはレギュラー組に定着できるようになっていた。野球のために勉強で活路を見出す。大越のスタイルも大概だったが、髙橋のユニークさも相当である。

そして当初、主将を任された山口が、チームに目配りすることでプレーに集中できなくなっていたため、竹田は大越とともに副キャプテンを務めていた髙橋に、山口と主将を交代するように命じる。入部時は無名だった男は、期待の世代のまとめ役にまで上り詰めた。それだけ髙橋は人望を集めていたのだろう、と感じたが、そうでもないらしい。

「我々の代は、上下関係などもあまり気にしないタイプが多かったんです。純粋に野球が好きで、性格の悪い先輩がちょっかいを出してきても全くかまわず我が道を行くような。余計なことにあまり目が行かず野球に集中しているというか。キャラクターもそれぞれ濃かったですし。だから、僕が主将になったときも『チームのことは任せる。オレらは試合で結果を出すから』みたいな感じなんですよ。怒られ役は頼む、と。普通、主将が監督からカミナリを落とされるとチーム全体がシュンとなるじゃないですか。僕らの代は絶対そんなふうにならない。落ち込むのは僕だけ（笑）」

まるでプロのような振る舞い。自分たちが先輩の行動を気にしないように、後輩に対しても「説教」をするようなこともなかった。

「そんなの労力と時間の無駄です」（大越）

髙橋はそんなチームメイトを常々『精神的に強いな』と感じていた。象徴的なのがセンバツの組み合わせ抽選会である。

「会場でも堂々として仙台弁丸出しで気にせずしゃべっている。あまりに堂々としていたからか、冗談で新聞記者に『君ら関西のチーム？』って言われましたもんね。抽選のときも、監督が『東北のチームは対戦相手が決まると下を向く』なんて言っていたから『どんな相手に決まっても騒ごうぜ』となって。実際に僕がクジを引いたらみんな『ワーッ！』って盛り上がっていましたから」

東北高で初めて甲子園に出た際、竹田がショックを受けたシーンを塗り替える選手たち。ズーズー弁を恥ずかしいとも思わず堂々としている姿は、竹田が待ち望んでいた姿勢だった。能力に優れた「最強世代」は、メンタルも東北人らしからぬ強さを持ち合わせていたのだ。

「まとまりがあったかと言われれば、そうでもなかった。みんなマイペースで、個性も強くて」

それは大越も認めている。

「僕ら、仲は良くないですよ。仲は良くないけど試合になると一つになる。勝つことに対して一つになる点はすごかったです」

髙橋は高校野球の監督としてはアクや押しの強さを感じさせない人物だ。風貌《ふうぼう》も受け答えも飄々《ひょうひょう》としていて穏やかである。だが、そんな様子で次のような言葉を、気負うわけでもひけらかすふうでもなく、サラリと言ってきたりするので面食らう。

「たぶん、僕がいたからチームがまとまっていたのだと思います。自慢するわけではないですが、自分がレギュラーにこだわりすぎてキャプテンの仕事に徹していなかったら、バラバラになっていたと思う。あれだけ個性が強い選手たちをまとめられるのは自分しかいなかった」

髙橋もまた実に「最強世代」らしい1人なのだろう。

大越、髙橋らの気持ちの強さの源は、もとからの性格であることには間違いない。ただ、それが竹田の指導によって、野球の面でもより強靱《きょうじん》になった。前述した通り、竹田は仙台育英の監督就任とともに指導のスタイルを変えた。一方で指導者稼業が20年を超えたことで、より円熟味も増していた。髙橋が竹田の守備指導についてこう振り返る。

「監督の練習は甲子園に出るための練習ではなく、甲子園で勝つための練習だったと思います。守備でも基本を大事にされるのですが、そのこだわりが細かい。ゴロをさばいてアウトにしても、グラブの芯でボールをしっかり捕らえていないとエラーのもとだと何回も繰り返す。今の時代であれば、うまく捕らえられなくても、そこから粘ってアウトにできればいいプレーと言われると思いますけどね」

時代性もあるので、内容の正誤は関係ない。髙橋が伝えたいのは、基本的な動きへの執着ともいえるこだわりの強さである。後年、竹田は技術指導が苦手であったと話している。その点で一日の長を感じた仙台二（宮城）の監督、二瓶喜雄に教えを請うたという。そういった積み重ねも活きてきていたのだろう。

「あと、ミーティングも長かったですね。教わることは、たとえば試合の段取り。心構えとか準備です。勝利は段取りで8割決まると指導されました。だから『試合になったらあとは自分たちの考えでやれ』と言われる。『オレは全部教えたよ』と」

故に藤木の頃とは違い、髙橋らは試合が楽しかったという。竹田の「円熟」を感じさせる指導は、選手たちに自信も与えた。

「それだけ教え込まれ、徹底されるので試合になると自然と相手のスキが丸見えになる。ちょっとした変化にも気づけるんです。監督の指示がなくても自分たちで」

自分で考えられる選手になるためなら、竹田はありとあらゆる材料を提供した。

「ミーティングでは野球の話が経済の話に発展したり。新しいトレーニングがあると聞くと講師を呼んで指導してもらったり。メンタルトレーニングの導入も早かったですね。走り方が悪い選手には有名な陸上の先生を呼んでコーチをしてもらっていました。他にも練習にエアロビクスを取り入れたり、みんなでオーケストラを聴きに行ったり。これだけ練習して、いろいろなことに取り組んで、練習ではプレッシャーをかけられて。負けるわけがないという自信につながりますし、せめて試合くらいは楽しもうとなりましたよね」

髙橋は主将を続けるなかで、だんだん竹田の思考が読めるようになってきていた。練習や試合で、「これはマズい」と感じたら、監督が集合をかける前に自分が動き、チームを引き締めるようになった。竹田は何も言わず、その光景を見守っていた。

1989（平成元）年春のセンバツ。仙台育英の初戦は初出場の小松島西《こまつしま》（徳島）に決まった。試合開始前、アナウンスでスタメンが発表されると、球場に驚きの声が広がった。

「1番、ピッチャー、大越君」

「竹田先生は『ジャンケンで勝っても負けても、お前が口火を切るようにするから』と言っていました。甲子園の初戦でみんな緊張するだろうから、お前の攻撃的なところをチームに見せてくれ、と頼まれて。嫌とは言えませんよね」

そう大越はおどけるが、これほど大越に似合う仕事はない。秋に苦しんだ肩の故障も癒《い》えてコンディションは万全。試合は相手投手の好投に苦しんだが3対2で辛くも勝利。初戦を乗り切ると2回戦の尼崎北《あまがさき》（兵庫）戦は大越の好投で接戦をモノにしてベスト8進出。投打に気合い剝《む》き出しで臨む大越は、140キロを超えるスピードボールを投じることもあり、大会の人気者となる。そして迎えた準々決勝の相手は、優勝候補の上宮《うえのみや》（大阪）だった。

この年の上宮はスター軍団という呼び方がぴったりだった。主砲・元木大介《もときだいすけ》（元・巨人）は大会のアイドル。一時は元木以上に打の評価が高かった種田仁《たねだひとし》（元・中日ほか）を筆頭に、後にプロに進む選手が4人。仙台育英も優勝候補の一角には数えられていたが、上宮と比較されると分が悪い。大越は元木にホームランを打たれるなど10安打を浴びて2対5で敗れた。

「今、思えばセンバツは『甲子園に行きたい』という気持ちだけでした。甲子園に行って、初めてそこで勝つ喜び、行くだけじゃ面白くないよね、という感覚を知った。そんなふうだから優勝なんて全く頭になかった」

チームとしては初めて全国レベルの壁を肌で知った。髙橋が言う。

「上宮に負けて、その上宮も決勝で負けて。上には上がいると痛感しました。夏もきっと上宮は出てくる。あのレベルを倒さないと全国制覇は無理だという話にはなりましたね」

ベスト8に進出したがチームに満足感は皆無だった。残ったのは「また夏に、この場所に来たい」という感情のみ。それは竹田も同様だった。

仙台に帰ってくると、竹田は大越をしばらく試合で起用しなくなった。センバツの疲労を取る意味合いもあっただろうが、それ以上に大越抜きでも勝てるチーム力の向上を図るのが目的だった。いつまでも大越におんぶに抱っこでは甲子園で優勝するのは無理と感じたのだろう。

一方の大越は、もらった時間を「打倒・上宮」に注ぎ込んだ。

「負けて帰る新幹線の中で、元木や種田のような全国レベルのバッターをどうやったら抑えられるか、何の練習をすればいいか、ずっと考えていました」

夏にかけての練習は、全て大越が自分で考えていた。竹田はその内容に口を出さなかった。というよりも出さなくてもよかったという方が正解だろう。大越は生意気なところもあったが、野球に関しては自立していると信頼されていた。上宮打線につかまった理由も冷静に自己分析していた。

「打たれたのはインコースに投げられなかったから。打たれそうで怖かったんですよ。だからインコースを攻める練習を相当しました。打者としては元木よりも種田、あと5番の岡田（浩一）が嫌だった。種田は直球だろうが変化球だろうが、差し込まれることなく打ち返してくる。タイミングがズレないんです。岡田は足を豪快に上げるフォームなんですが、軸はズレても体は残ってボールについてくる。元木は怖さはないけど、ガバッとレフトスタンドに持って行かれそうな懐の深さが腹立ちましたね。もう初めてですよ、ピッチャーやっててあんなに弱気になったのは」

3人を絶対に抑えられるようなボールは自分にはない。だからこそ、勇気を持ってインコースを攻めてのけぞらせ、優位に投球を組み立てて打ち取るプランしかなかった。

大越は体力強化にも取り組んだ。もし上宮との再戦が、互いに勝ち上がった試合ならば、夏だけに疲労が怖い。サウナスーツを着込んでの走り込み、竹田が導入していたVO2MAX（最大酸素摂取量）ロードバイクで体力と心肺能力の強化に励んだ。さらに、副キャプテンだった大越は、竹田にチーム運営についても意見を出していた。

「チームバランスを考えたメンバーの変更案や、私生活や取り組みに問題があった選手の処遇などを竹田先生と話していました。実際に意見が通ることも多かったです。今、思い返すと素直に聞いてくれた竹田先生はすごかった」

当然だろう、それこそが竹田が求めていた選手像であったのだから。

こうして夏には竹田が「理想のチームに育ってくれた」とコメントするほどチームは仕上がり、実際に宮城大会は圧倒的な成績で勝ち上がって春夏連続となる甲子園出場を決めた。

そして開幕した夏の甲子園。仙台育英は順調に勝ち進む。1回戦の鹿児島商工（現・樟南《しょうなん》／鹿児島）戦は7対4で勝利。2回戦は京都西（現・京都外大西／京都）を相手に4対0、大越が8回まで無安打ピッチングの快投で完封勝利を挙げた。3回戦は同じ東北の弘前《ひろさき》工（青森）に8回まで1対1と思わぬ苦戦を強いられたが、大越の決勝ホームランで2対1と寄り切った。

この時期、竹田は自らがゲームを動かしてやろうという若い頃の姿勢とは異なり、選手に実力や勢いがあるときは、あえてジャマをしないようになっていた。

「勝っていくたびに自信をつけて。竹田先生はその流れに任せて淡々と指揮をとっていた感じでした」（大越）

その大越は初速で147キロを記録。この大会、結果的に大会最速投手となった。三振を取ってピンチを脱すればマウンド上で吠《ほ》え、跳ね、拳《こぶし》を突き上げた。喜怒哀楽を隠さないマウンド姿は、勝ち進むごとに観客に愛された。

「相手を威嚇しているわけじゃないんです。弱気な自分を奮い立たせるためのパフォーマンス。竹田先生が『お腹から声を出すと怖さがなくなるぞ』と言うんですよ。そのアドバイスを素直に受け入れて自分なりにアレンジしました。不服な判定も声を出すと平常心に戻れる」

強気の塊のような大越だが、それはユニホームを着ているときだけ。本来は気弱なのだという。だから、本音を言えばしっかり練って必死に取り組んできた上宮対策も、不安を完全に解消するまでにはいかなかった。

「だって、100％抑えられる確証はないじゃないですか。だから、頭の中では『打たれるんじゃないか』と弱気が顔をのぞかせることもありました」

そんな大越に、野球の神様は雪辱の舞台を与える。春に続いてのベスト8進出。準々決勝の相手は上宮に決まった。試合は仙台育英が3回に先制。2対0で迎えた7回表に仙台育英が上宮のエース・宮田《みやた》正直《まさなお》（元・ダイエー）に6連打を浴びせて7点を奪取。8回に大越が2点を失ったが10対2で仙台育英が予想外の展開で勝利した。

この試合、大越はスライダーを多投した。それが、ストレート勝負が頭にあった上宮の計算を狂わせた。大越がストレートにこだわらなかったのは、上宮対策への自信の一方で「恐れ」ではなく「畏《おそ》れ」があったからかもしれない。事実、大越のストレートは逃げてはいなかった。要所では元木らのインコースをしっかり突いていた。そのうえでのスライダー勝負であった。

試合後、元木は「ストレートで勝負してほしかった」とコメントを残した。大阪代表を上回った強《したた》かさは、それまでの東北勢に欠けていた要素そのもの。勝利が決まると大越の目には涙が浮かんだ。勝って泣いたのは、生まれて初めてだった。

不器用な「よそ者」

春の雪辱を果たすという大願を叶《かな》えた仙台育英。こうした場合、目標を達成してしまったことで、チームが燃え尽きたような状態になることもある。実際、高橋は次のように語った。

「一番強い上宮に勝ったんだから、これで優勝できる、と思ったんです。気を抜いたつもりはないのですが、あとは大丈夫じゃないか、みたいな雰囲気はありましたね」

しかし、確実に1人、準決勝に向けて気を引き締め直していた選手がいた。大越である。というのも、大越は高2になる前の春休み、遠征ついでにセンバツの観戦に行ったときのことを思い出したのだ。その際、大越は後ろにいた竹田からこんな声をかけられていたのである。

「大越、オレも一度でいいから甲子園の決勝で采配《さいはい》をしてみたいよ」

その言葉を思い出して、緩みそうなネジをもう一度、締め直したのだ。

「ここまで来たら、準決勝も絶対に勝つ」

準決勝の相手は尽誠学園（香川）。大越はまたも好投し、2対1と仙台育英1点リードで9回裏を迎える。尽誠学園は粘りを見せて2死三塁。一打同点のチャンスをつかむ。ここで大越が投じた内角へのストレートが、力が入りすぎてしまったのか制球が乱れて捕逸になり土壇場で同点に追いつかれる。それでも延長10回表に大越のタイムリーで勝ち越し。その裏を抑えて、仙台育英がついに決勝進出を決めた。

決勝の相手は初の甲子園優勝を狙う帝京（東東京）。

「帝京はセンバツ1回戦負けだったので、あまりマークしていませんでした。でも体格もよくて雰囲気もあって、ちょっとプレッシャーは感じましたね。『こいつら強えな』みたいな」（髙橋）

試合は仙台育英・大越、帝京・吉岡雄二《よしおかゆうじ》（元・楽天ほか）の投手戦となった。といっても両者ともに完璧《かんぺき》なピッチングではない。両軍、ヒットを放ちチャンスを作っては両エースが踏ん張るという展開だった。試合は0対0のまま延長戦に突入する。

「打線はつかまえていた可能性はあるんですよ。9安打を打っていますからね。でもホームベースが遠い。9回裏なんて2死から三塁打が出て、走者がかえればサヨナラ勝ちでしょ。でも、ここでもヒットは出ずファーストフライだった。もうがっくりですよ。やっぱり吉岡はよかった。スライダーを捉《とら》えきれませんでした」（髙橋）

それはネクストで打席を待っていた大越も同じだった。気持ちを切り替えられないままマウンドへ向かった大越は先頭打者にヒットを浴び、続く打者には四球。バントで1死二、三塁とされ。3番・鹿野《しかの》浩司《こうじ》（元・ロッテ）に2点タイムリーを浴びた。

10回裏、仙台育英の最後の攻撃は2死から5番・藤原が二塁打を放って追撃したが代打の吉田尚一が三振に倒れゲームセット。竹田の挑戦は、大旗に指先がかかりながらも、またもや悲願達成とはならず幕を閉じた。

「やっぱり上宮と決勝で当たるのが一番よかったのかな」と髙橋は「ｉｆ」を語るが、大越は結果は同じだったのではないかと話す。

「決勝の相手が上宮だったらもっと点を取られていた気がする。帝京打線だから、なんとか抑えられた。でも限界だったよ。あのままゼロで抑えられるかといったら、もう無理だな。力以上のものが出ていた気がするから、あの大会は。あそこが限界。それがオレの器よ」

決勝まで大越は1人で投げ抜いた。決勝戦の10回表のピンチ、大越は捕手の佐藤博信に「オレ、もう疲れたよ」と半分冗談、半分本気でつぶやいたという。タイムリーを打たれたのは大会に入って838球目。本当に限界だったのだろう。

「苦しい試合をモノにしてきたけど、結局は決勝も大越が投げるしかなかった。6試合全てに投げ、決勝は連投4日目ですから。それに比べて帝京は大差のゲームもあって、吉岡がマウンドを降りる場面もあった。その差じゃないですか」と髙橋は言う。さらに言えば、吉岡は6月下旬の練習試合で足を痛め、東東京大会はほとんど投げておらず蓄積疲労は大越より少なかった。

「ただ、我々にピッチャーがもう2、3枚いたら優勝できたかと言われれば、単純にそうとも思えなくて。時代、時代の雰囲気ってあるじゃないですか。野球の仕方というか。あの時代にコロコロとピッチャーを代えていたら、それはそれで通用しなかったような気がします」（髙橋）

2回戦からの登場だった帝京に比べ、仙台育英は1回戦からの登場だった。その差は単純な試合数、疲労度の差だけではなく、吉岡に故障からコンディションを取り戻す余裕を与えるという効果もあった。さらに仙台育英は組み合わせの妙で準々決勝までは全て第4試合。対して帝京は全て第1試合だった。試合開始時間が動かず、試合後にゆっくり休んで翌日を迎えられる第1試合に比べ、第4試合は調整が難しい。小さいことだが、甲子園ではそんなツキの差も勢いと結果に影響する。この大会、仙台育英が優勝するのに足りないものがあったとしたら、それはほんのわずかな運だったのかもしれない。

試合後、大越は条件反射的に竹田から叱られると思ったという。甲子園の決勝、全試合を投げ抜いたエースにそれはないだろう、というのは第三者の感覚だ。大越は最後まで、入学当初から続けていた竹田と1対1の「対話」という「勝負」を続けていたのだ。

もちろん、竹田はうなだれる大越を叱らなかった。

「敗戦後のベンチで『お前のおかげでここまで来られたよ。ありがとう。お疲れさん』と言われて。その瞬間、涙が出てきて……びっくりした。そんなことを言うなんて」

1987年に入学した大越たちの代は竹田が仙台育英の監督に転じて入学時から指導した2期目にあたる。ただ、竹田の就任は1985年秋。突然の転任にスカウティングにも混乱が生じたであろう。その意味では、仙台育英に来て、腰を落ち着けてスカウティングを行った最初の世代が大越たちと考えられる。

竹田の甲子園準優勝まで東北高で17年。仙台育英で4年。その学校の枠を取っ払ってみよう。すると、甲子園初出場から壁を破り切れない長い時期を経て、佐々木主浩ら手応《てごた》えをもって作ったチームでも優勝に手が届かず、指導方法を見直し、野球の才と東北人らしからぬメンタルの持ち主に恵まれたチームでついに決勝までたどり着く、という1本のきれいな流れが見えてくる。ユニホームは変わったが、大越たちの準優勝は竹田野球の一つの集大成ともいえた。

その後も竹田は仙台育英の監督を続けたが、6年後、1995（平成7）年に夏の甲子園出場を手土産に勇退。母校・國學院大の監督に就任する。当時54歳。勇退には少々早い感もあったが、大学指導者への転身ありきの勇退ならば不思議ではないと当時は感じた。だが、実際は東北高の晩年と同様、勇退は学校側との軋轢《あつれき》が背景の一つになっていたという。当時、竹田のもとでコーチを務めていた佐々木順一朗が言う。

「竹田さんは、酒を飲めないということもあるんだけど飲み屋には基本的に行かない。飲み会にも行かない。高野連の会合やいろいろな招待の席もよっぽどでなければ行かない。そんな時間があるならグラウンドに行くんだ、という人です。飲んでワイワイやってばかりだからダメなんだ、とも話していたときもありました」

何よりも第一は野球。ある種の選手ファースト。竹田は必要のない忖度《そんたく》はしない。そして我慢強い東北人ではなく、言うべきことは我慢できずに口にする関西人である。

「ゴマすりとか、しないタイプですから。嫌なことは嫌とはっきり言うし」（大越）
そんな性格は、古き東北の地では、どうしても軋轢や誤解を生じさせてしまうだろう。
「何かをやるとなったら必要のないことは全て捨てられる。だから竹田先生を悪く言う人もいます。ある意味では不器用。不器用な人なんですよ」（佐々木）

強引に連れてこられた右も左もわからない土地で、コーチ時代も含めれば30年間、東北の高校野球にその身を捧《ささ》げた野球人・竹田利秋。勝てない弱いと卑屈になる周囲の空気に染まらず、全国を意識して孤軍奮闘した「よそ者」。「東北人でもできる」という勇気を与え、積み上げた実績の重みは、大旗のそれよりもはるかに重い。

第三章

東北福祉大の台頭

若き改革者

「政宗《まさむね》が何で日本一になれなかったのか。かかっていかないからだよ。だから腹立つわけよ。藤原だってそう。かかっていかないじゃない。おれが絶対に許せないのはそこなのよ。なんで自分から出ていかない！」

この男はいったい何を言っているのか？　私は困惑した。

政宗は伊達《だて》政宗、藤原は奥州藤原氏。それはわかる。困惑の理由は、その歴史上の人物たちを、男が今を生きる自分の友か敵のように話していることだ。

「藤原も4代目のバカが悪い。4代目が義経《よしつね》と最後まで手を組めばよかった。そうすれば藤原と義経のもとに東北の豪族が集まる。そのうえで厚樫山《あつかしやま》か霊山《りようぜん》あたりに陣取り、自分たちから仕掛けて頼朝《よりとも》とガチンコでやり合えばよかったんだ。それもやらないで東北が勝てないとか、日本一になれないとかああだこうだ言うから、おれがやってやろうと思ったわけさ。だいたい優勝旗を向こうからどうぞ、なんて持ってくるわけないだろ？　取りに行くんだって。東北の周りを見ても、誰もそれを本気でやろうとしていない。だから抜け出せると思っておれがやったんだ。そこがみんなとおれの違うところ」

男の表情や口ぶりに冗談の色はない。「阿弖流為《アテルイ》の頃から東北は常に征服の対象とされてきた」とは昔からよく聞く言説だ。ただ、その視点は感情を含みつつも、ベースには現代から過去を振り返る俯瞰《ふかん》と客観性がある。対してこの男は、伊達や藤原を、疑いなく当たり前のように自分と同等に見て、歴史と野球を同等に扱い、今の出来事のように語る。常軌を逸したスケール、野望、熱量。

「だいたい征夷《せいい》大将軍って何だよ？　人のこと蝦夷《えぞ》とか呼んでさ。こっちは1万年以上も前の縄文からここに住んでんだよ。それがなんで昨日今日できた西の政府の連中に征伐とか言われなくちゃいけないんだって。征夷大将軍ができたのなんてたったの1200年前くらいだろう？　しかもその征夷大将軍を慶喜《よしのぶ》の時代まで続けたんだぜ？　だからおれ、怒ったのさ。なんでそんなに東北ばっかりやっつけられなければならないんだ？　東北は何をやったんだ？　悪いこと何もしていないだろ？　向こうが勝手に奪いに来ただけだろ？　ふざけんなよと」

男の名は大竹榮《おおたけさかえ》。野球部長として東北福祉大の強化を始めた人物である。

1944（昭和19）年生まれ、福島県石川《いしかわ》郡石川町出身。80歳を目前にした今も、その目の奥からは相手を圧倒するエネルギーが秘められていることが伝わってくる。野球部に携わり始めたという28歳の頃は、いったいどれほどの熱量にあふれていたのだろうか。想像すると身震いがした。

「だからさ、根本は郷土愛。それだよ」

2000年代以降、レベル、実績が急激に上昇していった東北勢。その要因の一つが、東北福祉大出身の指導者の存在である。たとえば八戸学院光星（青森）・金沢成奉《かなざわせいほう》、仲井宗基《なかいむねもと》。盛岡大付（岩手）・澤田真一《さわだしんいち》、関口清治《せきぐちせいじ》。日大山形（山形）・荒木準也《あらきじゅんや》。その他にも監督、部長、コーチとして東北の高校の指導にあたったOBは多数いる。彼らの指導は、自らが成り上がった大学時代のごとく東北の地で新興校を甲子園常連校に育てたり、伝統校を復活に導いた。東北勢の甲子園初優勝を成し遂げた仙台育英（宮城）の監督・須江航《すえわたる》も、東北福祉大ＯＢの藤木豊が監督に就任してイチから強化を始めた八戸大（現・八戸学院大）の出身である。

全国に目を移しても、健大高崎（群馬）・青柳博文《あおやぎひろふみ》、花咲徳栄《はなさきとくはる》（埼玉）・岩井隆《いわいたかし》など甲子園出場経験のある指導者が多数。もちろん、大学や社会人で指導するＯＢもいる。

東北福祉大は、大学で教鞭《きょうべん》を執っていた大竹榮が野球部長に就く１９７０年代から野球部強化を始め、大阪から伊藤義博《いとうよしひろ》（２００２年逝去）を監督に招聘《しょうへい》した１９８０年代、急激に力をつけた。大学日本一を決める全日本大学野球選手権（以下、大学選手権）でもコンスタントに上位進出。１９９１（平成３）年には東北勢として初優勝を飾っている。同時期、佐々木主浩（元・マリナーズほか）、斎藤隆《さいとうたかし》（元・ドジャースほか）、金本知憲《かねもとともあき》（元・阪神ほか）、矢野燿大《やのあきひろ》（元・阪神ほか）、和田一浩《わだかずひろ》（元・中日ほか）らプロ野球の世界にも錚々《そうそう》たる選手を輩出。１９９０年のドラフト会議ではチームから一度に５人が指名されるなど、日本球界に大きなインパクトを与えた。

長年、大学野球は東京六大学リーグに東都大学リーグと首都圏の大学がリードしてきたが、東北福祉大の台頭以降、地方の大学が次々と力をつけていく。東北福祉大は大学野球の歴史と戦力構図を変えたのだ。突如、東北の地に現れた「地方大学の雄」東北福祉大。その存在は、東北の高校野球史とも密接に関わり合っている。

東北福祉大は１８７５（明治８）年、宮城県仙台市内の曹洞《そうとう》宗寺院に設立された曹洞宗専門学支校がルーツである。大正時代には梅檀《せんだん》中学と改称して、戦後に新制の梅檀学園高校となった。その後、学園は1958(昭和33)年に東北福祉短期大を設置。1962(昭和37)年に短大を廃止して東北福祉大を開学した。同じ曹洞宗系の駒澤大、愛知学院大、鶴見大などは姉妹校にあたる。

大竹は1970(昭和45)年、東洋大大学院の博士課程を満期退学して東北福祉大に専任講師として採用された。当時、東北福祉大は現在よりも小規模な大学で、評判も良くなかった。大竹は大学の正門を通った子ども連れの母親が「ここは仙台で最低の大学だよ」と教えていたのを聞き発奮。大学の発展を志す。

生まれながらの性分は負けず嫌い。生家は石川町の中でも中心街から離れた山深い里にある。小学校は片道2キロ、中学校は片道4キロの山道を歩いて通った。高校時代は毎日、朝4時に起きて弁当を作り、遠く離れた郡山《こおりやま》市の日大東北まで通った。激しい気性に、生まれ育った故郷が簡単にへこたれず、コツコツと粘り強く物事に取り組む力を加えてくれた。

そして、大学発展の施策として目を付けたものの一つが野球部だった。

「当時の福祉系の大学って女子学生が多かったの。その頃、福祉の仕事を担っていたのは女性が中心だったんだね。だから、女子は優秀な学生も入学してくるんだけど、男子は……。それは大学が蔑視《べっし》される原因の一つでもあったから、大学を活性化して規模を大きくするなら男子学生をもっと増やしたかった。そこで野球部だと思ったのさ。スポーツといえば野球という時代だったから」

大竹は子どもの頃からスポーツ好きだった。当時の日本中の少年同様、野球にも親しんだ。高校では通学事情により部活動はできなかったが、東洋大ではボクシング部に所属してリングに青春を捧《ささ》げた。ちなみに大学院進学は、4年間の学生生活がボクシング中心で、勉強量が足りなかったという思いが理由の一つである。

さて、東北福祉大の野球部は、大学開学と同時に誕生していた。1970年にはその年に創設された仙台六大学野球連盟に加盟する。しかし、弱い。発足から2年経過した段階で1勝も挙げられずリーグ戦40連敗。大竹は自らの構想を実現するため1972（昭和47）年、野球部長に就任する。弱小野球部の人事を気にとめる関係者はいなかった。大竹は初代監督である菅本昭夫と部の意識改革に取り組み、就任年の秋季リーグでついに連敗は58でストップ。仙台大1回戦で記念すべきリーグ戦初勝利を挙げた。

大竹は大学本体の運営でも奔走していた。どの教員、職員よりも精力的に働く大竹は、1974（昭和49）年の12月、学長から人事権も有する教務課長に任命される。弱冠30歳で大学改革を一手に任せられたわけである。

最初に取り組んだのは大学の環境整備。たとえば発展のためには、まず大学としての形をきちんと整える必要があると、大学院設置に動き、わずか1年で開設にこぎつけている。この「環境整備」は、教務課長就任前から野球部にも及んでいた。1974年、現在の仙台市青葉《あおば》区大倉《おおくら》に野球部の念願だった専用球場、大倉野球場を作ったのである。即断即決即行動。まるでターボ付きのブルドーザーのごとき改革スピード。新興大学であったとはいえ、30歳を過ぎたばかりの大竹青年の実行力に恐れ入る。

この頃、大竹は野球関係者の集会で、大学野球選手権での優勝、すなわち日本一を目指すことを宣言した。すると、当時の宮城県野球協会会長が「荒唐無稽《こうとうむけい》なことを言う」と一笑に付したという。辛酸を舐《な》めてきた東北の屈辱の歴史を根っこに持つ大竹は、「中央を見返してやる」「中央に追いつき追い越す」という精神で日本一を目指した。負けず嫌いの権化のような男にとって、周囲の「できっこない」という視線もまた養分になった。

球界の寝業師

徐々に環境が整い、大竹や菅本の人脈で東北各地の有力校からも選手が集まり始めた東北福祉大。この頃から関東や関西へ頻繁に遠征に出始める。

「日本一を獲《と》るには、まず仙台を制する必要がある。そうしないと大学選手権に出られないからね。まして当時は東北から1校しか出られなかったから仙六で優勝しても代表決定戦があった。神宮大会はさらに北海道との代表決定戦もあったし。それで関西遠征に行くことにしたんだよ。腕試しもそうだけど、コネクションを作って、もっと選手を集められるようにしたかったから」

大竹の凄《すご》みは、どこまでも深い故郷・東北への愛情と、それに比例する中央への強い反骨心がありながら、内にこもらない点にある。「彼を知り己を知れば百戦殆《あやう》からず」、孫子の兵法の如く、敵を倒すには、まず敵を知り、自分たちとの差を知らねばならんと、積極的に遠征に出かけた。さらに敵のものであっても良いものは良いと積極的に採り入れる。大学野球の中心地、東京ではなく関西を選んだのは、大竹に「大学野球の中心は東京だが、野球どころといえば関西」というイメージがあったからだという。プライドの高い東京の大学球界より、入り込んでいきやすかったこともあるだろう。もっとも、さほど時間をおかず関東にも遠征をするようになったというから、あまり関係ないかもしれないが。いずれにせよ、大竹は有言実行、自ら打って出始めたのである。

すると、初勝利から7年、1979（昭和54）年には仙台六大学春季リーグ戦で初優勝。秋には連覇を達成して明治神宮大会にも初出場する。この頃から遠征で知己を得た野球関係者のツテで関西から入部する選手が増え始め、やがて関東からも選手が進学してくるようになった。

1982（昭和57）年には、大学本部に隣接した第二キャンパスの地に、現在も使用する東北福祉大学野球場が完成。秋のドラフト会議では長島哲郎《ながしまてつろう》がロッテに3位指名を受け入団。大学初のプロ野球選手となった。そして1983（昭和58）年には、ついに大学選手権初出場。東北福祉大の強化は順調に進んだ。

だが、大竹は喜ぶ関係者を横目に、苛立《いらだ》ちを覚え始めていた。

「東北では勝てても全国では勝てない」

神宮大会は東京六大学の明治大にコールド負け。大学選手権も西の雄、近畿大に3対5で初戦敗退。相手の余裕ある戦いぶりに、点差以上の差を感じた。大竹はさらなる有力選手のスカウトと環境整備を決意する。幸い、大竹の大学改革により学生数や志望者数が右肩上がりで増加、大学の経営的にも余裕が出てきた時期だった。

「特に練習施設は日本一にしてやろうと。冬、雪のせいで土の上で練習ができないのがハンディなら、日本一の室内練習場を作ればいい。それで業者に頼んで日本の主な室内練習場を調べてもらって、その中で一番大きく天井も高い室内練習場の建設を決めた」

それが１９８６（昭和61）年に完成する東北福祉大学トレーニングセンター。後に地方開催の試合で、練習のために使用したプロ球団が「ウチより設備がいい」と驚いた逸話が残る施設である。内野がすっぽりと入り、外野もバックホーム練習ができる広さ。ちょっとしたフライ捕球の練習もできる。一度に5人が投球練習できるブルペンやウエイトトレーニング場も設けた。「日本一の環境を整えたんだから、選手は日本一を狙わざるを得ないだろう」と大竹は笑った。

そしてもう一つ、監督交代の検討も始めた。

「結局、それまでの東北の野球とは違う何かをもっていないと、全国では勝てない。菅本はいい人間だけど、仙台の生まれ育ち。東北の人間なんだ。だから東北以外の人間、できれば関西の野球を知っていて、全国の舞台も知る人材を監督に据えるしかないんじゃないか、と考えた」

大竹は遠征で知己を得た野球関係者のツテを頼りに新監督探しを始めた。そして１９８３年12月、ある野球人から大竹に電話が入る。大阪で高校野球の監督をしている自分の教え子の契約が切れたという話だった。

その監督こそ、後に東北福祉大を日本一に導く伊藤義博である。

大竹に電話をかけたのは丹羽《にわ》武彦《たけひこ》という男だった。愛媛にあった社会人野球チーム・丸善石油の元マネジャーで都市対抗優勝を経験。母校である大阪市立桜宮《さくらのみや》高校の野球部監督も務めた。伊藤も桜宮出身で、高校時代に丹羽の指導を受け、大学では投手として東都大学リーグの芝浦《しばうら》工大でプレー。卒業後、会社員生活を経て丹羽の後を継ぎ、桜宮の監督に就任した。

当時、東北福祉大には桜宮からも選手が進学していたため、大竹も伊藤のことは知っていた。伊藤が在籍していた頃の芝浦工大は東都を4連覇した直後。強豪であった。桜宮の監督としても公立ながら激戦区・大阪で何度も上位進出し、1982年春にはセンバツ出場。1983年夏も大阪大会の決勝で惜敗していた。

選手としての球歴も、大阪での豊富な指導歴も申し分ない。公立校ながら大阪の私学と互角に張り合っている点も気に入った。大竹は丹羽の電話を運命と感じ、伊藤の監督招聘を即決する。

しかし、大竹は運命だけで即決したわけではない。丹羽には他の野球関係者よりも一段高い信頼を置いていたのだ。なぜか？

大竹に丹羽を紹介したのは、岡田悦哉《おかだえつや》という野球人である。岡山県の関西《かんぜい》から明治大で捕手、内野手としてプレー。丹羽が丸善石油でマネジャーを務めていた際の選手兼任監督で、その後も数々のアマチュアチームで指導実績を挙げ、プロ野球選手も数多く育てた。明治大コーチ時代は名将・島岡吉郎《しまおかきちろう》の「懐刀」と呼ばれ、同郷の後輩でもあった1年生・星野仙一《ほしのせんいち》（元・中日）の起用を島岡に進言している。熱心な野球ファンであれば「岡田英津也」の登録名に聞き覚えがあるかもしれない。プロ経験はないが、中日監督となった星野がスタッフとして招聘し、二軍監督やスカウトとして活躍。星野の阪神監督時代もコンビを組んだ。

ただ、岡田をプロの世界に呼んだのは星野ではない。1968（昭和43）年、広島の新監督に就任した根本陸夫《ねもとりくお》である。説明するまでもない、あの「球界の寝業師」だ。

かねて岡田の卓越した指導と選手育成の力を買っていた根本は、自らの監督就任にあたり岡田を二軍バッテリーコーチに招いたのだ。岡田はその後も根本の下で働き、根本が西武のフロントで辣《らつ》腕《わん》を振るっていた時代は、スカウトとして活動。根本の「腹心中の腹心」と呼ばれ、松沼博久《まつぬまひろひさ》・雅之《まさゆき》兄弟や工藤公康《くどうきみやす》など西武黄金期を築く選手の獲得に貢献した。

その岡田を、大竹は長船騏郎《おさふねきろう》から紹介された。長船は大学選手権、神宮大会の創設に貢献したアマ球界の大物である。岡田は野球部強化に邁進《まいしん》していた大竹を気に入り、丹羽だけではなく、自らの「親分」である根本陸夫との縁もつなぐ。根本は選手獲得のために全国の至る所にネットワークを築き、一般のプロ野球マニアのような人間にまで情報収集を行った人物。野球後進地帯と呼ばれた東北で、血眼になって日本一を目指していた大竹のような男を面白がらないわけがない。大竹も日本一になるため根本のチーム強化ノウハウを大いに参考にした。何より2人はウマがあった。後年、大竹は根本が逝去する直前まで気の合うゴルフ仲間としてプレーを楽しんでいる。

大竹にとって丹羽は、そんな根本や岡田がかわいがっていた「根本ファミリー」の一員だったのだ。丹羽が育て、推薦する人材に間違いはない。丹羽の薫陶を受けた伊藤は、根本や岡田の選手育成手法やチーム強化ノウハウを理解しているだろう。ただ運命だけで監督招聘を即決したわけではない、というのは、そういうことである。

「根本さんのチームづくりは本当に勉強になった。人を見る目もすごかったし、発想が普通の日本人とは違って大陸的。おれがやっていることも理解してくれて、年上だけど同志みたいに感じていた。野球界のいろいろな人に会ったけど、あんな人は後にも先にもいない。本当にお世話になった」

大阪時代の伊藤義博

「そうそうそう。占いで決めたわけではないけど、オレと2人で占いに行ったのは本当。梅田《うめだ》のウメチカや」

監督招聘の話が届いた伊藤には、検討した末に占いで「東に行け」と言われて受諾を決めたという話が伝わっている。その際、立ち会っていたのが、当時、桜宮でコーチとして伊藤を支えていた聖望学園（埼玉）の元監督、岡本幹成《おかもとみきしげ》である。

「桜宮の監督が終わって『2人でどこかの高校でやるぞ』なんて言われながら、春からどうする、なんて話をしていた頃。丹羽さん、岡田さん、根本さんらにも背中を押されていたし、奥さんも青森の人やからね」

受諾は決めていたが、洒落《しゃれ》半分で占ってもらったというのが真相なのだろう。たとえ占いの結果が「西へ行け」だったとしても、伊藤は仙台へ向かったはずだ。

当時、岡本は東北福祉大の野球部員だったが、1年生の夏から伊藤に請われて桜宮のコーチをしていた。

「コーチというか手伝いや。オレ、左投げやからバッティングピッチャーにちょうどええし、ノックで左打者の打球も打てる。仙台と大阪をプロペラ機で通ってたな。おかげで2回留年」

岡本は高校進学にあたり、桜宮とは別の野球強豪校に入学したが体質が合わず退学。1年遅れで中学時代にプレーしていた守口《もりぐち》シニアと縁のある桜宮に進んだ。中学時代は関西選抜にも選ばれたほどの外野手。しかし、1981（昭和56）年に東北福祉大に進学すると、肩を痛めてしまい日陰の身に。厳しい上下関係や慣れない東北での暮らしに嫌気が差していたこともあり、退学した自分を拾ってくれた恩師、伊藤の要請に喜んで首を縦に振った。

「本当、監督は人とその縁を大事にしていた。いろんな人が桜宮に来てオレらを教えてくれたな」

もしかしたら、コーチ依頼も大学での岡本の状況を伊藤が知ったからではないか、というのは考えすぎだろうか。

伊藤は1945（昭和20）年9月7日、大阪府大阪市北区で生まれた。右投右打、180センチを超える長身で、桜宮では外野手兼投手、芝浦工大では投手としてプレー。大学卒業後は東京の印刷会社に勤務して結婚もしたが実家の事情で帰郷。1973（昭和48）年、妻と開業した喫茶店を営みながら、外部指導者として母校の監督に就任する。

「伊藤監督と初めて会ったのは高校野球を引退した高3の夏。学校に来てくれて東北福祉大に誘われました。第一印象は大きくて水色のスーツでビシッと決めたカッコいい人。隣にいたのは岡本さんでした。今も〝お前、あのときクソ真面目な顔してたな〟と言われますけど。そりゃ真面目にもなるやろ、大事な面談なんだから（笑）」

そう伊藤との出会いを振り返るのは金沢成奉である。金沢は太成（現・太成学院大高）で内野手としてプレー。家が貧しかったこともあり高校卒業後は就職するつもりでいた。しかし、伊藤の熱心な誘いもあり、学費の都合もつくことになって東北福祉大進学を決める。金沢にとって伊藤は、公立校・桜宮で大阪の錚々たる私学に挑み、互角に渡り合っていた監督というイメージだった。

「反骨の人なんですよ。大学でも全盛期だった芝浦工大では芽が出ず、厳しい上下関係に耐えながら打撃投手など下積みを重ね、4年間、控えとして過ごした。大学での選手生活や高校野球の指導者として悔しい思いをした経験で、もともとあった『負けてたまるか』という反骨精神がどんどん強くなっていった」

「もともと」というのには理由がある。伊藤は在日韓国人だった。元の姓は金宮。東北福祉大の監督に就任するタイミングで、心機一転、妻の旧姓である伊藤に名を改める。桜宮の監督として奮闘していた大阪時代は「金宮義博」の名で指揮をとっていた。そして、金沢もまた在日韓国人である。

「韓国人って、占いでいろいろ決めたりするんですよ。服を燃やす占いとか。伊藤監督も占いで改名した方がいい、とか言われたんじゃないですかね」

伊藤と金沢には共通項が多かった。

「2人ともルーツは済州島《チェジュド》。あと、たまたま僕のお母さんと伊藤監督のお母さんは『ぼったり』という同じ仕事をしていたんです。鶴橋《つるはし》あたりで買った服を、たっぷり着込んで韓国に行って売る。輸入商や古着屋みたいな商売ではなく、自分の持ち物を売る感じっていうのかな。今は違法かもしれませんけど。要は働きたくても、差別なんかもあって働く場所がなかなか見つからない。でも食っていかなければならないから、できることは何でも頑張る。ウチの親父なんかヒロポン売ってましたからね。まだ合法だったから。当時の在日の家は9割そんな感じで貧しかった。僕も伊藤監督も貧乏子沢山の家。そんな環境で育ったから、生きていくためには、どんなことでもする、『負けてたまるか』という気持ちが養われるんですよ。だから、僕と伊藤監督には相通ずるものがあった」

後年、大学の遠征で海外に行くときも、2人のパスポートだけ赤ではなく緑だった。

「他のみんなは赤のパスポートでパーッと行くのに、僕らだけ出ていくのが遅くなったり。伊藤監督は大学全日本のコーチにも選ばれていた頃だったので、『帰化しないんですか？』と尋ねたことがあるんです。野球の選手や指導者として実績を積んでいく在日の人は帰化するケースが多いですから。そしたら監督、なんて言ったと思います？『めんどくさいやん』ですよ（笑）。強烈でしょ。それも嘘ではないんでしょうけど、裏には『別に韓国人で何が悪いねん』といった反骨心もあったと思う。僕も帰化をしていませんが、そんな監督の影響があるかもしれません」

「僕の一つ上の代が桜宮の体育科1期生なんですよ。伊藤監督としても勝負の年と思っていたんでしょうね。僕自身は普通科でしたけど」

現在、山形城北（山形）の監督を務める増井《ますい》文夫《ふみお》は、桜宮で伊藤の指導を受け、1982年春、2年生内野手としてセンバツに出場した。その際、コーチとして増井にもノックを打っていた岡本は当時の戦力をこう評価する。

「桜宮は伊藤監督が強化をして、大阪でも私学と張り合える公立校になっていた。そこに体育科ができることになって、今まで以上に選手が集まり層も厚くなった。部員も100人を超えてたな。天理《てんり》や智辯《ちべん》を落ちたヤツとか、それまでだったらワンランク下の私学に行くのが普通だったけど、ウチにも来るようになったわけ。落ちたといってもウチにしたらトップレベルの選手。もともと良い指導をしていたからこそ、そういうチャンスをモノにできたんだね」

センバツ出場の原動力となったのはエース右腕の佐藤尚巧。増井は守備力を買われ9番セカンドで出場していた。

「佐藤さんはクレバーな投手。どう打ち取るかを計算していたので、セカンドの僕も打球を予想しやすかった。秋の大阪大会決勝は相手がPL学園だったんですけど、延長16回を1人で投げて1対0で完封勝利。すごい試合でした」

桜宮はPLを倒した勢いのまま近畿大会でも勝ち進み決勝進出。相手は箕島《みのしま》（和歌山）だった。1年生エースだった吉井理人《よしいまさと》（現・千葉ロッテ監督）を打てずに準優勝だったが、センバツ出場はほぼ確定した。

「監督には『強いものに背を向けるな、逃げるな』と言われていました。当時の大阪はいわゆる『私学7強』が幅をきかせていた時代。そこを倒さないと公立校の甲子園はないですからね」

大阪では22年ぶりとなる公立校の甲子園出場。伊藤の苦労が報われた瞬間でもあった。

「喫茶店やりながら監督をしていたけど、オレが部員の頃には店を畳み、体育の非常勤講師として野球部の指導をしてた。月給10万くらいで子どももいたから生活も苦しかったんちゃう。家は市営住宅だったし、奥さんは給食センターで働いて。それでもお金が足りんかったからか、朝、市場で働いていたこともあったもん。大阪の福島に中央市場ってあるやろ？　あそこ、監督の家から近かったから。とにかく相当な苦労があって監督を続けていたよね。甲子園に行きたい一心で」（岡本）

伊藤は甲子園に出てプロになりたかったが叶《かな》わなかった。その悔いが指導者として苦しくても足をグラウンドに向けさせる原動力だった。甲子園では好投手と評判だった野中徹博《のなかてつひろ》（元・ヤクルトほか／現・出雲《いずも》西監督）がエースの中京（現・中京大中京／愛知）に1対4で敗れたが、大阪では、その後も強さを発揮する。増井は新チームになると主将を任された。

「僕は桜宮の在学中にPLと4回、公式戦で当たっているんですけど2勝2敗なんですよ。相手がPLでも戦える、という気持ちはありましたよね」

その自信の理由、強さの源は何か？

「何やろなあ。自分でもよくわかりませんけど、子どもながらに伊藤監督を胴上げしたい、この人を男にしたい、とは思っていましたよね。僕はキャプテンだったし、時代が時代なんでミスをすればよく殴られましたけど、全く憎いとは思わなかった。厳しいんですけど、たまにポロッと言うことがすごく優しかったり。グラウンドを出れば穏やかで朗らかな人だった」

主将だった増井の父は保護者会長でもあった。保護者たちは仲が良く、よく増井の家に集まっては酒を酌み交わしていた。そこに練習を終えた伊藤が合流することも多かったという。

「練習を終えて帰ると、家の前に岡本さんが運転してきた監督のクルマが停まっているわけですよ。『また来てるわ』って、選手としては最悪ですよね（笑）。けど、グラウンドとは違って、すごく優しい。僕を見つけると『おー！　お帰り～』とか言って、ニコッとして温かい。そういうギャップはありました。人なつこくて、人づきあいを本当に大切にする。『いいときはみんな寄ってくる。だけど、本気で応援してくれるのはダメになったときに手を差し伸べてくれる人間。そういう人には絶対、義理を欠いてはいけない』ともよく言っていました。人を見る目もあるし、どんなお客さんにもすごく丁寧で、分け隔てもしない。そんなんだから敵も少なかった。保護者にも愛されていましたよ」

しかし、増井の3年生の夏が近づいてきた頃、桜宮では伊藤を監督から外す動きが出てきていた。

「要は野球部が強くなりすぎて、他の部の先生たちが面白くないことも出てきてしまったんじゃない。体育科も野球部が多かったから、もう少し他の部にも振り分けたかったみたいだし。だけど伊藤監督は正式な教員ではなかったから、学校側もあれこれ言いにくい。それで甲子園出場を花道に、教員を新しい監督にする流れが出てきたみたいで」（岡本）

そんななかでも増井たちは夏の大阪大会決勝まで勝ち進む。相手はまたもやＰＬ学園。1年生には1ヶ月後、甲子園を震撼《しんかん》させるＫＫコンビがいた。桜宮は健闘及ばず3対5で敗戦。伊藤は増井たちにユニホームを脱ぐことを伝えた。

増井は高校卒業後、野球の指導者も視野に入れ、体育教師を目指して大阪体育大に進学。しかし、当時の教員採用試験の倍率の高さに「これは無理だ」と大阪の内装材メーカーに就職する。だが、野球への思いを絶つことができず、会社員生活が3年を過ぎた頃、東北福祉大の監督に転じていた恩師・伊藤に相談に行った。その結果、岡本が大学卒業後に監督を務めていた聖望学園でコーチをすることになった。

「最初の1年は岡本さんのアパートに居候させてもらい、民間のジムでアルバイトをしながらの指導者修業。次の年から非常勤の体育講師として聖望で働かせてもらえることになりました」

その後、1995（平成7）年に、南陽（山形）で監督を務めていた東北福祉大の元コーチが大学に戻ることになったため、後釜《あとがま》として山形へ。2001（平成13）年からは男女共学となり野球部を創設した山形城北の監督に転じて今に至る。東北福祉大OBではないが、増井もまた伊藤との縁で東北の地へやってきた指導者である。

「僕は伊藤監督に身を預けたので、そこで頑張れと言われたら頑張るしかないし、逃げ帰るわけにもいきませんから」

そうやって始まった山形での暮らしは、もうすぐ30年になる。

改革、そして躍進

「おしゃれだな」

1985（昭和60）年春、東北福祉大野球部員で、2年生になった澤田真一は、届いたばかりの服に身をつつみ、そうつぶやいた。前年秋に就任した新監督は、それまでの野球部の「慣例」を一新した。暴力を含めた理不尽な上下関係の一掃。試合出場は学年優先ではなく実力主義。1年生は丸刈り、というルールの撤廃。野球部の正装は学ランからブレザーに変わった。伸びた髪に、都会っぽいブレザー。1年前の入学時には考えられない野球部生活。澤田が新監督である伊藤義博に心酔していくのに時間はかからなかった。

「選手も指導者もカッコよくなければダメだ。監督ならきちっとした身なりで、選手からカッコいいな、と思われる指導者でないといけない、とよく言っていましたね。学生としての本分を忘れてはいけないが、関東や関西の大学のようにファッションにも気をつかえ、と。グラウンドでも学年関係なくチャンスは誰にでもあるんだ、となったのもうれしかった」

高校でも大学でも、伊藤と接点のあった人間のほとんどが、彼の第一印象を「背が高くてカッコいい」と語る。180センチを超える長身で、足が長く体型も引き締まっていた伊藤はユニホームがよく似合い、スーツ姿もサマになった。身なりにも気をつかえ、と言ったのは、中央の大学に対して選手が気後れしないための策の一つだったのかもしれない。

「次の年には手塩にかけた桜宮の主力選手に加え、自らスカウトした1年生が大量に入学してくる。今、思えば伊藤監督は、力のある1年生が先輩に潰《つぶ》されないよう準備をしていたんでしょうね」

そう語るのは澤田と同級生だった藤木豊だ。スカウティングについては大竹榮の意向もあって、さらに強化する方針が決まっていた。野球の名門大学ではなくても高校生が「入部したい」と思う野球部にしなければ、という意図もあったのだろう。ちなみに部内の状況が一変したことに上級生の反発はほとんどなかったという。

「後から聞いたんですけど、監督は3年生、つまり翌年の4年生になぜルールを変えるのか、どういった野球部を目指すのか、こんこんと説いていたそうです」（藤木）

その3年生の中には大学生に「復帰」した岡本もいた。頭ごなしにそれまでの慣例を否定するのではなく、学生の中に積極的に入っていって話し合うのが伊藤のスタイル。家族も仙台に引っ越していたが、最初の2年は寮で寝泊まりをして学生と生活をともにした。学生でも20歳を超えれば酒も飲める。3年生、4年生と語り合う日々。その様子は桜宮の保護者会のようでもあった。

「距離を置いた指導ではないんです。練習中も常に身近にいてくれる。選手と監督に距離がないから『いっしょに強くなろう』『監督についていこう』という空気が発生しました」（澤田）

「全ていっしょにやってくれるんですよ。たとえばグラウンド整備するぞ、と言ったら自分もやる。草刈りするぞと言えば自分で道具を持ってきたり。あとは日常生活。寮で麻雀《マージャン》とか、監督もいっしょになって遊んだりして。グラウンドとのメリハリの付け方が上手だったから結束も高まっていったと思う。練習で疲れても寮は楽しかった」（藤木）

生活同様、野球も一変した。ただし、こちらは厳しい方へ。まず単純に練習時間が増えた。

「くじらくじら」

この頃の野球部員の多くが口にする言葉だ。意味は「朝の9時から夜の9時までぶっ続けで練習する」である。

「練習は特別なことはやらないです。食事を挟みながら6時間、延々とバッティングして、6時間、延々とノックを受ける。ノックはランナーを付けたゲームノックがほとんど。普通のノックをするくらいなら、ゴロ捕りの形づくり、基礎練習をしろ、という感じでした」（藤木）

ゲームノックにこだわったのは、野球どころである関西の人間から見ると、当時の東北の野球の実戦力の弱さ、雪などを背景にした選手の試合経験の少なさが気になったからであろう。

新生・東北福祉大は、うれしさと厳しさにまみれながら一冬を過ごし、1985年春、伊藤がスカウトした1年生を迎えた。桜宮からは後にエースとなる上岡良一《うえおかりょういち》（元・日本ハム）、星林（和歌山）からは打線の中軸として活躍する山路哲生《やまじてつお》（現・東北福祉大監督）。太成からは後に学生コーチとして伊藤を支えることになる金沢成奉などなど。1年生たちは入学早々、スタメンに名を連ねてリーグ優勝に貢献。3回目の大学選手権出場を決め、大会では初勝利をマークしてベスト8に進出した。

ここからの快進撃は説明するまでもない。まず主な入学者を挙げてみよう。

1986（昭和61）年

育英（兵庫）・大塚光二《おおつかこうじ》（元・西武）、東北高（宮城）・佐々木主浩、村瀬公三（元・東北福祉大助監督）

1987（昭和62）年

東海大仰星《ぎょうせい》（大阪）・小坂勝仁《おさかかつひと》（元・ヤクルトほか）、静清工（現・静清／静岡）・宮川一彦《みやかわかずひこ》（元・横浜）、桜宮・矢野燿大（当時の名は輝弘）、大阪高（大阪）・吉田太《よしだふとし》（元・中日）

1988（昭和63）年

学法石川（福島）・伊藤博康《いとうひろやす》（現・東日本国際大昌平監督／元・巨人）、作山和英《さくやまかずひで》（元・ダイエー）、桐光学園（神奈川）・岩井隆（現・花咲徳栄監督）、広陵（広島）・金本知憲、東北高・斎藤隆、国士舘（東京）・浜名千広《はまなちひろ》（元・ダイエーほか）、県岐阜商（岐阜）・原克隆（現・帝京平成大監督）

チームとしては1987年、上岡らが3年生の年に5回目の出場となった大学選手権で初の準優勝。そこから準優勝、ベスト8、準優勝と続いて1991（平成3）年に初優勝。原動力となったのは斎藤、作山、浜名、伊藤、金本の5人がプロ入りした1988年入学組だった。他にも、初の準優勝から優勝までの5年間で前述したように多くの選手がプロに進んでいる。

仙台六大学リーグでは1989（平成元）年春から2005（平成17）年秋まで34季連続優勝。1991年秋から1996（平成8）年秋まで118連勝するなど、圧倒的な力を発揮した。伊藤の監督就任からわずか3年で「地方大学の雄」と呼ばれ始めた東北福祉大。その名は野球界で一気に全国区となった。

「伊藤監督は勝利への執着はもちろん強いんですが、勝ち方にもこだわられていました。常に隣には部長である大竹先生がいましたから。大竹先生が……というよりも、万人が満足するような勝ち方を目指していたんです。それが仙台六大学であればコールドゲーム。日本一になるなら、仙台で相手と競っているようではダメだ、圧倒的に勝たねば、というわけです」

澤田はただ勝つだけでは許されなかったリーグ戦の緊張感をそう回想する。5回を終えて勝っていても僅差《きんさ》であれば「マズいぞ」という空気がベンチに漂う。気を抜くことなどあり得なかった。

「勝ったとしても内容が良くないと、試合後に伊藤監督の前に大竹先生のお話がある。部長としての目線、厳しい野球ファンとしての目線、大学教授としての目線、はたまた厳しい審判の目線……

いろいろな角度から長いときは2時間。それを我々だけではなく、伊藤監督も直立不動で聞く。なんて表現したらいいのかな……とにかく常軌を逸していましたね。野球を真剣に捉《とら》え、万人が喜ぶ勝ち方を求めるという点では」

勝ってもそれなら負けたらどうなるか。想像するだけで恐ろしい。

「ところが、負けたときはけっこうあっさりなんですよ。負けてしまったことは仕方がない。まあ、ビールでも飲んで次は頑張れ、なんて」

負けてしまったときは選手を責めずにサッサと切り替える。選手を引き締めるのは不甲斐《ふがい》ない勝ちのとき。豪放磊落《ごうほうらいらく》な大竹らしいエピソードである。

大竹は伊藤を監督に据えたからといって現場の全てを伊藤に任せるわけではなかった。もちろん基本的には部長として大学との交渉などバックアップをする立場であり、練習メニューに細かく口を出したりはしない。ただ、「これはダメだ」と感じたことがあれば、容赦なく伊藤を一喝した。

一方、伊藤も大竹にただ従っているわけでもなかった。何かと叱責する大竹に辛抱たまらず、大竹を飛ばして直接、学長に「自分の思い通りにやりたい」と訴えたこともあった。

「おれからしたら『ああしたい、こうしたい』と言っている内容は甘いことばっかり。まだ日本一にもなっていない頃だよ。だから伊藤に言ったんだ。『おれとお前、どっちが正しいことを言っているか、根本さんに聞いてみろ！』って。そしたら根本さんに『お前が悪い』と窘《たしな》められたみたいで、謝ってきたよ」

ただ、大竹もやみくもに伊藤の提案を否定していたわけではない。それが必要と同意すれば手厚いバックアップをすることは惜しまなかった。その最たるものが海外キャンプである。

東北福祉大は大学選手権で準優勝した翌春、アメリカ・ロサンゼルスでシーズン前のキャンプを2週間にわたり行った。その狙いや経緯を、当時の伊藤は雑誌の取材で、次のように語っている。

「昨年、日米野球におとも致しまして、別な世界を見る必要を痛感しました。野球の違い、取り組み方の違い、自分たちの野球が、決して小さなワクの中のものではないという確認をさせたかったので、ぜひともと、学校側にお願いしたんです。成果は大きかったですね」

（ベースボール・マガジン社／『週刊ベースボール　1988年4月16日増刊号　大学野球』より）

当然、これを後押ししたのは大竹である。大竹も大学選手権であと一歩、中央の大学に及ばない壁を乗り越える起爆剤が必要だと感じていた。

「当時は、全国大会でも勝ち進むのは大変だった。実力差はもちろんなんだけど、判定も六大学や東都贔屓《びいき》があって、接戦だとそれが勝敗に響きかねない。これは圧倒的に勝てるようにならないと日本一になれないと考えるようになった」

だからこそ、伊藤の海外キャンプ案にも乗った。かつて大竹も東北で一番になるために、関西、関東への腕試しに出かけた。ならば、日本一になるには野球の本場であり母国であるアメリカへ腕試しに行けばいい。シンプルな論理だが、それをすぐさま実行、実現できるのが大竹の秀でた点だ。

「いろいろケンカもしたけど、伊藤はおれの思った通り、監督として優れた能力と情熱を持っていた。それは間違いない」

2人とも本気で日本一を目指していた。だからこそ、時にはぶつかったが、根底には相通ずるものがあり、互いに認め合っていた。部長・大竹と監督・伊藤のコンビが、伊藤の死去まで一度たりとも崩れたことがないのは、伊藤が結果を出し続けていたことだけが理由ではないだろう。

人を大切にするチームづくり

東北福祉大における「伊藤野球」とは？

そう訊《たず》ねても、どのOBからも明確な答えが返ってこない。「ベースはバッテリーを中心とした守りの野球」「走攻守、バランスのとれたオーソドックスな野球」という、当たり前といえば当たり前の言葉が出てくるだけ。質問の内容を変えて「伊藤監督の指導とは？」と訊ねてみても、これまた「特に細かいことは教えない」「技術指導はほとんどない」という回答のオンパレード。その2つを総称したような藤木の回答は「教えない野球」である。

「大学でも高校と大きな違いはない。いっしょだったよ」とは、高校から伊藤の指導を受けた岡本の言葉である。それは人の縁を頼りに、様々な人が教えに来るスタイルだ。

「高校のときも恩師の丹羽さんを通じて、いろいろな人が桜宮に来て野球を教えてくれたり、練習に協力してくれたりした。監督もたくさん学んでいたと思う。そういう経験を通じて、人間、誰もが得意なことがあれば苦手なことがある。自分にはないもの、できないこと、わからないことは、できる人に任せる。技術面も自分で全てやるより、得意な人間に教えてもらった方が早いと考えてたんとちゃうかな。そういうマネジメント能力があった人だと思う。選手起用もうまかったしな」

それは多くのOBが証言するところだ。とにかく多くの人が練習に訪れていた、と。代表格は明治大で岡田悦哉の後輩にあたるアマ球界の名選手だった光沢毅《みつざわたけし》。大学に近い仙台高で指揮をとっていた宮城の名物監督、鈴木直勝《すずきなおかつ》も高校の練習前にグラウンドによく足を運んでいた。

彼らの話や指導は伊藤の監督就任時に3年生で、後の伊藤の右腕となったコーチ・高橋利男や、肩の故障をきっかけに学生コーチへと転じた金沢らの、指導者としての成長も促した。「野球の技術や戦術は利男さん、成奉さんがつきっきりで教えてくれた」と話すOBは多い。特に高橋は「野球の研究者」と呼ぶOBがいるほど、野球を突き詰めて考え、常に新たな情報を求めていた。

東北福祉大の「成り上がり」期間はいつかといわれれば、上岡や金沢が学生だった4年間、1985年から1988年といえる。その間で、伊藤が監督としてチーム全体をマネジメントし、高橋や金沢といったコーチと、様々な専門分野に長《た》けた外部の人材が練習で指導する体制が固まっていった。また、グラウンド外のまとめ役である「選手会長」に任じられた澤田のように、実力的に選手としては厳しいが人望や指導能力に長けた部員を活《い》かす仕組みも作った。こうしたチームづくりの手法は、後年、OBの指導者たちに受け継がれていく。

伊藤のチームづくりでもう一つ、優れていた点といえば、なんといっても「選手のスカウティングと育成」である。数多くのプロ野球選手を輩出した東北福祉大だが、最初から甲子園でも活躍したような、才能と実績豊かな有名選手が進学してきたわけではない。伊藤の監督初期は、高校時代の実績はゼロに近い無名選手や、他大学を不合格になり、行き場をなくして進学してきたような選手がほとんどである。ただ、彼らは何かしらの強み、まだ開花していないポテンシャルを秘めていた。伊藤はそういった選手を見抜いては貪欲《どんよく》に獲得していた。そして、彼らの「見返したい」といった「反骨心」を煽《あお》り、成長の糧とさせ、地方から日本一を目指すチームの戦力に組み込んでいった。1991年の日本一は、チームと選手が反骨心というキーワードで一体となった結果でもある。

当時の選手のスカウティングや育成については逸話も多い。

「潜在能力の高い選手を得られたのは、桜宮で監督をしていた時代のおかげでもあるのよ。伊藤監督が福祉に行くとなったとき、大阪の監督連中、みんな協力してくれたもんね。『伊藤がやるんだったら福祉に選手を行かせる』って。みんな伊藤監督が桜宮で苦労していたことを知っていたし、好かれていたし。もちろん、根本さんや岡田さん、丹羽さんもそれに協力していた」（岡本）

そうして預かった選手を、伊藤は大成させたり、芽が出ずとも就職の面倒を見たりと大切に扱った。それがまた、高校の監督たちが選手を送り出してくれることにつながっていく。

一方、大竹も伊藤のスカウティングに全面協力していた。たとえば佐々木主浩や斎藤隆の進学には、大竹が一役買っている。佐々木に関しては東北高時代の監督、竹田利秋が「東京の大学に行くと遊んでしまうから」と東北福祉大を薦めたという話が残っている。それはそれで間違いないのだが、佐々木が腰に故障を抱えているため、東京六大学や東都の大学から進学をやんわり断られていたという事情もあった。大竹は竹田に相談を受けたことを次のように振り返る。

「大魔神（佐々木）は、故障のこともわかったうえで引き受けたんだ。ウチは福祉系の大学だから、ある程度、医療やリハビリの環境が整っている。そういった点でも故障の治癒に役立つと思ったから」

斎藤隆は、高校時代は一塁手。特段、目立つ選手ではなく、大学から声がかからなければ野球を辞めて家業を継ぐつもりだった。実家は工務店を営んでいた。

「夏休みに家の手伝いで現場に出ていたんです。ちょうど福祉大の新しい建物の工事でした。それで、作業をしていたある日、父に呼ばれて建物の下に降りていったら、そこにいたのが大竹先生で。『やる気があるなら受け入れる。どうだ？』と言われまして、『ぜひお願いします』と答えたんです」

実は斎藤の父は、もともと大竹の家の工事を担当したことがあった。その縁で東北福祉大の工事も請け負うようになっていたのである。入学後、斎藤が遊びでピッチングをしている姿を見て、投手としての才を秘めていることを感じた伊藤が、コンバートを命じたのは有名な話だ。後のメジャーリーガー・斎藤隆は、大竹と伊藤、2人の存在がなければ誕生しなかったであろう。

育成においては、伊藤は選手のやる気や反骨心を上手に引き出していた。たとえば自信のない東北出身の選手には、「お前はできる」と選手が自信を持てるまでしつこく励ました。代表例が荒木準也である。

荒木が入学したのは1990年。主将を矢野が務め、3年生には斎藤隆、作山、伊藤博康、浜名、金本らが名前を連ねていた。さらに同期の人数は部史上最多となる55人。周囲は荒木も十分その中でやっていけると評価していたが、当の本人が「僕なんか箸にも棒にもかからない」と最も自分を低評価していた。そんな荒木を、伊藤は「お前は4年後、プロに行くんだ」とすぐ一軍の中に放り込む。寮では翌年の主将で性格も穏やかな伊藤博康と同部屋にした。

「博康さんは下級生としてはすごくラクな方だったので、部の雰囲気にも慣れやすかった。そうしてレギュラーの中で練習していると、その野球にも慣れていくというか、高いレベルでプロを目指すような世界観にも馴染《なじ》んでいけました。僕のような選手にそういう環境を与えるのが伊藤監督のすごさですよ」

その後も、事あるごとに伊藤は荒木に「プロを目指せ、お前ならできる」と声をかけた。「自分なんかにできるわけがない」と上を目指そうとしない。当時、力のある東北出身選手によく見られた傾向。「野球後進地帯」などと言われるが故の自信のなさ、心の弱さを伊藤はあの手この手で変えようとした。荒木は故障の影響もありプロにはなれなかったが、社会人では五輪代表候補になるなど、アマチュアのトップ選手として現役を全うした。

「それにね、伊藤監督は幽霊部員を作らない。『もう一軍は無理だ』と練習に来なくなりそうな選手もいましたが、監督は毎日、部員が練習に来ているかちゃんとチェックしているんです」

そのうえで一軍が厳しい選手には、裏方の仕事を与えるなど、選手が大学をドロップアウトしないための、あらゆる方策を練った。1989年に創部した軟式野球部とゴルフ部もその一つ。硬式野球部で一軍入りが明らかに厳しいとなった選手には軟式野球部への移籍やゴルフ転向を勧めることもあった。ともに部長は大竹が務め監督も硬式野球部関係者が就くなど面倒も見続けた。後にこの両部も日本一になり、ゴルフ部は松山英樹《まつやまひでき》らトッププレーヤーも輩出している。

そして、この方策には、将来の指導者育成も含まれていた。学生コーチだった岡本や金沢は、そういった立場から高校野球の指導者への道を歩んでいく。それは大学内に止《とど》まらなかった。伊藤は東北各地の高校から「野球部を強化したい」「指導者を探している」という相談を受けると、喜んで指導者を志望していたり適性があると踏んだレギュラー組以外の選手を派遣した。

伊藤が日本一を目指すことだけではなく、メンバー外の選手の活かし方、指導者の育成や派遣にも熱心だったのは、預かった選手全員の将来を考え、少しでも就職につながれば、という思いからだった。さらにOBが指導者となれば、やがて彼らが育てた選手が東北福祉大の門を叩《たた》くようになる、という見込みもあった。その結果は伊藤亡き後、現在に至るまでの東北福祉大の状況と選手とを見れば、間違っていないことがわかる。

そして、人材を無駄遣いしない伊藤の方針は、部内にしらけた空気をまとう選手が出にくく、チームの一体感醸成にも功を奏した。今もそうだが東北福祉大はOBの結束が強く、「ファミリー」という言葉がよく似合う。

こうした「人を大事にする」強い組織づくりは、根本がプロ野球の世界で行っていたことだ。引退後の面倒を見る、親族の就職の世話もするといった姿勢で選手や家族の信頼を得てプロ入り拒否や他球団有利という状況をひっくり返して選手を獲得する。そんなウルトラCで根本は世間を驚かせた。そもそも、自らのネットワークを駆使して見つけた、磨けば光る原石を獲得したり、目を付けた若手を育成して抜擢《ばってき》したりするといった、人材発掘と育成をベースに弱小球団を強化するのは、根本が最も得意とすることだった。その孫弟子のような立場の伊藤は、丹羽や岡田を通じて、その手法を学び、自らも行っていたということなのだろう。

プロデューサー

「オレはね、入学してからしばらくは伊藤監督のことが理解できなかった。『監督ならもっと野球を教えてくれよ』とずっと思っていたんだ」

東北福祉大OBの高校野球指導者として、初めて甲子園優勝監督になった花咲徳栄の岩井隆は、大学入学当初をそう振り返る。

岩井は東北福祉大OBの指導者の中でも、少々異質な匂いを感じさせる存在だ。「ファミリー」の結束が強く、伊藤を「オヤジ」と慕うOBが多い中、岩井が「オヤジ」と呼ぶのは、桐光学園(神奈川)時代の恩師・稲垣人司《いながきひとし》である。花咲徳栄の監督を務めているのも、稲垣が最後に監督を務めた高校であり、大学を卒業した岩井がコーチとして稲垣に呼ばれ、赴任したのが縁の始まりだ。

もちろん、岩井にもOBとして東北福祉大に対する熱い母校愛はある。ただ、自分の野球人としての基礎を築いてくれたのは、あくまで稲垣、ということだ。それ故か、岩井が回想する大学時代は、どこか客観的な視点を持ち合わせており興味深い。

「オヤジからは福祉への進学を反対されていたんだよ。だけど、オレが魅力を感じてしまった。強化しているといっても東京六大学でも東都でもない、東北の大学でしょ。体が小さいオレでも、もしかしたら試合に出られるかも……って思ったんだ。まあ、入学初日の練習で『ああ、絶対に無理だ』と悟ったけど」

かつて稲垣は大東文化大の2代目監督だった。初代監督は、あの岡田悦哉である。稲垣が岡田のもとでコーチを務めていた縁で、桐光学園からも選手が東北福祉大に進学していたのである。稲垣は「投手育成の名人」として知られ、多くのプロ野球選手を育てた。その育成手法は稲垣が長い経験から確立させた理論に基づいたもの。岩井は稲垣の野球理論をたたき込まれていた。だからこそ稲垣は岩井の東北福祉大進学に反対したのである。「あそこの監督は何も教えてくれないぞ」と。

「稲垣さんは技術屋、職人さんなんですよ。オレは高校まで野球の監督はそういう人がなるもんだと思っていた。ところが伊藤監督は技術をさほど細かく教えない。一生懸命、鍛えているのは利男さんや成奉さんらコーチ陣で、あとは仙台へやってくるいろいろな人が野球を教えてくれる」

それでいて伊藤はきっちりとチームは勝たせる。「いったいこれはなんなんだ?」と岩井は困惑した。

「あるとき、東北学院大と引き分けたことがあって。そのとき監督が何を選手に指示したかというと『明日から革手(＊バッティンググローブ)禁止』。オレにしてみれば『そこ?』だよね(笑)。ずっと理論、理論、理論で育ってきたわけだから。それでも強くて勝っていたから納得して認めてはいたけど、ずっとモヤモヤしていた」

選手としては一軍昇格が絶望的だった岩井は、やがて「作業隊」の一員になる。大学に客が来るとなったら掃除に芝刈り。夜は接待の準備や運転手。「オレ、野球部なのになんで国分町《こくぶん》ばっかり駆けずり回っているんだ?」と自問自答する日々。国分町は仙台一の歓楽街である。夜な夜な客と酒を酌み交わす伊藤に「もっとグラウンドに出ろよ」と心の中で毒づくことも少なくなかった。

「でもね、ある日、気づいたんですよ。監督がこんな感じなのに、なぜ福祉が勝てるのかを自分なりに分析していて。モヤモヤしていた分、第三者的にチームを見られたから」

さすがは稲垣の弟子である。

「伊藤監督ってチームづくりのプロデューサーなんだな、と。選手起用や采配《さいはい》が上手な点も含めて。チームを強くするため、選手を集めるため、選手の進路のため、たくさんの人と飲んでいるんだとわかった。野球界はもちろん、多様な業界の人とも。後から聞いたんだけど、伊藤監督は仙台で勝って日本一になるには、仙台の地にいろいろな人が集まるようにならなければいけない、と考えていたそうなんです。だから昼も夜もお客さんを徹底的にもてなす。『仙台は楽しい、また来たいな』と思ってもらえるように。もう、オレなんかと考えていることが全然違うって思い知らされた。結局、当時のオレは世の中を知らない10代のガキだったわけです」

好投手を育てる、守備を鍛える、打撃を教える。それだけでチームが強くなるわけではないことを知ったのは、岩井にとって大きな学びになった。

「オレはオヤジに言われて、将来、指導者になるため教職課程も履修していたんですけど、単位が取りやすかったんですよ。伊藤監督は教授のみなさんも大事にしていたんです。あの頃の伊藤監督のすごさは、自分が監督になって年を重ねれば重ねるほど痛感します。きっと、飲みたくない酒も飲んで、頭下げたくないところにも下げて、一生懸命やられていたのだと思う。プレッシャーもすごかっただろうしね」

「人を大事にする」伊藤の一面も二軍の立場で実感した。

「一軍がキャンプに行っている間、居残りの二軍は4チームに分かれ『ウインターリーグ』をやるんですよ。とにかく選手を遊ばせない。軟式野球部だって、その発想から生まれたんだと思う」

当時はB戦など盛んではなかった時代。選手を切り捨てない、「預かった選手は最後まで面倒を見る」のが起点ではあるが、伊藤には時代を先取りしていた面も多い。二軍だった岩井も野球部生活を続けていくなかで、突然、「守備に入れ」といわれたり、コーチの基礎練習に交ぜてもらったり、望んでいた「野球を勉強する機会」が全くないわけではなかった。

「一軍ではないけど、一生懸命練習に来ているヤツらには必ず何か形になるものを残してやろうという親心ですよね。オレも利男さんの内野守備指導はすごく勉強になって、今も役立っている。監督の采配だってそう」

大学選手権のある試合、同期で主力投手だった作山がリリーフで登板した。すると伊藤は作山にいきなり敬遠を命じる。岩井は「なんで？　四死球がついちゃうじゃん」と意図を理解できなかった。理由は『いきなり投げるより4球投げてからの方がマウンドで落ち着くだろうから』だった。

「すごいな、と思いました。そういう裏付けがあることも、どれだけ選手が大事なの、という点でも。神宮の舞台で力を発揮させるために、そこまで考えているんだ、って」

気がつけば岩井も立派な「ファミリー」の一員になっていた。

「福祉からプロへ行って大成した選手も多いですけど、オレと同期くらいの選手は伝統ある名門大学出身の選手と違って野球界での学閥が全くないなかで勝負していたわけですよ。その状況で生き抜くにはどうすればいいのか。みんなオレと同じで伊藤監督の姿を見て、それを身に染みてわかっていたんだと思う。派閥をつくらず、ファンにも愛されるように、いろいろな人とのお付き合いも大事にする。だから今でも野球界に残っていられる人が多いでしょ」

もちろん、岩井自身が高校野球の監督として生きるうえでも、伊藤の姿は大きな糧だ。

「つまりは歴史のない大学……高校もそうかな。歴史も学閥もないチームが、歴史のある野球界に突っ込んでいくためのチームづくりを学んだわけです。徳栄でもオレは常に勝たなきゃいけないと思って監督をしているけど、それだけではダメなんだ。徳栄がある加須《かぞ》の地にいろいろな人に来てもらうための組織づくりや外への発信も、もっともっとやらなければいけない」

年を重ねれば重ねるほど、亡き伊藤の偉大さを感じるとはそういうことだ。

「組織のつくり方、人とのつながり。福祉OBの指導者は、みんな勝てていなかったところを勝たせているでしょ。それは伊藤監督のプロデュースのうまさを、みんながパクったんだよ」

ミックスを重んじる勝負師

名はなくとも潜在能力がある選手を全国から集めて育て、日本一を狙う。そのチームづくりにおいて伊藤が意識していたのが、様々なエリアの出身選手をバランスよく起用する「ミックス」したチームづくり。伊藤はそれを次のように表現している。

「東北人の勤勉さ、関西人のガメツさ、関東のスマートさ、これらがミックスした野球が私たちの理想なんです」

（ベースボール・マガジン社／『週刊ベースボール　1988年4月16日増刊号　大学野球』より）

関西人のガメツさは、泥臭くどんな手段でも勝ちを拾うという姿勢が長所。関東人のスマートさは、洗練されたバランス感覚が長所。東北人の勤勉さは、粘り強くコツコツと物事に向き合うのが長所。それぞれの長所を活かせば、どんな相手や場面にも対応できる臨機応変なチームができあがる。逆に言えばどれかに偏ると、その弱さを突かれたとき、チームが一気に崩れやすい。金沢はそれぞれの弱みを次のように語る。

「関西人の悪いところは調子に乗りやすいところ。謙虚さに欠けて足をすくわれるときがある。関東人はスマートでバランス感覚に優れている分、あっさりしたところもあって諦《あきら》めが早かったりする。東北人は粘り強いけど積極的に自分から前に出てくることが少ない」

ミックスしたチームなら短所も互いに補える。伊藤はそんな「ベストミックス」を目指した。

「とはいえ、監督就任当初は、ある程度、自分が望む選手をスカウトできたのは関西が中心。まずは東北の地に違う血を入れて刺激を与えるところからのスタートでした。大学選手権の最初の準優勝は関西出身の選手が中心でしたから。実績を重ねることによって東北や関東からも良い素材の選手が入学してくれるようになって、ようやく理想のベストミックスチームになったのが１９９１年。

大学選手権で初優勝して日本一に輝いたチームだったのだと思います」

　このチームづくりは選手たちにも強く印象に残った。結果的に金沢や仲井、澤田らを筆頭に、東北福祉大OBの高校野球指導者のチームづくりにも、色濃く反映されている。


　猛烈な勢いで大学球界を駆け上がっていった伊藤の東北福祉大だが、野球そのものはオーソドックスで、たとえば「鉄壁の守り」「打撃のチーム」「機動力」といった突出した独自の「型」が見えにくかった。

　だが、当時の選手たちの話をまとめると、ある意味、特別な「型」はなく、走攻守が高いレベルでバランスのとれたオーソドックスな野球の中で、高い潜在能力を引き出された選手それぞれの長所や個性を存分に活かすスタイルが、一つの形として見えてくる。そこに「ベストミックス」によって対応力の強さが備わり、「中央を見返す反骨心」というメンタル面の特長が加わったチームといえばいいだろうか。付け加えれば「人材を無駄遣いしない」組織力もプラスされていたのだろう。

　一つ疑問なのは、チームづくりを伊藤は根本を見本に行ったわけだが、根本との違いはGM、マネジャー的な力を発揮する一方で、現場の監督としてもきっちり結果を出した点だ。有名な話だが、根本は、チームづくりには長けていたが監督として勝つことは不得意であった。もちろん、プロとアマの違いもあれば、根本が監督を務めたチームが、いずれも再建期だった事情はある。ただ、それとは関係なく、当時の選手の証言を調べると、監督としての根本には疑問を抱く采配が多い。

「それはチームづくりのルーツが根本さんだっただけで、伊藤監督の本質は勝負師だったということでしょう。根本さんはマネジメントの一環、チームの基礎作りの一環として監督を務めていただけで、ご自身には自分が人より秀でているマネジメントで最終的に勝負するという感覚があったと思います。だけど伊藤監督があくまでこだわるのは勝負、現場の監督という意識が強かった。監督はガンで亡くなりましたが、最初にガンを患ったとき、一度復帰しているんですよ。僕からしたら成功もしたわけだし、体のことを考えて、そのまま引いてもよかったのにとも思うんです。でもユニホームを着ることにこだわって、また勝った。再発して入院したときも、最後までユニホームを着ようとしていた。現場の監督、勝負の場に対する執着は強かったですよ」（金沢）

伊藤にとってみれば、根本のマネジメントを参考にチームづくりや体制を整えたのも、全ては現場で勝ち上がるためだったのかもしれない。

「桜宮時代の伊藤監督は、センバツには出たけど不遇でした。決してラクではない生活の中で監督を続け、勝負師としてはＰＬの鶴岡泰《つるおかやすし》監督や中村順司《なかむらじゅんじ》監督にも、北陽の松岡英孝《まつおかひでたか》監督にも負けていないという自負もあった。だけど進学してきた選手だけでなんとか戦う公立校のいかんともしがたい選手層の限界があるなかで、何度も彼らに敗れ、苦渋を味わわされた。自分だってもっと選手を自由に取れて、環境も整えば……という悶々《もんもん》とした思いはあったと思うんです。それが福祉に来て、大竹榮という後ろ盾を得て、ハードもソフトも全面的にバックアップしてもらえるようになった。そこで十何年分の思いが爆発して、一気に勝負師として花が開いたのでしょう」

金沢は大竹と伊藤、２人の熱が東北福祉大を日本一に押し上げ、ひいては高校も含めた東北の野球のレベルアップに大きく寄与したと話す。

「東京なら東京六大学や東都、近畿なら関関同立だけが大学野球の主、といった時代。そこには絶対に負けないんだという伊藤義博の血と、大竹榮の東北人としての意地。この2つの熱がぶつかり合って、混ざり合ったのが、あの頃の福祉の野球でした」

ぶつかり合うことも多かった2人がコンビ解消までに至らなかったのは、2人とも「人を大事にする」という点においては共通していたからだと金沢は言う。

「2人とも福祉の選手がプロになるのは喜んでいました。だけど、それ以上に大切にしていたのは指導者作り。それが将来も揺るぎない東北福祉大の歴史を築くという信念が2人にあった。信念は我々のような教え子にも伝わって、東北福祉大OBの指導者がどんどん増えた。彼らが伊藤義博、もっとルーツをたどれば根本陸夫のマネジメント手法で、行く先々を強くしたんです」

変えるもの、変えてはいけないもの

50メートル×60メートル。天井の高い広い室内練習場では内野ノックと外野のバックホーム練習が終わると、入部間もない1年生と思われる集団のキャッチボールが始まった。奥に見えるガラス張りの監督室では、2度目の監督に就いて間もない山路哲生が、スーツ姿の客と話し込んでいる。

「お待たせしてすみません！」

2023（令和5）年春、今や大学球界有数の「名門」となった東北福祉大の監督のイメージとはギャップのある、物腰柔らかい対応。前の客は新たに社会人チームを起《た》ち上げる企業の担当者だという。伊藤も現在の山路のように、日々、選手のため、様々な客と話し込んでいたのだろう。

山路は上岡や金沢と同期。4番サードとして、のし上がっていく東北福祉大の打を引っ張った。卒業後は社会人野球の強豪、ヤマハで長く活躍。2000（平成12）年、ヘッドコーチとして東北福祉大に戻る。2002（平成14）年、伊藤の急逝にともない監督代行を務めた後、2003（平成15）年、監督に就任。2015年に一度、後輩の大塚光二に監督を譲って総監督に。今回は8年ぶりの監督復帰となる。

「山路さんはどーんと構えた4番打者。常に一番元気を出していました。努力している姿や立ち振る舞いは別格。本当に人格者だと思います」とは岩井の山路評である。

生前、伊藤は自身の後継者は、指導力や人格はもちろんだが、選手としての実績も欠かせないと考えていたフシがあったという。実績も学閥もないところから日本一となったチームを継ぐ者。野球界の中で東北福祉大が強さを維持していくために、それにふさわしい「格」を求めたということだろう。選手としての輝かしい実績がほとんどなかった自分の引け目や苦労を、後継者には味わわせたくない、という親心もあったのかもしれない。

「私の家は裕福ではなかったので、大学進学は頭になかったんですよ。高校出たら働こうと思っていました。だから大学でも、まずは学費を出してくれている親のためにもレギュラーを獲ろうという気持ちが一番でした」

ハングリー精神に、親へのいたわりと恩返し。伊藤にとって山路は手が掛からない選手だった。

山路が東北福祉大に進んだのは、母校である星林が桜宮と練習試合をしていたことが縁だった。強打を買われ1年生の秋にはレギュラー定着。卒業まで成り上がっていくチームの主砲としての役目を全うした。

「私たちの代は1年生から出場していた選手が多かったのですが、キャプテンの田川力従さん、副キャプテンの青山孝一さん、学生コーチだった利男さんの3人がチームをがっちりまとめていたので、先輩からの風当たりは強くありませんでした。ただ、伊藤監督はスコアボードの仕事など雑用は全て私や上岡など試合に出ている1年生に命じていました。先輩だけではなく、試合に出ていない1年生のことも考えていたんでしょうね」

それは、伊藤にとって自身が就任後に一掃した「理不尽な上下関係」ではないのだろう。むしろ山路や上岡への気遣いともいえる。

「大竹先生にもよく怒られましたよ。一番を取らなければダメなんだ、と。阿弖流為の時代から東北は虐げられてきて、伊達政宗だって天下を取りに行かなかった。だから自分たちが野球で東北から日本一になるんだ……というのが本当に口癖で」

他のOBの話ではおぼろげだったことも多い、大竹の根っこにある東北の歴史の話も、山路は「阿弖流為」という人名まで間違えず記憶している。

「前回の監督時代、神宮大会で準優勝したときも怒られました。『千載一遇のチャンスを逃しやがって！』って」

少々乱暴な言葉づかいが愛《いと》おしい。大学選手権は3度制した東北福祉大だが、神宮大会は準優勝5度でいまだ優勝はない。大竹が悔しがるのも理解できる。ぜひとも神宮大会でも初の栄冠を狙いたいところだが、30年前と今では状況が違う。東北福祉大の躍進後、ＰＲや学生集めに効果的だと、多くの地方大学が「福祉に続け」とばかりに野球を強化するようになった。その流れは加速している。仙台六大学も今は東北福祉大1強とはいえない状況だ。

それでも、全国各地で奮闘するＯＢ指導者の支えもあり、東北福祉大は今も大学球界の強豪である。ただ、かつてのような「中央の大学に進めなかった反骨の集団」ではない。高校生は東北福祉大に対して「強豪」「名門」という認識で進学してくる。「打倒エリート」で一致団結した集団は、自らがエリートになった。山路は、そんなチームをどう舵取《かじと》りしていくつもりなのだろうか。

「エリートという意識ならば、エリートのままやってほしいと思いますね。練習方法もですが、何事も時代に合わせてやらなければならない。ただ、反骨精神がいらないわけではない。『なにくそ、負けるか』という気持ちは絶対に必要です。日本一を何度かとったチームに来たのですから、目標が日本一なのは当たり前だし、日本一のチームを目指すことが大事だと言っています。ただ１５０キロ出す投手とホームランをバンバン打つ選手がいて日本一になるだけでは何の意味もない。部員全員が一人ひとり課題をもって練習に臨み、レギュラーになれなくても、チームのために何かができる自分を見つけていくことが大事なんだと」

山路は監督就任後、年明けの練習始めで選手たちに、全員で足を揃えたランニングを課した。

「軍隊のように、ただ足を揃えてきれいに走るためではないんです。足を揃えて、といってもインコースの前とアウトコースの後ろでは走る距離も歩幅も変わってきます。揃えるためには一人ひとりが自分の位置を確認して、どう走るべきかを考えなければならない。それぞれのポジションでそれぞれの役割があるということを感じさせたかった。自分はチームにどう貢献するのか。そういったことを考えられる人間になることが、組織の中で必要な人間になることですから」

球界を驚かせた東北福祉大の躍進と初の日本一から30年以上の時が過ぎた。

伊藤は約20年前にこの世を去り、高齢の大竹も数年前に野球部長を退いている。

２０２３年の仙台六大学春季リーグ。開幕戦に出場した選手18人のうち、ＯＢが監督を務める高校の出身者は７人。東北の高校出身者も７人。ドラフト候補と期待される投手、後藤凌寿は、特に強豪でもない普通の公立校出身で、目立つ高校時代の実績もない。

大竹と伊藤が築き、紡ぎ、種も蒔《ま》いた東北福祉大のイズムは、仙台の地でしっかりと根を張った。そして、２人が蒔いた種は、東北の高校野球の世界でも金沢、仲井、澤田、関口、荒木といった面々が、しっかりと花を咲かせている。

第四章

青森 〜ミックス〜

「野球留学生」の歴史

東北勢の強化に少なからず影響を与えたのが「野球留学生」だ。野球留学生とは、一般的に故郷、親元を離れて甲子園やプロを目指すために全国各地の強豪校へ進学する選手を指す。では、東北勢の野球留学生は、いつ頃、高校野球で存在感を放ち始めたのか？

個人かつ逆パターンの例は古い時代からあった。地方の優れた実力を持つ選手が、大都市の名門校に進学するケースである。ただ、こうしたケースは本稿で取り上げる今日的な意味での野球留学生にはあたらないだろう。

過去の出場校データを見ると、1970年代、竹田利秋の指導のもと、東北勢の中でも、いち早く関東や関西の都市型私立強豪校に近い立ち位置のチームとなった東北高（宮城）に、散発的に関西や関東からの野球留学生の存在が確認できた。ただ、それは本人の希望という側面が強く、チーム強化の一環として、ある程度、組織的、あるいは戦略的に一定数の選手をスカウトする、現在の野球留学生が多い高校のパターンとはやや経緯が異なる。それは竹田が度々「東北出身者で勝つ」ことへのこだわりを口にしていたことからも明らかだ。

ちなみに全国の例でいくと、1960年代後半に台頭したPL学園（大阪）が、全寮制のもと、母体である宗教団体のネットワークも活《い》かして、地元だけではなく、全国から選手を集めてチーム強化を図ったことが有名だ。ただし、これも逆パターンといえ、もともと人が集まりやすい大都市部の高校であることからも、今日的な野球留学生主体のチームとは異なる。むしろ、現在の大阪桐蔭（大阪）のようなケースに近い。では、今日的な野球留学生を主体にチーム強化をして初めて夏の甲子園をつかんだのはどこか？　資料を調べると、有力候補は１９７５（昭和50）年夏の江《ごう》の川《かわ》（現・石見《いわみ》智《ち》翠館《すいかん》／島根）。当時の江の川は次のようにチーム紹介をされていた。

野球部ができたのは昭和四十一年。このときから、学校では、発展策の一つとして野球部強化の方針を打ち出し、当時の理事長が、兵庫県の伝統校三田学園野球部関係者と知り合いであった関係から同学園と姉妹校の縁組みをし、同学園野球部の指導を受けたり、阪神間の中学校から素質のある選手を招いてきた。今年の部員も十四人のうち、主将樋口、エース崎山ら七人が兵庫県出身。親元を離れ寮生活を送りながら野球に打ち込んでおり、厳しい練習と寂しさの二重の試練に耐え抜いているだけに、物おじしない。
（朝日新聞出版／『週刊朝日』／昭和50年8月10日増刊号より）

文面だけなら現代でも通じそうな、今日的野球留学生主体のチームの典型である。ちなみに同じ『週刊朝日』増刊号では、１９７６（昭和51）年の福井（現・福井工大福井／福井）のチーム紹介で、ある主力選手を「野球留学」という言葉を「〝〟」を使い、強調して紹介している。その後、甲子園では１９８０年代にかけ、江戸川学園取手《とりで》（茨城）、倉吉北（鳥取）、尽誠学園（香川）、島原中央（長崎）といった野球留学生を主体とするチームの甲子園出場が増加。主体とまではいかなくても、野球留学生を擁する地方の私学が珍しくなくなっていく。

では、東北地方の嚆矢《こうし》はどこか？　実は私の母校である鶴岡東（山形）は、鶴商学園という校名だった1978（昭和53）年の甲子園初出場の時点で、部員には東北他県、関東、関西出身者がいた。ただ、スカウトにより入学した選手もいたが、一般入学の選手もいるなど進学経緯はまちまち。当時の話を聞くと、野球強化とは別に、学校として全国から生徒を募集する取り組みを始めていたのだという。その後となると1980年代後半の東海大山形（山形）が関東・関西出身選手が主力の一部を務めて甲子園に出場していた例がある。しかし、これも監督を務めていた滝公男《たききみお》（現・山形学院監督）に尋ねると「私自身の縁で関東や関西、故郷である静岡出身の選手を受け入れていただけで、積極的に野球留学生をスカウトして強化しようとしていたわけではない」という。

となると、意外と歴史は新しく、たとえば竹田利秋が監督を退いた後の東北高も候補。大阪の社会人野球チームでプレー、埼玉栄（埼玉）で監督を務めた若生正廣が指導スタッフ入りした1990年以降、若生の縁を通じて関東・関西からの野球留学生が増えたのだ。また、同時期の専大北上《きたかみ》（岩手）や学法石川（福島）の主力選手にも関東出身者を見つけることができる。

一方、同時期に野球部強化にあたって関東・関西出身の選手のほかブラジル人留学生なども受け入れ、1993（平成5）年に甲子園初出場を果たしたのは青森山田（青森）である。続いて指導者の縁を頼りに入学した関西出身者を中心とする野球留学生が主力を務め、1990年代半ばから後半に甲子園初出場を果たしたのが盛岡大付（岩手）、光星学院（現・八戸学院光星／青森）、酒田南（山形）だ。

今日的、という意味では、既に強豪校の地位を築いていたチームに野球留学生が増えた東北高などのケースよりも、後者の方が東北勢の嚆矢といえよう。

ブランド校たる私学も多い首都圏、近畿圏と異なり、地方は公立志向が強いケースが多く、どうしても公立の滑り止めという地位にならざるを得ない私学も多い。それは野球部など部活動強化にあたっても影響は出る。いくら強化するとなっても、相当、知名度が高く実績豊富な指導者が監督になるといったアドバンテージがない限り、地元の好選手は公立校やその地域で一定の実績がある私学に進学してしまい、当初は選手集めにも苦労する。結果的に新興校は野球留学生を主体に強化を進めざるを得ない。青森山田や光星学院、盛岡大付、酒田南の強化には、そういった側面もある。そして、それらの高校は関東や関西などレベルの高い環境で育った野球留学生が、地元の選手に好影響を与えるメリットも生じていた。

ここでは、野球留学生の力を活かし、ついには甲子園で3季連続準優勝と東北勢の悲願の扉を開く寸前までに迫った光星学院、現在の八戸学院光星の歩みを振り返ることで、野球留学生が東北勢に与えた影響について紹介したい。

地元選手を刺激する野球留学生

「関西の子ってね、『ここや！』と心に決めたらどこへでも行くんですよ。『ここに金儲《かねもう》けできる話があるで～』と言ったらどこでも行くのが関西人（笑）。だから、チームを強くするために、たやすく引っ張ってきやすいのが関西の選手なんです。何かを変えるときは、違う血を入れるのが一番。東北と一番違う血で刺激性のあるのが関西の選手なんです」

かつて光星学院（以下、光星）を監督として初の甲子園に導いた明秀日立《ひたち》（茨城）の監督、金沢成奉の言葉である。自身も大阪のど真ん中の出身である金沢は、故郷の選手の気質をよく理解していた。地方の実績のない野球では新興の私学。一線級の選手に声をかけても袖《そで》にされることはわかっている。狙いは中学では結果を出せず控えだったり、それほど強豪ではないチームに所属する選手。

「甲子園、狙いやすいで！」「レギュラーあり得るで！」「いっしょに初めての甲子園行こうや！」

そんな言葉をかければ、「このまま地元にいても」とくすぶっていた選手たちは、それほど説得しなくても八戸行きを決断してくれた。

「初めて甲子園に出たときの選手には、大阪の八尾《やお》のボーイズから来た子が多かった。でも、八尾は八尾でも名門の八尾フレンド（現・大阪八尾ボーイズ）ではなく、八尾ペッカーズ（現・八尾中央ボーイズ）の方ですから」と苦笑するのは、当時コーチだった仲井宗基。現在は、金沢の後を継いで光星の監督を務めている。仲井は東北福祉大（以下、福祉大）卒業後、監督の伊藤義博が敷いたレールに乗って、1993年春、教員・野球部コーチとして光星に赴任。野球部強化に乗り出して間もない光星は、福祉大の先輩である津屋晃の監督就任が決まっていた。津屋は福祉大の主将を務めたが、高校時代は陸上部兼応援団という異色の人材。野球面をサポートできる人材を、ということで白羽の矢が立ったのが、桜宮、福祉大を通じての伊藤と津屋の後輩となる仲井だった。

「高校時代の私は、もともと体育教師になりたくて日体大を志望していたんです。ただ、高校の先輩である伊藤監督や矢野耀大さん（当時・輝弘／元・阪神ほか）からの熱心な誘いを受けて福祉大に進学しました。伊藤監督は『絶対に就職まで面倒を見る』と言ってくださっていたので、約束を果たそうとしてくれたのでしょう」

「練習を手伝ってこい」と伊藤に言われるがまま、初めて光星に足を踏み入れたのは大学時代。グラウンドは現在と同じ場所、八戸学院大（当時は八戸大）の敷地内にあったが設備は雲泥の差。外野フェンスがなく、L字の防球ネットなど設備も整っていなかった。大学卒業後、津屋とともに正式に光星に着任すると、２人で少しずつ環境を整えていった。

津屋、仲井、そして金沢は、みな福祉大出身であり、第三章で述べた東北、関西、関東の選手を「ミックス」するチームの強みを知っていた。そして3人とも出身は大阪。光星のある青森県八戸市には八戸工大一という野球で実績のある私学があり、当時は八戸高、八戸工といった公立校も実力があった。後発の光星は、地元選手を誘ってもなかなか首を縦に振ってくれない。選手獲得のため、３人の目が関西に向けられるのは自然の成り行きだった。

「当時の光星は地元の中学の3番手の選手が来るようなチーム。最初の年は夏が終わると部員は17人。そのうち仙台出身が6人、大阪と埼玉出身が1人ずつ。津屋さんが自分の縁を頼りに勧誘して進学してきた1年生でした。そんな状況でしたから、強くするとなると県外から選手を獲《と》らざるを得ない。それも何流かもわからない、名も知れない選手たちを」

それでも津屋と仲井の熱心な指導で、１９９４（平成6）年夏、光星は早くも初となる夏の青森大会決勝進出を決める。決勝戦のマウンドに登ったのは1年生左腕の洗平竜也《あらいだいたつや》（元・中日）。地元、青森県六戸《ろくのへ》町出身。六戸中から光星の門を叩《たた》いた。津屋は野球留学生の勧誘だけではなく、地元選手にも選んでもらえるチームになる努力も惜しんではいなかった。

「津屋さんのすごさは地元の人たちにすぐ溶け込んでいくところ。中学の指導者とも仲良くなって、洗平みたいないい選手も入学してくれました。まさに関西人らしい図々《ずうずう》しさですよ（笑）」

決勝戦は惜しくも敗れたが、光星は少しずつ、しかし迅速に「ミックス」チームを形成。1995（平成7）年秋には金沢が津屋から監督を引き継ぎ、1997（平成9）年春のセンバツで甲子園初出場。夏の青森大会決勝で3年連続敗退という苦汁もなめたが、仲井と津屋の就任からわずか4年で聖地を踏むこととなった。

「ミックス」チームの良さは、第三章で述べた通り、キャラクターの違いによってバランスがとれ、対応力が高いチームが形成されることだ。それが高校生となると、東北出身選手のメンタル面への好影響がより強くなる。仲井は光星が比較的、早くに結果を出せた理由の一つを次のように語る。

「県外の子は、たとえば八戸工大一と聞いても、力関係をよく知らないわけですよ。中学で控えだった地元選手は、同期でレギュラーだった選手がいる八戸工大一には戦う前から怯《ひる》んでしまう。でも県外の子からしてみたら、自分の実力は置いておいて『八戸工大一なんて知るかい！』みたいな感じ。その姿勢でぶつかっていく。そしたら1年生大会で八戸工大一に勝ってしまった。よそから来たヤツらが『いっちょやったろかい！』と張り切るのは、まさに急成長していた時期の福祉大とかぶる。そういう雰囲気がありましたね」

　進学してくる野球留学生の中には、実力はあっても素行不良で有名強豪校から声がかからなかった選手もいたため、指導では手を焼くことも多かった。だが、そこは猛者《もさ》揃いの福祉大で生き抜いた3人。その「元気」をうまく野球に仕向けていた。

　また、当時の青森県勢は甲子園でほとんど勝てなかった。地元チームが甲子園で負けるシーンばかり見せられて育てば、その土地の選手たちに甲子園で勝つイメージは湧きにくい。口では「目指せ甲子園」「全国で勝つ」と言っても、心の中では「でも、実際は無理なんじゃないか」と信じ切れない。金沢は福祉大でも、東北出身選手のそんな心の一面を感じていた。

「オレたちは東北だから弱い。雪国だから勝てない。ハンディがあるから勝てないという意識が見えました。要は意識の低さ。負け犬根性ですよ。力がないわけではないのに。力以上のものが発揮できないどころか、持っている力以下のものしか出せない。その原因は、自分たちに、どこか引け目を感じているから」

　津屋の後を継ぎ、八戸に来たときも同じことを感じた。

「人を押しのけてでも前に出る気持ちの強さが地元の選手にはない。光星が壁を破れないのも、青森の野球のレベルが上がらないのも、まずはその意識の問題だと感じました。結局、イメージなんですよ。イメージってすごく大事。だからCMがこれだけ世の中にあふれるわけで。当時の東北のチームは、ふだんの生活から『弱い』と印象操作をされているような状態だったと思うんです」

　野球留学生は、そんな地元選手の大きな刺激になる。

「15歳で親元を離れて野球に打ち込むのは、よっぽどの覚悟。親御さんも大事な子どもを手放すのは勇気がいると思います」(仲井)

悔しい思いを胸に、甲子園に出るため地元から離れた野球留学生が口にする「目指せ甲子園」「全国で勝つ」という言葉は本気だった。

「甲子園に出られなかったら、こんな遠くまで来た意味がなくなる」

そんな野球留学生たちの取り組みに地元選手が感化される。ただ、金沢は野球留学生の高い意識だけに頼りっぱなしではいけないとも言う。

「指導者の意識が低ければ、いくら関西の子の意識が高いといっても1年いれば染まってしまう。逆に指導者が負けて悔しいと思い続けていられれば高い意識は保てる。日本一になるって思わなければいけません。初めは周囲の人間にもバカにされましたけどね」

地元選手の意識を変え、野球留学生のモチベーションを落とさないために、金沢は選手を鼓舞し続けた。

「一種のマインドコントロールです。『日本一になるんだ!』とバカみたいに毎日言う。最初は『何を言っているんだこの人は?』という反応の選手も、毎日言われていると、ちょっとずつ変わっていく。野球部以外の人からは『こいつら頭おかしいんじゃないか』くらいに思われちゃうんですけど」

「雪が降るから、陽が短いから」と常に逃げ道を探している空気も改める。

「冬になって雪が積もれば、走れる場所を探したり。でも、やっぱりないわけです。八戸は積雪量が多い方ではないので積もらない時期もありますが地面が凍る。それが溶けるとベチャベチャになる、の繰り返し。やっぱりないか……と何気なしに海辺の方に行ったら、種差海岸《たねさし》の方には雪がない。強い海風で雪が吹き飛ばされてしまうから。『ここ走れるじゃん！』と興奮しましたね」

ランニングやトレーニング、キャッチボール。できる練習は全て海岸で行った。その練習自体も心の強さに変えようと「雪をハンディと思ったらアカンぞ！　オレらはグラウンドが使えなければ砂浜で走ったりしている。そんな苦しい思いをしているんだ。逆に冬でもグラウンドが使えるヤツらはラクしてると思え！」などと叫びながら選手を鍛える。

「青森の人間にしてみたら、冬は外に出ない、外を走れない。野球をやれないのが常識。そのイメージから変えていきました」

意識面以外でも、金沢が感じた東北勢の打撃の弱さ、仲井が感じた走塁技術の拙《つたな》さなど技術面の課題にも取り組む。積極的に県外遠征で強豪校との実戦経験も積み、光星は初の甲子園をつかんだ。

反骨の志高く、本気で甲子園を狙う野球留学生に感化される東北の選手たち。それは意識の面ではなく、甲子園を戦ううえで「西」への慣れにもつながる。

甲子園が開催されるのは兵庫・西宮《にしのみや》。夏の甲子園を主催する朝日新聞も、春のセンバツを主催する毎日新聞も、ルーツは大阪。高校野球の全国大会発祥の地にして聖地は関西にあり、甲子園には「西の大イベント」という側面がある（対して聖地が神宮球場である大学野球は「東」といえよう）。今では時に審判から急《せ》かされるスピーディーな進行など甲子園独特のアンリトン・ルール的な文化はよく知られるようになった。常連校であれば、地域を問わず、それを概《おおむ》ね理解して大会に臨んでいるチームがほとんどだろう。だが、かつてはそういった情報も広くは知られていなかった。スケジュールの都合もあるとはいえ、「せっかち」「気が短い」を示す関西の方言で、関西人の気質を表す「いらち」を地で行くような文化。甲子園はやはり西の文化に慣れている方が有利であり、地元・近畿勢が好成績を挙げてきたことも腑《ふ》に落ちる。こうした背景を考えると、関西からの野球留学生は東北のチームに、甲子園に出場しても、カルチャーショックをあまり与えなくて済む効果もある。「関西弁に慣れている」だけでもアドバンテージだろう。

ともあれ「異文化」との接触は、閉塞《へいそく》的な環境で暮らしてきた人間に刺激を与えることは確かだ。それが物怖《ものお》じしない強い精神の形成につながる効果もある。実は、光星が強化を始める遙《はる》か前、青森の伝説となったチームにも、そのような一面があった。

不思議な共通項

東北の、いや、日本の高校野球史に燦然《さんぜん》と輝く名勝負の一つに、1969（昭和44）年夏の甲子園、愛媛の松山《まつやま》商と青森の三沢高が激闘を繰り広げた決勝再試合がある。「コーちゃんフィーバー」を巻き起こした「元祖・甲子園のアイドル」太田《おおた》幸司《こうじ》（元・近鉄ほか）がエースの三沢高は、東北勢として戦後初となる甲子園決勝に進出。名門・松山商との試合は延長になっても決着がつかず、18回を戦って0対0の引き分け再試合に。翌日の再試合で松山商が4対2で三沢高を破り優勝を遂げた。太田は決勝の2試合を1人で投げ抜いたが健闘及ばなかった。

三沢高の快挙の要因は、言わずもがな、好投手・太田の存在であることは間違いない。低めに決まるストレートの伸びは尋常ではなく、当時の強豪校をほぼストレート一本で抑えてしまう威力があった。また、バックを守る選手もショートの八重沢憲一《やえざわけんいち》（元・東映ほか）がプロに進んだように、当時の三沢市のオールスターが揃ったような陣容だったという。かつて太田を取材した際、彼は当時の三沢高を次のように表現した。

「三沢市の中学は野球が強かったんですが、いい選手は市外の強豪校に進む傾向があった。ところが、僕らの年はたまたま三沢に集まったんです。みんな小さい頃から顔見知りの選手ばかり。以前、甲子園で活躍した八重山《やえやま》商工を見て、〝あのときの三沢に似ているな〟と思ったものです」

では、なぜ三沢の中学は強かったのか？

「三沢は野球が盛んな土地でしたよ。青森の他の地域と比べても大会の数が多くて、試合もいっぱいやっていた。高校の成績は、そのへんがうまくかみ合ったから、ということもあるでしょう。小学生の頃にはリトルを経験していた選手もいたし」

そう語るのは太田と同期で甲子園準優勝メンバーの1人、5番・ファーストだった菊池弘義《きくちひろよし》である。「リトル」とはリトルリーグのこと。硬式ボールを使った少年野球である。今でこそ東北もリトルシニアやボーイズなど硬式ボールを使う少年野球のクラブチームは多い。しかし、菊池たちの小学生時代といえば昭和30年代。この時代、東北でリトルがあったのは三沢くらいだろう。

それにしても、なぜ三沢にはリトルがあったのか？　答えは「基地」があったからである。

三沢は今も基地の街として知られている。１９４１（昭和16）年、日本海軍が三沢に設けた航空基地は、戦後、アメリカ軍のものになり、やがて朝鮮戦争が始まるとアメリカにとって重要な戦略拠点の一つとなった。現在でも市内北部にある三沢空港は、民間、航空自衛隊、アメリカ軍の三者が利用する日本唯一の空港である。

太田たちが小学生だった昭和30年代、その米軍三沢基地には、アメリカ人の子どもたちによるリトルリーグがあった。そして1961（昭和36）年、このリーグに日本人チームを加えようという話が生まれ、太田や菊池、八重沢、同じく準優勝メンバーで4番を打った桃井《ももい》久男《ひさお》などがメンバーに名を連ねた。結局、この日本人チームは2年間だけの活動となったが、菊池によると、その前後も彼らはちょくちょく基地内の野球に参加していたそうである。

「自分だけのパスをもらって、よく遊びに行っていたんですよ。アメリカ人8人に日本人が私だけ、というチームで試合をしたこともありました。正直、試合の勝ち負けはどうでもよくて。あんなデカい連中に勝てるわけないと思ってたし（笑）。楽しいのは試合後なんです。チョコレートやガムをもらったり、バーベキューをしたり。あれは美味《おい》しかったなあ」

勝てるわけない、と言いつつも、日本人チームはかなり勝利をおさめていたというから、やはり三沢高の準優勝メンバーたちは、ある程度、野球の才能に恵まれていたのだろう。ちなみに菊池たちのようにリトルに参加していなくても、三沢の少年たちはアメリカ野球の洗礼を受けていたという。

「道路端でソフトボールをしていると、街に出てきたアメリカ人が飛び入りで加わったりしていたね。小さい頃から、そんなことばっかりだったから違和感もなかった。今は昔ほどアメリカ人も街に出てこなくなったみたいですけど」と話すのは、捕手だった小比類巻英秋《こひるいまきひであき》である。
　硬式ボールに早くから触れていたことが、その後の三沢高の活躍に直結していたというのは早計だろう。太田も「それは、あまり関係ないでしょう」と語っていた。それよりも、東北の小さな街でありながら、アメリカ人が日常的にいて、異文化とふれ合う機会が多かった方が気になる。
　今よりもずっと古い東北で、これだけ外国人が身近にいる街は珍しい。どちらかといえば閉鎖的で、よそ者に対する警戒心も強いといわれたかつての東北において、三沢は一種独特の街ともいえる。それが一般的な東北人とは異なるメンタリティを形成させたと考えるのは飛躍だろうか。個人差があるので一概には言えないが、青森の他の地域の人間は、三沢の人間に対して「オープンで穏やか」という印象を受けることが多いそうである。
「国際的な気質、誰でも受け入れるみたいな空気はあるかもしれませんね。少なくとも閉鎖的な感じはない」（菊池）
「初めから基地があって外国人がいる。それが普通だったから」（小比類巻）
　有名な話だが、快進撃の中心にいた太田の実父は日本に進駐してきたアメリカ人で、実母は日本人である。その後、米軍三沢基地で働いていた日本人の義父と、ロシア人の義母の養子となった。三沢高の快進撃は、何かと基地とアメリカに縁がある。
　ともあれ、三沢高のメンバーの多くは、こうした当時の一般的な東北人とは異なる一風変わった気質をもっていた。カルチャーショックへの慣れがあるからこそ、甲子園という大舞台でも、それほど萎縮《いしゅく》せず、自分たちのプレーができる。三沢高の準優勝は、そういった気質の好選手が集まり、さらに全国屈指の豪腕投手が存在した、そんな要素が重なりあった結果にも見えてくる。

1990年代から存在感を放ち始めた光星は、野球留学生たちが地元の選手を刺激して、互いに高めあい、強豪校になっていった。三沢高の選手たちに刺激を与えた「アメリカ文化」は、光星の地元選手の意識を変えた野球留学生の存在にどこか共通しているようでもある。それが同じ青森という土地で生じたのは、不思議な巡り合わせだ。

ミックス進化形

さて、甲子園初出場を果たした光星だが、金沢は聖地での経験でチームに変化の必要性を感じた。

「当時はミックスと言いつつも、関西出身の選手が多かった。前監督の津屋さんが結果を出せば青森や関東の選手も光星に興味を持ってくれるはず、と、まずは甲子園出場を目指したことが影響していたと思います」

だが、金沢はそのチーム構成だと甲子園には出られても、勝ち上がってはいけないと感じた。

「甲子園の観客は本当に野球を好きな人がほとんど。出場チームのことをよく知っています。勝ち負けを観に来ているのではなく、野球との向き合い方や背景、そこまで知ったうえで応援している人が多い。そうすると、関西出身者だけの青森代表のチームは、なかなか応援してもらえない。それで、今までより青森出身の選手を増やすことにしました」

甲子園とその観客は物語を好む。郷土色が高校野球の魅力である以上、そこは避けて通れない。

それが大学野球で勝てる「ミックス」と、高校野球で勝てる「ミックス」の違いではないか。金沢は意識的に青森出身者がスタメンに何名か入るような「ミックス」を目指す。その成果が2000（平成12）年、夏の甲子園初勝利から勢いに乗ってベスト4まで進出したチームである。レギュラー9人のうち関西出身者が3人、関東出身者が1人、青森出身者が5人。快速球を投じるリリーバーとしてチームを象徴する存在となった根市寛貴《ねいちひろたか》（元・巨人ほか）も青森出身である。

金沢は勧誘の段階から青森の中学生たちの意識が変わってきていることも感じていた。

「光星が初めての夏の甲子園で佐賀商と打ち合って惜敗した試合を見たり……。僕からするとチーム力を考えれば、そんなに驚く結果ではないのだけど、当時の青森の人からすると佐賀商は甲子園でも優勝した九州の名門校という強いイメージ。しかも、その試合でウチの山根新がホームランも打った。それ、青森県勢の甲子園初ホームランなんです。〝こんなチームが青森にあったの⁉〟〝こんな野球できるの⁉〟とインパクトがあったみたいで、甲子園に行くなら光星だと感じてくれた選手も多かったみたいです」

ベスト4のメンバーは、このとき中学3年生。就任当時、仲井が語っていた「ウチに来る地元の選手は3番手」という時代は変わりつつあった。さらに、根市ら青森出身者の活躍で競争の激しさから光星を敬遠する地元選手の空気も変わったという。金沢も大学とは異なる、高校野球ならではの「ベストミックス」の在り方、チームづくりのノウハウをつかみ始めていた。

「地元、関西、関東のみんなが交ざって一つになっていくのは、時間にしたら半年から9ヶ月というところですかね。関西の人間はハッタリも多いし前に出ていくタイプが多いので、地元の人間は最初、ちょっと引いちゃう。ところが1ヶ月、3ヶ月経つと『あれ？　オレの方がうまいんじゃないか？』と感じる選手も出てきて、半年経つと『こいつ、たいしたことないな』と自信が出てくる選手もいる。要は慣れ。百聞は一見に如《し》かずという言葉はまさにその通りだと思います。1回見るのと見ないのでは物事の見方が全然違う。それを1年間、何回も繰り返す感じですよ」

理想の「ベストミックス」を手にし始めた金沢の光星は、ベスト4の翌2001（平成13）年、2003（平成15）年も夏の甲子園でベスト8に進出。青森にとどまらず全国的な強豪校へと成長していく。

光星が甲子園常連校へと成長していく時期、金沢の指導を受けていた地元出身選手の1人に、小比類巻英史がいる。八戸市立是川《これかわ》中の軟式野球部出身。2003年夏、2年生ながらサードのレギュラーとして甲子園に出場。ベスト8進出に貢献した。父はあの三沢高の甲子園準優勝メンバー、小比類巻英秋である。

「三沢はどうか、と言ったこともあったけど、本人が光星でやりたかったみたいでね。やっぱり甲子園でベスト4やベスト8に入っているのを見せられると、そう思っちゃうでしょ」（英秋）

「もちろん、父が三沢で準優勝したことは知っていました。だけど、当時の自分は甲子園以上にプロへの憧《あこが》れが強くて。中学時代に甲子園で活躍する光星を見ていたので、一流の野球を勉強できるのは光星しかない、と進学を希望しました」（英史）

三沢高の準優勝から既に30年。時代は移り変わる。

英史は一時、県内の他の私立校を進学先の候補として考えたこともあった。だが、関西や関東からも選手が集まる光星の方にレベルの高さと魅力を感じて光星一本に絞った。身長168センチと小柄だったが、中学時代は3番・ピッチャー。しかし、チームの最高成績は八戸市内ベスト4。それほど実績があったわけではない。光星進学は「チャレンジ」だった。

「入学時で同期は55人。関西、関東からも選手が来ることは知っていたので、その中で試合に出るのはなかなか難しいのは承知の上。3年間、球拾いでも、という気持ちでした」

それほどレベルの高い野球に飢えていたが、同じくらいの不安も抱えての入部。だが、いざ光星の「中」に入ってみると、全く勝負にならないわけではなかった。

「最初は関西や関東から、どんな上手な人が来るのか、と気が引けていました。だけど、いっしょにプレーをしてみると同じ高校1年生。バケモノみたいな人たちと野球をやるのではないのだな、とわかって。硬球に慣れれば試合に出られるかも、という気持ちにもなれました」

「バケモノ」という表現からは、かつて東北の高校球児たちが、全国区の強豪に対して未知が故に過剰に相手を強大化してしまうような感覚が実感できる。幻想が幻想でしかないことがわかった英史は、球拾いどころか新チームになると1年生ながら試合に出始めた。

「背が小さいのでピッチャーではちょっと厳しいかな、と思い、入学してすぐ内野に転向しました。それでも試合に出られたのは自分でも信じられなくて。起用された試合でたまたま結果を出せたタイミングの良さもありましたが、とにかく先輩の足を引っ張らないようガムシャラにやっていたらレギュラーになっていた感じです。私が評価されたのはガッツとか、そういうところでしょう」

入学後、英史は望んでいた「レベルの高い野球」の洗礼を浴びる。ただ、その学びや刺激をスポンジのように吸収していった。

「入学してみると、金沢さんの野球は想像以上に細かい印象でした。中学時代は技術的なことをあまり教わらなかったので。たとえばゴロの捕球でも、一つひとつの動きを細かく丁寧に指導される」

同期には既に金沢が指導する技術を身につけているような選手もいた。

「谷和彦という和歌山から来たショートがいて。守備がすごくうまくて肩も強い。内野で出るなら、自分もあのレベルまで行かなければと練習をしていました。あと、1人だけ守備も打撃も段違いだったのが兵庫から来た東原政仁。彼のバッティングを見て、自分がプロになるのは無理だなと、現実を思い知らされましたね」

成長と挫折《ざせつ》。プロの夢は打ち砕かれても、再びそこから立ち上がる心の強さ。そんなガッツを金沢は買ったのかもしれない。そして、この時期から、光星には関西からも能力の高い選手が進学し始めていたことがうかがえる。ちなみに兵庫出身の坂本勇人《さかもとはやと》（現・巨人）は英史の2学年下だ。

英史に「ミックス」についての意識をうかがうと、予想以上の反応があった。

「当時、選手はそんなに意識していませんでしたが、金沢さんは強く意識していたと思います。金沢さんも関西出身だから、声をかけて関西から来てくれた選手を基本的には使いたい、という気持ちがあるのかなと感じていたんです。でも、グラウンドに立つメンバーは、関西も関東も地元も、ある程度、ごちゃまぜにする。試合だけではなく練習でも。部員が多いので、練習はレギュラー組とサブ組に分かれるのですが、そのメンバーもごちゃまぜにして、バランスをとっていた。単純に実力だけで分けるのではなく。それこそ、私が1年の秋から試合に出させてもらったのは、金沢さんの方針が影響していたのかもしれません」

様々な背景を持つ各地の選手が刺激しあい、相乗効果でチームが強くなり、おとなしかった地元の選手も、大舞台で物怖じせず、時に実力以上の力も発揮できるようになる。英史も2年夏の甲子園では4試合を戦い12打数4安打ときっちり結果を残した。

甲子園の環境も東原ら関西出身のチームメイトと遠征のおかげで戸惑いはなかった。

「遠征で近畿の強豪校とも練習試合をしていたので、関西には慣れていました。甲子園となると、地元の東原なんかノリノリで現地入りするし。そんな空気に我々も引っ張られて、同じような感覚で大会に入っていけたような気がします」

「ミックス」バッテリー

金沢は甲子園ベスト4進出後の時期から、青森県大会の空気が変わったことに気づいた。

「相手校が必死なんですよ。最終的にはコールドで勝ったゲームでもスコア以上に苦しい。昔だったら最初から勝ちを諦めていたようなチームでさえも。おそらく、光星がベスト4に行けるならウチだって行けるんじゃないか。そんなふうに感じ始めていたのではないでしょうか」

光星を強くすればするほど、他校にも刺激を与え、結果的に甲子園への道が厳しくなる。野球留学生が自チームだけではなく、他校にも影響を与えるのはよく聞く話。皮肉といえば皮肉だが、「青森の野球を強くしたい。青森の子どもに自信を与えたい」と願っていた金沢にとっては望むところだった。

「ウチみたいな叩《たた》き上げのチームにはライバルがいた方がいい。ライバルがいるから自分たちの力が伸びる。青森には青森山田がいます。山田さんがいるからこそモチベーションを高めることができました」

だが、本気で向かってくるライバルたちに押され、2003年以降、光星は夏の甲子園から7年遠ざかる。その間、センバツこそ2006（平成18）年、2009（平成21）年に出場したが、夏は青森山田に2004（平成16）年から6年連続出場を許してしまった。

この時期、金沢は甲子園で優勝を狙うには、野球部だけではなく学校や地域の力も不可欠だと感じ始めていた。そのため、学校を変える必要があると副教頭職に就き、様々な校務にも邁進《まいしん》していた。まるで、母校の福祉大で大学と野球部のために奔走していた大竹榮のように。しかし、福祉大はグラウンド外を大竹、グラウンド内を監督の伊藤と分担ができていた。両方を一手に引き受けていた金沢には、どうしても無理や歪《ひず》みが生じる。光星の不振には、その影響もあったかもしれない。

その後、金沢は学校上層部との対立をきっかけに監督を退任。2010（平成22）年3月、新監督にコーチの仲井が就任し、金沢は総監督としてチームを支えることになった。これが結果的に光星にとって、停滞期を脱し、さらなるステップアップをすることにつながった。

金沢は甲子園優勝のために「地域力も含めた学校力」のほか「代名詞」の必要性も感じていた。

「〝逆転のＰＬ〟や健大高崎の〝機動破壊〟のような、〝光星といえば○○〟といった強みのことです」

それがあれば相手が勝手に警戒して自滅したり、自分たちが逆手に取ったりすることもできる。心理的優位に立つための一種のイメージ戦略のようなものだ。かつての東北勢は「関西、関東のチームは強い」というイメージの前に、「自分たちではかなわない」と勝手に過剰に恐れ、本来の力を発揮できなかった。それを逆にやってやろうというわけである。

「代名詞をつくるなら青森、東北にはなかったものがいい。それで〝猛打猛打の光星学院〟にしようと決めました。過去の東北に、打ち勝つのがチームカラーの高校ってありませんでしたから」

背景には金沢が構築していた新たな打撃理論も影響していた。

「なんでかは自分でもよくわからないのですが、急にバッティングの神様が降りてきたような感覚で」

その直感は、総監督になって時間ができ、プロや大学、社会人の練習を頻繁に見学したり指導者の言葉を聞いて確信に変わる。こうして「タイミング、軸、体重移動、バットのしなり」をキーポイントにする金沢の打撃理論が完成。それを教え込んだのが、２０１０年に大阪から入学した田村《たむら》龍弘《たつひろ》（現・千葉ロッテ）、北條史也《ほうじょうふみや》（現・阪神）らの世代。彼らは力強い打撃も武器に勝ち進み、甲子園で3季連続準優勝を記録することになる。

金沢が監督退任に伴って光星を去らなかったのは、自らがスカウティングした2010年入学の選手たちに対する責任からである。彼らが卒業するまでは面倒を見なければならない。そこで学校側と協議した結果の妥協点が総監督という立場であった。特にこの世代の田村と北條は、中学時代に所属していたチームに通い詰めて進学が決まったほどの選手。いわば全国で勝負できる見込みを感じた世代だったのである。

彼らと同期で、投手陣2本柱の1人として活躍した城間竜兵《じょうまりゅうへい》（現・パナソニック）も、光星に進路を決めたのは、2人の影響だった。

「中学時代、僕が所属していたボーイズの加美ウイングスと、田村や北條が所属していたオール狭山は同じ支部。よく試合もして2人の力とすごさはわかっていました。『あの2人がいるなら甲子園にも行けるんじゃないか』と思ったのが、光星に進学したきっかけです」

新監督となった仲井も2人の力は認めていた。

「特に田村なんて当時の大阪の中学球界では超一流ですよ。田村は当初、大阪桐蔭や天理への進学も考えていたみたいなんですが、最初に見に来てくれて力を認めてくれたのが金沢監督ということもあり、ウチへの進学を決めてくれたみたいなんです」

2人の1学年上には、後にヤクルトからドラフト1位指名される川上竜平《かわかみりゅうへい》もいた。川上は祖母が金沢の母と同級生。その縁で沖縄から進学してきていた。

「川上、田村、北條とドラフトで上位指名された選手が同時期に固まるなんて稀《まれ》。当時のウチはまだ絶対的なスカウト力のようなものが確立されていませんでしたし、専属のスカウトがいたわけでもない。3季連続準優勝は、そういう運もあったと思います」

3度の準優勝のうち、金沢も仲井も城間も、最も惜しかったと語るのが2012（平成24）年のセンバツ。2度目の準優勝時である。

「2011年はセンバツにも出ましたが、東日本大震災が起きた年ということもあり、甲子園が東北のチームに温かかったと思います。最初の準優勝、2011年の夏の甲子園は、そういった雰囲気にも後押しされて選手もノビノビ力を発揮できた。ただ、決勝は何もかもが初めてで、何もわからないうちに終わってしまった感じ。前日の宿舎でもミーティングがしたかったのにユニホームを着ての取材があって。相手の日大三は小倉全由《おぐらまさよし》監督が決勝も優勝も経験しているから、そのへんもわかって備えていたと思いますが。それに比べると2012年の春は、夏に決勝も経験済みで、神宮大会でも優勝していた力のチームでしたから」（仲井）

期待していた田村、北條らが最上級生になる年。さらに投手陣も急成長していた。前年夏はエース右腕・秋田《あきた》教良《のりよし》の負担が大きく、勝ち上がっていくにつれ疲労も重くのしかかっていった。甲子園優勝のためには複数投手の活躍が必要と、あらためて思い知らされた。その点で、この代は「2本柱」が確立していた。まず、光星入学後、内野手としてプレーしていた城間が、中学時代のポジションである投手にも本格的に復帰すると、持ち前の制球力を活かした投球術と冷静さで安定感抜群のピッチングを見せる。さらに仲井の想像を上回る成長を見せたのが右腕・金沢湧紀《かなざわゆうき》。

「もともと湧紀はボールが速かったけど、それだけというか野球を全く知らないような選手でした。それを田村が育てたんです。田村っていい加減なところもあるんだけど、これと決めたら徹底するヤツで。湧紀のボールを受けて『こいつは勝つために絶対必要だ』と感じたんでしょう。当初は制球も悪くワンバンばかり放っていたのに、ブルペンでずっと投球練習に付き合っている。感心しましたよ。城間は完成度が高く安心できたので『あとはこいつだ』と思ったんじゃないですか」

その姿はまるで選手というよりもコーチ。城間もその様子はよく覚えているという。

「湧紀は、何にも考えずにただ投げているような感じで。セカンドを守っているとき、田村と組んでいる様子を見ていると100%、田村が引っ張っている印象でした」

サインに首を振るなんて許さない。投手が捕手に任せるというよりも「黙ってオレの言う通り投げろや」というリード。城間が投手のときの田村とは全く対応が異なっていた。

「僕はバッターの反応と状況を考えて投げたいので、けっこう首振るタイプなんですけど、それに対して田村は特に何も言いませんでした。それにバッテリーを組むうちにだんだん息も合ってきて、最後の方はだいたい僕の考えと同じサインが出るようになりましたし」

湧紀を粘り強く「育てる」田村に、仲井もアシストをした。

「秋の東北大会でしたかね。湧紀と伊藤裕貴《いとうゆうき》というピッチャーに『オレはお前らのことを1ミリも信用していない』と言ったんです」

伊藤裕貴は城間、湧紀に続く投手でサウスポー。湧紀と同様、リードは田村に任せきり、というタイプだった。仲井は2人が田村のリードに従うのはいいが、その意味を何も考えず投げている点を改めさせようとキツい言葉をかけたのである。湧紀は、その後、秋季東北大会の決勝で先発し、先頭打者ホームランを浴びるも3安打完投勝利で優勝に貢献。初めて田村のサインにも首を振った。

「田村がベンチに帰ってきて言うんです。『こいつ首振りよった！　打たれてるのに首振りよった！』って。めちゃくちゃ楽しかったですよ。この代って声かけもクスッとできるようなユーモアがあって、しかめっつらで野球をするのが大嫌いなチーム。でも、ここ一番の場面では自然と目つきが変わる。強いときの福祉大もそんな感じでした。そういうチームって、不思議と持っているもの以上の力を発揮するんです」

湧紀も伊藤も青森出身。地元選手に多い身体能力は優れているが野球をあまり知らない、試合慣れしていない選手の典型であった。それが田村や城間など実戦力に長《た》けた関西からの野球留学生たちと練習や試合を重ね、日々の生活をともにすることで変わっていく。まさに「ミックス」の良さを体現したバッテリーであった。

「関西って中学生のクラブチームが多いので、必然的に試合数も多くなる。試合経験は練習では絶対に補えない。ピッチャーだって、いくらブルペンで状況を想定した投球練習をしても試合は別物。その点で、高校入学時点で関西出身者と東北出身者の経験値の差は出るのかな、と思います。経験があるとマウンドでも自信を持って投げられるんですよ」（城間）

仲井によると、湧紀のようなケースは、野手の走塁でもよく見られるという。

「東北に来た当初、最も違いを感じたのは走塁の意識や技術でした。たとえば一、三塁での重盗などを仕掛けられると東北のチームは簡単にやられてしまう。関西って昔からそういう戦法で点を取ろうという意識が強くて、小学生時代からバンバン仕掛けてきます。だからこそ、そういった攻めにも慣れていて防ぐ方法も身につけている」

少年時代、私は甲子園で勝ち上がるチームの投手の中には、初戦で敗退した東北のチームと能力的にはさほど変わらない投手もいるのが不思議だった。球速も持っている変化球もさほど違いはないのに、なぜ結果が異なるのか。城間や仲井の言葉は、その答えだろう。

「その意味では、東北勢の走塁技術はめちゃくちゃ高くなりましたよね。どこもいやらしくなりましたもん。聖光学院なんて、逆に他の地域の強豪校に差をつけているような印象です」（仲井）

自信を持って挑んだ２０１２年のセンバツ、決勝の相手は大阪桐蔭。エースは藤浪晋太郎《ふじなみしんたろう》（現・アスレチックス）、打線には2年生・森友哉《もりともや》（現・オリックス）がいた。後に甲子園春夏連覇を達成するメンバーである。

「センバツでは大阪桐蔭もまだチームとして仕上がっていなかったというか……。藤浪君もスキのようなものがうかがえたんです」（仲井）

金沢の打撃理論が浸透し、準々決勝では愛工大名電（愛知）の濱田《はまだ》達郎《たつろう》（元・中日）、準決勝では関東一（東東京）の中村祐太《なかむらゆうた》（現・広島）と好投手も打ち崩す。投手陣も初戦で城間が完封勝利を挙げ、湧紀も先発・リリーフで好投。前年夏の経験で決勝戦、試合開始までの段取りもわかっている。「膝《ひざ》から下の変化球は捨てる」と藤浪の攻略法も練った。万全の態勢で決勝に臨んだ。ただ、選手たちの「心」を除いては――。

「僕たちの代は、あまり『勝ちたい、勝ちたい』ではなく、『野球を楽しむ』というチーム。なのに決勝まで来たら『ここまで来たら勝ちたい』と硬くなっているように見えたんです」

自身はいつも通りだったという城間は、チームメイトの変化を敏感に受け止めていた。

「ミーティングで相手の映像を見るときも、準決勝まではやわらかい空気で『これなら打てるわ』なんて感じで分析していたのに、決勝の前は妙にみんな真剣になってて」

みな、口には出さなかったが、東北勢の初優勝という栄誉への意識もうかがえたという。そんな硬さが影響したのか、試合では藤浪から3点を奪ったものの初回は無死一、二塁、2回は2死満塁と序盤のチャンスを逸し、5回も1死一、三塁で走塁判断を誤って1点止まり。早い段階で藤浪を崩せる可能性もあったが、あと一歩及ばなかった。

「ウチが攻撃でミスをして、流れをうまくつかめなかったのが敗因の一つでしょう」（仲井）

雪辱を誓った同年夏も甲子園の決勝に進出し、春と同じく大阪桐蔭と対戦。しかし、藤浪は春と違ってつけいるスキがなくなっていた。大会ナンバーワン投手、松井《まつい》裕樹《ゆうき》（現・楽天）を擁する桐光学園（神奈川）を破るなど光星の戦力も充実していたが、大阪桐蔭はその上をいっていた。

「東北勢が何度も決勝で敗れ続けたのもそうなのかもしれませんが、『優勝する』という気持ちが、本気のようで本気ではなかったのかな、と思うことがあります。自分たちとしては本気だったんだけど、相手はもっと本気だったというか」（仲井）

実はこの時期の光星は、入試環境が変化した影響で、金沢が作り上げた「ベストミックス」から野球留学生主体にチーム構成が変わっている。ただ、積み上げた実績により、光星も名実ともに全国区の強豪となった。光星は野球留学生に頼らざるを得ない新興校から、全国から高いレベルを求めて選手が進学してくるチームの一つに変わりつつあった。「ベストミックス」ではなくとも3季連続準優勝をしたのは、その証《あか》しのようにも感じる。

野球留学生のこれから

野球留学生の興味深い点は、当事者からファンまで、高校野球に関わる人それぞれで、その存在を見つめる目線、温度感が異なる点だ。「郷土」を強く意識させ、地域ナショナリズムが人気の背景の一つである高校野球において、「地元以外」の出身選手はストレートに応援しにくいことを隠さないファンも多い。ただ、２０００年代に入る頃から、「親元を離れ、強い覚悟を持って進学してきた選手は尊敬に値すべき存在」などと野球留学生を好意的に捉《とら》える論調も増えている。

そうでなくとも、近年の高校球界では過疎地域の公立校が「地域から高校を消さない」ために、野球などスポーツを強化して、山村留学のような形で関西や関東から生徒を募っているケースも出てきた。人口減少が著しい東北も他人事《ひとごと》ではない。過疎化、少子化待ったなしという状況の地域では、今後、高校存続の施策や地域活性化の一環で、公立私立問わず、積極的に都市部から生徒を募集するケースが増える予感がしている。その中に野球留学生が含まれることは十分、あり得る。そう考えれば野球留学生への視線は、今以上に温かくなり、異なる地域で生まれ育った子どもたちが、高校年代で交流し、互いに高め合う教育的効果にも理解が進むだろう。野球留学生が、野球以外の部分でも期待される存在になることだって――。

ある夏、私は社会人野球のクラブ選手権の東北予選を観戦していた。母校・鶴岡東の野球部の先輩の息子が地元チームに入団したと聞き、応援にかけつけたのである。すると、スタメンの1人に、先輩の息子以外にも見覚えのある名前があった。10年ほど前に大阪から母校に進学してきた元・野球留学生であった。

「あいつ、今、鶴岡で暮らしているんだよ」

先輩はそう教えてくれた。元・野球留学生は、高校時代、レギュラーではなかった。今は鶴岡で働き、高校時代から付き合っていた彼女と結婚。子どもにも恵まれたという。

「3年間、この土地の水と食べ物で育ち、暮らせば立派な地元選手」

先輩はそう言って、母校の後輩たちを応援し続けている。

言われてみれば、かつて東北の地に都に負けない豊かな世界を築いた奥州藤原氏も、祖をたどれば地元の豪族・安倍《あべ》氏の娘と、都から赴任してきながら東北の地を愛し、安倍氏とともに朝廷軍と戦った藤原経清《つねきよ》の間に生まれた藤原清衡《きよひら》。いささかこじつけがましいが、「ミックス」なのである。

仲井の取材が終わり、雑談をしているとき、現在の田村の話になった。

「田村は毎年正月、八戸に来るから、この前も食事に行きましたよ。あいつ、奥さんがこっちの人だから。自主トレもウチの室内練習場を自由に使っていいよ、と言っているんですよ」

第五章

楽天イーグルスの誕生

東北に生まれたプロ野球チーム

東北勢初の甲子園優勝を成し遂げた仙台育英（宮城）。ベンチ入りした18人の選手の中には、仙台を本拠地とするプロ野球（NPB）球団、東北楽天ゴールデンイーグルス（以下、楽天）が展開する野球スクールや小学生のジュニアチーム、中学生の硬式クラブチーム出身者が6人いた。内訳は尾形樹人《おがたみきと》（スクール）、秋元響《あきもとひびき》（楽天ジュニア）、森蔵人《もりくらと》（スクール）、齋藤陽《さいとうひなた》（楽天ジュニア・楽天シニア）、髙橋煌稀《たかはしこうき》（スクール）、岩崎生弥《いわさきいくや》（楽天ジュニア）である。さらに仙台育英と準決勝で対戦した聖光学院（福島）の3番・捕手として活躍、ドラフト4位で中日に入団した山浅龍之介《やまあさりゅうのすけ》も、中学時代は楽天シニアでプレーしていた。

楽天誕生以前、東北の地をホームとしたプロ野球球団はない。一時期、ロッテ（現・千葉ロッテ）が仙台を実質的な本拠地として年間30試合前後、ホームゲームを行っていただけである。東北の人々にとって、長い間、プロ野球は遠い存在だった。それは高校野球を筆頭に東北勢の弱さの一因にもつながっていたと見る指導者もいる。

「僕が光星に赴任した頃、青森にも素質ある選手はいたんです。でも、野球を知らない。特に走塁なんて僕の目からすると小学生レベルなんです。ただ、当時の青森って本当に高いレベルの野球を見る環境が全くなかったから仕方ないのかな、と。テレビではプロ野球の放送はありましたが、走塁の細かな技術などをあまり映さないですからね」（八戸学院光星監督・仲井宗基）

こうした状況は、東北他県でも同じだったろう。楽天の誕生は、そんな野球環境を劇的に変えた。

「沖縄の野球が強くなったのは、プロ野球のキャンプ地になったことも影響してるやろ。プロの練習をたくさん見られて、いろいろな話を聞く機会も増える。高い身体能力に野球の知恵もついたわけや。それと同じことが東北でも起きた。楽天や。プロ野球が身近になったことで選手の意識も上がるだろうし、プロの技術も間近で見られる。それは大きいと思うで」（聖望学園元監督・岡本幹成）

楽天の設立は２００４（平成16）年10月29日。ＮＰＢ加盟が正式に決まったのは11月２日である。同年に発生した球界再編騒動の余波で誕生した新球団だった。

楽天はペナントレース参戦１年目となる２００５（平成17）年、早くも子ども向けの野球スクールなどを運営するアカデミー事業を開始する。今でこそ他の11球団もアカデミー事業を行っているが、当時はそれほど盛んではなかった。単発イベント的な野球教室は昔から存在したが、野球普及などを目的に、腰を据えてスクールなどの選手育成事業を行う球団は少なかった。楽天は新規参入球団ならではの風通しとフットワークの良さ、ＩＴ企業が親会社という先進性などを背景に、野球界では革新的な経営や事業を行った。経営方針の一つには「地域密着の実現」が挙げられており、アカデミー事業もその一つといえる。現在、アカデミー事業を統括する楽天野球団・コーポレート本部地域連携部長の松野秀三《まつのしゆうぞう》は、その設立経緯を次のように語る。

「アカデミー事業は我々が持っているコンテンツの中で、できることを地域に還元していこうという思いからスタートしました。子どもは環境が変わることで将来も変わることがあります。その選択肢の一つになれば、と」

「楽天イーグルスアカデミー」はベースボールスクールとチアダンススクールからなる。ベースボールスクールは基本的に小学校1・2年、3・4年、5・6年の3クラス。それぞれの年齢に合わせたカリキュラムに沿って野球を楽しみ、学び、規律ある集団行動などを身につけていく。それとは別に、より高度な技術・体力・メンタルの育成を行うハイレベルクラスや、高いレベルで野球をやりたいという選手に向けた「スペシャル育成校」も用意している。また、中学生にも1年生から3年生までが対象の軟式クラスと、高校進学へ向けて硬式球を使い基礎技術や応用力を学ぶ中学3年生進学準備クラスがある。

これらのスクールは球団本拠地にある仙台校のほか、宮城各地の県内サテライト校、そして東北他県の県外サテライト校で展開。また、スクール生であれば希望次第で個人レッスンを受けることもでき、指導を希望する地域の野球チームにコーチを派遣する事業も行うなど多様だ。本拠地のある宮城県だけではなく、東北全エリアで展開されているのは、仙台ではなく「東北」をチーム名に冠した球団ならではといえよう。

指導担当するコーチの多くは元プロ野球選手。指導内容はコーチ個人に依存するのではなく、球団として独自のプログラムを用意。その範疇《はんちゅう》でコーチの個性を活《い》かすスタイルだ。また、指導方針で印象的なのは、対象である選手だけではなく、その保護者の存在も意識している点である。

「子どもたちに対して効果的な技術指導を行うのは当然ですが、それを見ている保護者にも伝わることも意識しています。保護者は家庭では指導者的な役割を果たされるわけですし、所属している学童野球のチームでコーチや監督をされている方も少なくない。スクール事業によって結果的に指導者のレベルアップを図るのが目的です」

個別レッスンなどでは指導の様子を撮影して家に持ち帰ることを推奨している。スクール外の時間に本人の意欲によって力が伸びていく機会を作りたいという考えからだ。

「アカデミーではプロ野球選手、球団が持つ技術や情報だけではなく、挨拶《あいさつ》や礼儀、そして成長過程で厳しさとも向き合うことで人間力を高めるといった面でもお手伝いしたいんです」

ちなみに球界全体としても、球界再編問題をきっかけにファンサービスや野球普及事業などCSR活動を強化する方針をとる傾向は強まっていった。NPBと12球団が「子どもたちに〝プロ野球への夢〟という目標をより身近に感じてほしい」という考えのもと、小学生年代による各球団の軟式ジュニアチームが優勝を争う「NPB12球団ジュニアトーナメント」が誕生したのも2005年である。当然ながら、この大会に臨む小学生の選抜チーム「楽天ジュニア」の歴代メンバーには、アカデミー経験者が少なくない。

そして、アカデミー事業の中でも注目を集めたのが、球界初の中学硬式クラブチーム「東北楽天リトルシニア」（以下、楽天シニア）の創設である。

なぜ下部組織がないのか？

「なぜプロ野球のチームには下部組織がないのだろう？」

楽天のスクール部に部長として異動後まもない球団職員・相田健太郎《あいたけんたろう》は、自身の経歴を反映した素朴な疑問について考えていた。2013(平成25)年のことである。

プロ野球の球団で働いてはいたが、相田はサッカー界で生きてきた男だった。楽天に転職する以前は、Jリーグ・水戸ホーリーホックのスタッフとしてクラブ運営に携わっていた。楽天でも後にヴィッセル神戸のフロントを務め、現在はモンテディオ山形の社長に就いている。

山形生まれである自身の競技歴もサッカー一筋。競技を始めたきっかけは、4歳から9歳までと中学時代の2度、父の仕事の関係で暮らしたアルゼンチンの環境だった。

「小学校は日本人学校だったのですが、入学前の1年間だけ地元の公立小学校に通ったんです。低学年クラスということもあるのか、授業はお昼で終わり。みんな、午後は何をやるのかなって思ったら地元のサッカークラブに行く。学校に体育の授業がなくて、そこでスポーツをするのが普通なんです。私立は午後の授業も体育もあるそうなんですがね」

2度目のアルゼンチン生活では、地元プロクラブの下部組織に所属してプレーをした。

「といっても練習もなく、ただサッカー好きが集まって試合をする感じで。監督もその日ごとに選手の希望を聞きながらポジションを決めて、あとはニコニコしながら選手のプレーを見ているだけ。でも、子どもたちはやっぱり勝ちたいから自分たちで考えながら試合をする。で、試合が終わったらパンを食べてコーラを飲んで帰るみたいな。それがすごく楽しくて、サッカーを続けるモチベーションにもなったんですね」

クラブにはサッカーのほかラグビーやテニス、グランドホッケーのコートもあった。プロを目指して練習する若い選手もいれば、相田たちのような子どももいる。くつろいでいる老夫婦もいた。

スポーツクラブは地域の公園のような場所だった。ヨーロッパや南米でよく見られるいわゆる「総合型地域スポーツクラブ」である。日本でもJリーグは「百年構想」により、地域に根ざしたスポーツクラブによるスポーツ文化の振興を目指している。そんな世界で育った相田が、プロ野球に下部組織がないことを疑問に思うのは当然であった。

「2007年に楽天に転職してからはずっと営業担当だったのですが、スクール事業はまだできることがあるように見えたので、異動を志願したんです。子どもたちが早くプロチームに触れる、いい環境でプレーする機会をもっとつくりたかったんです」

さらに、新たな下部組織ができれば引退した選手のセカンドキャリアの場が増える。クラブチームの指導者であれば、スクールでは難しい、勝負や選手起用、チーム運営も経験できるはず。その人材は球団の財産にもなるだろう。また、サッカーに比べて善意で成り立っていたり、前時代的な指導が残っていたりする小中学校世代の野球チームを変えたいという思いもあった。

こうして誕生したのが2014（平成26）年に日本リトルシニア中学硬式野球協会に加盟、2015（平成27）年から本格的に活動を開始した楽天シニアだった。

当初、相田は小学生チームの創設を考えていた。だが、いろいろとハードルが高かったため、中学硬式野球のチームに変更。東北地方の登録チーム数が多いということでリトルシニアへの加盟を希望して連盟理事長へ相談。快諾されたが、他のチームへの配慮は求められた。

「プロ球団のチームだから選手が集中してしまうのではないか、選手を引き抜かれるのではないかと心配をされたチームもあったみたいです。こちらとしてはそんなつもりはないのですが、理解はできますので人数制限をしました。創設メンバーとなる1期生は20人、以降は各期10人です」

相田はとにかく能力のある選手を集めて勝利を目指したいわけではなかった。もちろん、高校野球の強豪校で活躍し、プロ野球へと進むような選手を育てたいという思いはある。ただ、それ以上に野球界の指導風景に風穴を開けたい気持ちが大きかったのだ。

「もっと野球がカッコよく見えるようにしたかったんですよね。たとえば学童野球や野球教室などを見学していると、指導している監督やコーチがあまりカッコよく見えなくて。なんか仁王立ちになってちびっ子に話している様子とか。サッカーの場合、コーチは必ず膝《ひざ》を突いて子どもの目線に合わせて話すよう指導される。罵声《ばせい》などもなくポジティブに励ますのが基本ですし」

技術や戦術の指導が細かすぎるのも気になった。

「僕が南米のサッカーで育ったからかもしれませんが、基本という名のもとに形にはめすぎのような印象だったんです。子どもの年代なら、もっと自由に楽しくプレーさせてもよいのでは、と。それに細かい技術や戦術の前に、礼儀やケジメ、物事に全力で取り組む姿勢など、もっと教えるべきことがあるようにも感じました」

理想は「あいつら楽しそうなのに、なんでこんなに強いんだ」と思わせられるチーム。よって楽天シニアでは、元プロ野球選手によるレベルの高い技術指導もあるが、それ以上に野球に向き合う姿勢など精神面の指導が重視されている。それは初代監督の人選にも表れていた。

楽天シニアの初代指導スタッフは5名。総監督は西武黄金期にユーティリティプレーヤーとして活躍、楽天のチーム創設年にコーチを務めた広橋公寿《ひろはしこうじゅ》。監督に就いたのは高校時代に仙台育英、卒業後は近鉄、巨人でプレーした中濱裕之《なかはまひろゆき》だった。

「僕は2005年に巨人から戦力外通告を受けました。ただ、その後もクラブチームでプレーをしながらトライアウトでプロ野球への復帰を目指していたんです。でも、それが叶《かな》わず30歳になるのを機に引退しました。それで、前々から誘いを受けていた楽天のアカデミーのコーチを引き受けることにしたんです。できれば第2の人生も野球に関わりたかったので」

とはいえ、指導者などやったこともなければ考えたこともない。まして教える相手にはルールさえおぼつかないような子どももいる。それでも戸惑いながら粘り強く取り組んだ。子どもたちに自分と同じ失敗をしてほしくなかったから。

「現役時代、若手の頃の僕はけっこう生意気なところもあって、それで損をしたと感じることも多いんです。だから、しっかりとした挨拶や礼儀を、子どもの頃から習慣にしてほしかった」

そして、子どもたちがプレーを楽しめることにも注力した。

「高校時代、監督からプレッシャーをかけられてプレーしていた頃は出なかった本塁打が、自主性重視の監督に代わったら打てるようになったんです。最初の頃は監督の目を気にしてビクビクしていたんですね。だから、子どもたちにもまずは野球が楽しいと感じてほしかった」

指導方法は手探りだったが、まずは「とにかく子どもと仲良くする」ことを心がけた。子どもたちの間で流行《はや》っているゲームなど興味を引きそうなことの情報も集める。相田が必要と感じていた、子どもの目線に合わせることも実践していた。

「指導者があまりにも上から物を言う感じになると、子どもは萎縮《いしゅく》してしまう。だから、まずは仲良くなろうと。子どもが何かに取り組むのは楽しいのが理由。コーチはそれを継続させるのが仕事です。楽しくないと次のステップへも進めませんから」

中濱は1年生のみであったシニア1期生の試合に臨むにあたり「他チームは2年生、3年生もいる。実力では及ばない。ならば挨拶や礼儀では勝とう」と選手たちを引っ張ったという。

プロではうまくいかなかった経験、それでも復帰を目指して必死に野球に取り組んだ姿勢。高校時代に実感した自分で考えながら楽しんでプレーすることの大切さ。アカデミーコーチでの子どもの目線に合わせた指導。相田が中濱を監督に据えた理由がよくわかる。

ただ、だからといって技術指導をないがしろにしたわけではない。

「技術指導に関してはは主にバッティングを担当していました。自分がプロで感じたのは、レベルが上がれば上がるほど外角のコントロールに優れた投手が増え、アウトローに決まるボールも増えること。つまり、プロを含めた上の世界で活躍するには、外角を逆方向に強く打てなければ厳しいんです。子どもはどうしても引っ張って長打を狙いたがる。それはそれで悪いわけではないのですが、加えて外を打てる指導を心がけました。プロを基準にすれば高校でも活躍できると思いますしね」

小学生中心のスクールと違い、シニアでは「楽しむ」のバリエーションも増えた。

「『楽しむ』にもいろいろありまして、子どもたちが集まってワイワイやる楽しさは小学生段階では大切です。ただ、中学ではそれ以外の『楽しむ』も必要。たとえば目標を達成できた喜び、できなかったことができるようになる喜び。その『楽しむ』を覚えると選手は伸びる。シニアの選手には高校で負けない力も養ってほしい。硬くならず、楽しく感じてもらいながら」

そのなかには、東北の人間がよく指摘されるメンタル面の指導もあった。

「メンタルは子どものせいではなく指導者の責任。指導者がいかにしてメンタルを変え、モチベーションを上げられるか。それは精神面の指導はもちろん、技術の成長によって生まれる自信でも変えられる。だから技術も大事なんです」

現在、中濱は楽天シニアの指導を離れて独立し、仙台市内で個人レッスン教室「ドリームベースボール」を経営している。楽天のアカデミー事業は、球団の独自プログラムに沿った指導と育成が行われるが、その範疇を超えた指導もしてみたい、と感じたのが動機だ。アカデミー事業は選手のセカンドキャリアにも寄与する。中濱はそれを体現した人物といえよう。

アカデミー事業以外でも、楽天は地域密着、地域還元を軸に様々な活動を行っている。代表的なのが「東北ろっけん活動」だ。野球をはじめとしたスポーツ振興や青少年の育成を通じて、東北各地の地域活性化に貢献する活動である。そのなかには野球振興につながるものも多い。

たとえば「未来塾」。これは元プロ野球選手のジュニアコーチや公式チアリーダーである東北ゴールデンエンジェルスが小学校を訪問し、夢や目標を持つことの大切さについて講演を行うプログラム。幼稚園・保育園・保育所といった低年齢層には楽天の球団公式マスコットキャラクターであるクラッチやクラッチーナらが遊びに行く「フレンドシップジャーニー」。「フィールドサポートプログラム」は、東北各地の球場の愛称に「楽天イーグルス」の名称やチームロゴを使用し、その球場で年1回以上の野球塾を開催する。こうした活動は「習い事」の側面もあるアカデミーに参加できない子どもにも、野球に接するきっかけ、元プロ野球選手とふれ合える機会になるだろう。東北にプロ野球球団がなかった時代とは、雲泥の差である。

「東北6県の総人口は約840万人。これは大阪府や神奈川県の人口に近い。距離は違えど商圏規模は同じ。東北6県の皆様に愛されることは大事にしていかなければならないと思います」とは松野の言葉だ。今後は東北6県、各地域との連携がより重要になると感じている。

「地域と連携すると言っても、自治体から学校、野球協会も含めた各種団体など、様々あります。その一つひとつに、それぞれの想いと課題はあるはずで、そこで我々がいっしょに何をできるのか考えたい。我々がやりたいことをやりに行くのではなく、地域でやりたいことをいっしょになってやっていく。何かをやってそれきりで終わり、ではもったいないですから」

そのスタンスからは、フレキシブルな地域との結びつきも生まれている。

「自治体と話していくなかで、学校体育の現場で取り入れられるプログラムはないかと授業研究会を行ったりしています。自治体からは交流人口や観光の活性化に協力してもらえないか、といった相談もありますね。こうした場合、我々ができる代表的な手段が、地方での主催試合です。今後は自治体から試合を開催したいと相談を受けるようになっていきたいですね。東北は広いので、仙台にお越しいただくのがなかなか難しい方がいらっしゃるのも理解しています。そういった人たちにも楽天モバイルパーク宮城と同じような体験をしていただきたい。より多くの人に『プロ野球ってすごい』『選手って大きいね』と感じてもらうのは、球団経営にも大きな効果がありますので」

経営を考えれば、アカデミー事業や「東北ろっけん活動」のようなCSR活動は、地域貢献活動であると同時に、将来的なファンの開拓事業でもある。それを熱心に行うことは、野球の環境という視点ではプロ野球とのタッチポイント増加、見方を変えればジュニア世代の選手やチームが良い刺激を受ける機会、レベルアップのきっかけの増加にもつながる。東北の多くのエリアは、大幅な人口減少が始まっている。何十年もかけて全国レベルに追いついてきた東北の野球を衰退させないために、楽天が果たす役割は今後、さらに重要度を増すだろう。

機会の創出

2022（令和4）年のドラフト会議、中日は聖光学院の捕手・山浅龍之介を4位で指名した。それは楽天シニアから初のプロ野球選手が誕生した瞬間だった。

その山浅、プロフィールを見ると一つ気になる点がある。出身が東北の日本海側、秋田県由利本荘《ゆりほんじょう》市なのだ。「秋田は出生地で実際は宮城育ち」というわけでもない。由利本荘市立小友《おとも》小学校時代は、地元の「小友ジグザグ」という学童野球チームでプレーしていた。実は山浅、中学進学にあたり楽天シニアでプレーするため、家族ともども仙台に引っ越したのである。

「本荘から仙台まではクルマで3時間かかるので通うのは無理。寮もありません。引っ越すとなると自分だけの話ではなくなるし、お金もかかる。だから楽天シニアに入りたいと自分からは言い出せなくて……。そしたら両親が僕の気持ちに気づいてくれて『気にしなくていいんだよ』と背中を押してくれたんです」

山浅はそう当時を振り返る。家族会議の結果、山浅は母と妹と3人で仙台に引っ越して楽天シニアに入団。自営業者の父は土日に仙台へと足を運ぶことになった。ただ、既に秋田にも硬式のクラブチームが存在する時代。中学から硬式でプレーしたいだけなら、近所には遠藤成《えんどうじょう》（現・阪神）がプレーしていた本荘由利シニアもある。

「やっぱり元プロの方に指導していただける点に魅力を感じました。やるなら強いチームで、とも思っていたので」

その思いに至るには、小学生時代の経験も影響していた。

「小学3年生から楽天のスクールに通っていたんです。野球を始めた頃からプロ野球選手に憧《あこが》れていたからか、両親がスクールの存在を教えてくれたことが通うきっかけ。そこで自分の力を引き出してもらえて、成長する実感が得られたんです」

秋田のスクール会場は秋田市にあった。山浅が住む由利本荘市からはクルマで約1時間。開講日は毎回、両親が送迎をしてくれた。

「コーチの方とも仲良くなって、楽天ジュニアの存在も知りました。それで6年生のときにセレクションに来てくれないかと声をかけてもらって。結果は合格。うれしいという言葉以外、なかったですね。自分がどれくらいの実力か、自信の有無もわからないくらいだったので」

楽天ジュニアで山浅は初めて広い世界を知る。

「自分も地元ではうまい方だったんです。でも全国という視点で考えれば全然。すごい人がたくさんいたので、自分はまだまだと感じました。とにかく全国レベルを知ることができたのが、本当に良い経験になりました」

山浅が通っていた小友小学校は、由利本荘市の中心部から少し離れた田園地帯の外れにあった。小友ジグザグは強いチームで、かつては東北大会の常連。しかし、子どもの数が減り、山浅が所属していた頃は3年生が6年生の大会にも出場せざるを得ない状況に。山浅の同期も1人だけだった。

「だから、もっと全国レベルを知って力をつけないとプロにはなれないと初めて実感したんです。それで、どうせやるなら中学では東北でもレベルの高いチームでプレーしたいと考えるようになりました。楽天シニアならば、もっとレベルアップできると勝手に思っちゃったんですよ」

楽天がない時代であれば、こうした機会はなかったはずだ。それだけでも東北にプロ球団ができた意義はある。さらに山浅は地元では受けられなかったであろう恩恵を楽天シニアで享受する。

「練習グラウンドは直前までプロの方が自主練で使っていたりするので、いろいろな練習を間近で見学できるんですよ。これくらいにならないとプロになれない、と具体的に知ることができました。特に印象に残っているのは茂木栄五郎《もぎえいごろう》選手と浅村栄斗《あさむらひでと》選手の二遊間ゲッツーの練習。めちゃくちゃスピードが速くてハッキリと記憶に残っています。プロのスピード感はとんでもないな、と」

もちろん、技術指導も勉強になることばかりだった。

「キャッチャーとしては、それまでは見よう見まねでやっていた部分も多くて。キャッチング、スローイング、リード。全ての基本をイチから教えてもらいました。僕、聖光学院ではキャッチャーの技術指導を必要ないと一度も受けなかったんです。それは楽天シニアでの指導のおかげですね」

角田《かくだ》市は宮城県南部、山に囲まれた盆地にある人口約2万6000人の街である。2年生ながら仙台育英の夏の甲子園優勝メンバーとなった4番ライトの齋藤陽はこの街の阿武隈川《あぶくま》が流れるほとり、枝野《えだの》と呼ばれる田園地帯で生まれ育った。「家の周りは田んぼと山。超田舎っすよ」と本人が話すこの地も、ご多分に漏れず少子高齢化と人口減少が進んでおり、陽が卒業した枝野小学校は2023（令和5）年3月をもって閉校。近隣小学校と統合となった。

「小学校5年までは枝野ファイターズというチームにいたんですけど、人数が少なくなり解散してしまって……。6年生からは隣の学校の角田レッドサーベルズに移籍しました」

角田レッドサーベルズには、後に仙台育英でもチームメイトとなる木村春人《きむらしゆんと》がいた。好投手だった木村と強打の陽。投打の軸が確立した角田レッドサーベルズは、県大会を勝ち上がって3位に入賞する。これが陽の人生を変えた。

「県大会を楽天ジュニアの担当だった鉄平《てつぺい》さんと大廣翔治《おおひろしようじ》さんが見に来てくれて、セレクションに来てくれないか、と誘われたんです」

陽は素直にうれしかった。小学校5年生のときに見た仙台育英の夏の甲子園準優勝。躍動する佐藤世那《さとうせな》（元・オリックス）、平沢大河《ひらさわたいが》（現・千葉ロッテ）ら選手たち。「いつか自分もあの場所に立ってみたい」と憧れた。だが、角田の小さな小学校では自分が夢に近い存在なのか、手が届かない存在なのかすらわからない。楽天ジュニアの存在は知っていたが、自分には縁がないものだと思っていた。それが「二次からでもいいから来てほしい」という。鉄平も大廣も、かつては楽天の選手。

たくましい体が元プロ野球選手らしかった。陽の胸は高まった。幼い頃からの楽天ファン。野球好きの父が楽天モバイルパーク宮城の試合に連れていってくれるのが楽しみだった。

「自然とファンになった感じです。楽天しかなかったから。もしかしたら、あのユニホームを着て試合ができるかもしれない。めちゃくちゃテンション上がりますよね」

「楽天しかなかったから」という言葉に世代の違いを感じる。楽天誕生以前の東北であれば「テレビに映るのが巨人戦だけだったから、巨人ファンになった」という言葉とともに、ブラウン管の先の、遥《はる》か遠い世界にあるプロ野球を、指をくわえて見ているだけであったろう。

陽は同じく声をかけられた木村とともに、セレクションに参加した。結果は2人とも合格。天にも昇る気持ちだった。練習が始まると、陽は角田とは何もかもが違う世界に圧倒された。

「練習場が素晴らしい環境で。それまで校庭や変なグラウンドでしか野球をしたことがなかったので、こんな素晴らしい環境、素晴らしいボールで練習ができるのが幸せでした。なおかつ元プロ野球選手に教えてもらえる。周囲の選手のレベルも高く、負けてられないと刺激になりました」

陽の会話には「変なグラウンド」「素晴らしいボール」など独特の表現がときおり混ざる。感性が豊かな天才タイプ、といったところだろうか。だからというわけではないだろうが、陽の打撃は他人にはマネできないスイングが武器の一つだ。特にボールへの対応力は、対峙《たいじ》するキャッチャーならば決まったと思うボールが「なぜそこからここにバットが出てくる？」といったふうに捉《とら》えられてしまう怖さがある。

「バッティングは教えてもらえなかったんですよね。自分は独特のスイングだからだそうで、監督も『陽には何も教えるな』と言っていたそうです」

陽の天才的なセンスを理解して、ヘタに型にはめようとしなかったのはさすが元プロ。陽は楽天ジュニアの3番を担うことになった。想像以上の評価は驚きを感じると同時に自信にもなった。

一方で守備や走塁、サインプレーは戸惑いの連続だった。

「やっていた野球のレベルがまるで違って。挟殺とか知らない名前のプレーがいっぱい出てきてびっくりしました。僕らのチームは、ただ楽しく野球をするような感じだったから」

陽はチームメイトに「知らない名前のプレー」を詳しく教えてもらい、必死についていった。

「打つ、走る、投げるは自分でもけっこういけると自信になったんですけどね」と当時を思い出して苦笑いする。自信と悔しさ。その2つが陽の心の中に「中学では楽天シニアでプレーしたい」という気持ちに火をつけた。

「中学ではレベルの高い、硬式のチームでやりたいと思うようになって。それでジュニアから何人かがシニアに行くと聞いて、なら自分も行きたいと楽天シニアの入団を希望しました」

入団後は「知らない名前のプレー」をさらに身につけていった。

「一番は走塁ですかね。本当に何も知らないような状態だったので。三塁からのゴロゴーとかライナーバックとか、基本的なことなんですけど、そういうのもわからなかったので」

守備ではあの落合博満（元・中日ほか）も認めていた岩﨑達郎《いわさきたつろう》（元・楽天ほか）の技術にシビれた。

「当時は内野をしていたんですけど、岩﨑さんの守りを見て『プロの守備は僕らと全く違う』と感じました。形がヤバいんです、形が。一連の動きをマネしてみるんですけど全然違って。岩﨑さんからは『タメをつくれ』と教えてもらいました。上達はしたけど、プロレベルにはまだまだ」

子ども の頃、球場で見ていたプロ野球選手が、自分の目の前でお手本のプレーをしてくれている。わからないことがあれば、直接教えてくれる。何物にも代えられない時間だった。

「元プロの方の指導は説得力が違うんです。一つひとつのプレーについて、動きの理由や因果関係を詳しく教えてくれる。だから、自分でもやってみようという気持ちになれるんですよ」

「悔しくてたまらなかったですね」

埼玉県で初の甲子園を目指す実力校、昌平の4番キャッチャーを務める齋藤陽貴《さいとうはるき》は、仙台育英の甲子園初優勝を、唇を噛《か》みしめながら見ていた。陽貴は陽と楽天ジュニア、楽天シニアでのチームメイト。高校は宮城と埼玉に分かれたが、帰省をすればいっしょにゴハンを食べに行くこともある。

「陽が『あそこ行ったら人生変わるぞ』って言うんですよ。自分は応援でも甲子園に行ったことがなくて、本当に行かなければならないところだと感じました」

齋藤陽貴と齋藤陽。あわや同姓同名の2人は、昔からよく人違いをされた。そんなのは慣れっこだった。だが、2022年の夏が過ぎてからの帰省では、人違いに「あ、甲子園で優勝した人だよね」という言葉が加わった。それもまた悔しかった。無知は時に残酷である。もともと陽貴は、甲子園とプロなら、プロになりたい気持ちが強かった。だが、偉業を成し遂げたかつての仲間の姿を目にし、今は「第一の目標は甲子園」と言い切る。

陽貴のように、楽天シニアの選手が進学する高校は東北に止《とど》まらない。創設当初から日大三（西東京）、横浜高（神奈川）などに進学する選手がおり、陽貴の一つ下の岡田直也は大阪桐蔭（大阪）に進んでいる。埼玉で昌平と甲子園を争う山村学園にも、同期が2人進んだ。楽天は「地元密着」が球団の大事な方針だが、こと楽天シニアの選手の進路に関しては東北だけにこだわっていない。

「球団として東北地方の野球レベルが上がることは望みます。しかし、個々の選手については全国各地の強豪校で活躍し、プロを筆頭に大学や社会人など上の世界でプレーすることは素晴らしいこと。自分が成長できる環境を求めるならば東北以外でもよいのではないでしょうか」（松野）

育成の第一はあくまでも選手の成長。最終的に彼らが上の世界で活躍すれば、野球界全体のためにもなるし、将来的には故郷である東北にも還元されることが多いはず。陽貴も昌平を選んだのは「成長できる環境」を求めたからだった。

「楽天シニア時代、最後の公式戦で敗れたのが千葉の佐倉《さくら》シニアだったんです。練習試合でも何度か関東に遠征していたんですが、浦和《うらわ》シニアとか強豪が多く、あまり勝てなかった。それで関東のレベルの高い高校で野球をやってみたいという気持ちが湧いてきました」

いくつかあった候補校の中から昌平を選んだのは、一番熱心に誘ってくれて評価をしてもらえたから。そして監督の黒坂洋介《くろさかようすけ》が社会人・シダックス時代に監督だった野村克也《のむらかつや》（元・楽天監督）に指導を受けていたことも決め手の一つになった。野村は楽天でも監督を務めたことがあるため、アカデミーのコーチにも教えを受けた選手が少なくない。昌平に甲子園出場歴はなかったが、当時は「甲子園よりプロ」だった陽貴にとっては気にならなかった。

「甲子園未出場なら、自分たちで初出場を決めればいい、くらいに考えていましたね。野球もサインプレーや走塁など打てないときにどう点を取るか、など野球を突き詰めるスタイルは自分もやってきたことだから、もっと成長できると思ったし、その判断は間違っていなかったと思います」

優れた選手が、関東や関西の全国レベルの強豪校に進学するケースは、昔から東北にもあった。だが、それはあくまでもレアケース。楽天シニアから毎年のように請われて関東や関西に選手が進学しているのは、私のように「東北勢は弱い」と見下されてきた世代からすると隔世の感がある。

陽貴は「家族全員が楽天ファン」という家で育ち、当たり前のように自身も楽天ファンになった。2013年の日本一のシーンも家族全員でテレビの前に座り、歓喜の瞬間を味わった。生家は宮城県加美《かみ》郡加美町。仙台の北、大崎《おおさき》市に隣接する街だ。友人の影響で本格的に野球を始めたのは小学4年生。通っていた小学校の鳴瀬Gウイングスに入団した。

「小学生のときに憧れていたのは松井稼頭央《まついかずお》さんと嶋基宏《しまもとひろ》さん。キャッチャーとショートを守っていたので。投げるボールもスイングも速い。あんなふうにプレーできたらいいな、と見よう見まねで同じような動きをしてみたり、選手がしている練習をマネしてみたり。だから、球場で観戦するときは外野席が嫌いだったんです。間近で選手を見られる内野席が好きでした」

小学生ながら野球をしっかり見たいという陽貴のスタンスは、後に選手として活躍する素地を感じる。そして、陽貴のような野球少年の好奇心を満足させるプロ野球が東北にも生まれた喜びも。

向上心と好奇心を背景にチームでも主力選手になった陽貴だが、6年生になると大崎市の強豪チーム、大崎ジュニアドラゴンに移籍した。陽のようにチームが解散になったからではない。理由は「楽天ジュニアに選ばれるため」だった。

「実家の近所に楽天ジュニアに選ばれた先輩がいて。幼なじみだからキャッチボールをよくしてくれたんです。その先輩に憧れて、自分も楽天イーグルスのユニホームを着てプレーしたいとずっと思っていました。それで『どうしたら楽天ジュニアに選ばれるか』を両親に相談したんです。話し合った結論は『結果を出すしかない』でした。県大会で優勝して、そのチームの中心選手になっていれば注目されるはず、と」

楽天ジュニアのセレクションは、条件が合えば誰でも受けられる。だが、合格率が高いのは、大会で活躍して関係者の目にとまっていた選手。そう考えたとき、特別、強豪ではなかった鳴瀬Gウイングスは不利だった。陽貴は攻守に奮闘したが、大会で上位には進めなかった。

「このままだと注目される場面はない。ならば強いチームで活躍すれば楽天ジュニアへの道が開けるのではないか」

仲の良いチームメイトと別れるのは辛《つら》かったが、夢をどうしても諦められなかった陽貴は、移籍を決断する。そして見事、大崎ジュニアドラゴンでも1番キャッチャーの座をつかみ、県大会で優勝。「小学生の甲子園」とも呼ばれるマクドナルド・トーナメントにも出場した。

「県大会が終わったときに鉄平さんと大廣さんに声をかけていただいて……。そう、陽もそこにいましたよ。セレクションに受かったときはめちゃくちゃうれしかったです」

強い意志で自ら動き、扉をこじ開けた陽貴。そんな小学生とは思えぬ執念や行動力を買われたのか、楽天ジュニアでは主将を命じられる。練習ではプロの凄《すご》みを実感した。

「野球で勝つためには何をしなければいけないか。私生活から食事、遠征でのホテル生活。全てが野球につながることを教えていただきました。勝ちへのこだわりというか」

楽天ジュニアの経験についての質問に、山浅や陽はプロの技術に感嘆した話が目立った。それに対して陽貴は、徹底して精神面や野球選手の在り方についての話に終始していたのが印象的だった。主将らしいといえば主将らしい。それは楽天ジュニアに進んだ理由にも表れている。

「進路はすごく悩みました。でも最終的には楽天ジュニアでいっしょに戦った仲間と果たせなかった日本一を中学で叶《かな》えたいと思い、楽天シニアに決めました」

そんな陽貴に「楽天シニアが最も重視していたこと」を訊《たず》ねると、やはり「気持ち」と返ってくるのであった。

「当時の川岸強《かわぎしつよし》監督がよく話していた『ハートの強い選手になれ』『人前でしゃべれるようになれ』『人が嫌がってやらないことをできるようになろう』という3つの言葉はすごく印象に残っています」

「ハートの強い選手になれ」は言葉の通り。「人が嫌がってやらないことをできるようになろう」はいわゆる善行、徳を積むことは自分に返ってくるといった話である。興味深いのは「人前でしゃべれるようになれ」だ。

「川岸さんは『姿すなわち心』とよくおっしゃっていて。姿が弱かったら心も弱い。マウンドに立ったときも打席に立ったときも堂々としていないといけない。学校生活でも、社会に出たときも人前で話すときは堂々と自分の意見を主張できないと、心も弱く見られて、いい結果にはつながらないという意味です。高校野球の雑誌を読んでいたら、陽も座右の銘にしていましたね」

プロの下部組織と聞くと、どうしても技術、能力の高い選手たちを、さらに高レベルに引き上げるような印象を抱いてしまう。だが、楽天シニアの第一義は違った。もちろん技術向上にも全力はつくす。ただ、その前に大切なのは人間性を磨くこと——楽天シニアでも主将を務めた陽貴は、それを教えてくれるような選手である。

「姿すなわち心」

それは弱かった東北の選手たちに最も必要なものではなかったか。

現在、陽貴を指導する昌平の監督、黒坂は言う。

「陽貴には東北出身だからレベルが低いなんて全く感じませんでした。中学時代の練習に取り組む姿勢や、キャッチャーらしい気配りも的確な指示もできる優れた精神面が印象に残っています。その点は期待通りですよ」

陽貴は今、昌平でも主将を任されている。

教育という地域貢献

山浅、陽、陽貴の3人の取材で、良い影響を受けたとよく名前が挙がるコーチがいた。現在は監督となった古川翔輝《ふるかわしょうき》である。

「本当に恐縮です。特にプロ入りした山浅は、いろいろな場所で僕の話をしてくれているみたいで、『お前のおかげでオレの株がめちゃ上がったぞ!』と礼を言っておきました(笑)」

茶目っ気を交えて答える古川は、選手たちのコメントの通りフレンドリーで話がしやすい空気をまとっている。古川はルートインBCリーグの群馬ダイヤモンドペガサスでプレーしていた。そう、独立リーグ出身の指導者なのである。

「僕は群馬での2年目に目にボールが当たってケガをしてしまったんです。後遺症も残るほどで。だから2年目は実質現役引退。裏方業務を手伝っていました」

そんな古川に転機が訪れたのは、ある夏の試合。試合前セレモニーで地元の幼稚園児が発表会をする日だった。

「園児たちが緊張で動けなくなっちゃって。『これはいかんぞ』と、とりあえず園児のところにバーッと行っていっしょに踊ったんです。そしたら園児たちが笑ってくれて、緊張もとけたみたいで結果的にはセレモニーも大成功。球場のファンの方にも『いいぞ古川！』と言っていただいて。僕、子どもが大好きなんですよ」

そんな古川を気に入ったのが相田だった。相田はシーズン終了後、「あの素晴らしい選手、ウチのアカデミーのコーチにしたい」と古川をスカウトする。もともと指導者希望だった古川は、快諾して仙台へとやってきた。

古川は茨城県常陸太田《ひたちおおた》市出身。地元の進学校、緑岡から群馬大の教育学部に進み、体育教員を目指していた。卒業時には小学校教諭と中高の保健体育教諭の免許も取得している。当時、楽天のアカデミーには「放課後クラブ」というクラスがあった。野球を教える、というよりも、低年齢の子どもたちに、野球を中心に様々なスポーツを楽しんでもらうクラス。服装も自由だった。

「昔、草野球の助っ人を頼まれたときにジャージで行ったんですよ。そしたら、チームの監督に『なっとらん』と怒られて。野球ってなんて窮屈なんだと思ったんですよね。公式戦ならともかく。もっと気軽にプレーできる空気がないと競技人口だって増えないですよ」（相田）

つまりは、幼年期にアルゼンチンで暮らした相田が、総合型地域スポーツクラブで経験した楽しさや、野球普及のアイデアを反映したのが放課後クラブだったのである。独立リーグとはいえプロ経験があり、子ども好きで教員免許も所有する古川は、そのコーチに適任と評価されたのだ。

「僕は基本、元気と明るさが取り柄。それに小中高とずっと補欠で一度も公式戦に出場できない選手だったから、できない子の気持ちもよく理解できるんです。それもよかったのかな」

小中高と控えだった選手が、なぜ独立リーグの選手になれたのか。それは準硬式の野球部でプレーしていた大学時代、先輩が入団テストを経て巨人に育成選手としてドラフト指名されたことがきっかけだった。国立大準硬式出身のプロ野球選手として話題になった神田《かんだ》直輝《なおき》である。

「大学の準硬式で試合に出られるようになって、やっぱり野球は楽しいと思っていたところに先輩がプロ野球選手になった。僕たちからしたら考えられない話だったので、『オレも頑張ればプロに行けるんじゃないか』という勘違いが少し起きて。そしたら卒業前に知人から群馬がキャッチャーを探しているという話があり入団できたんです。だから、今も子どもたちには『僕はラッキーマン。運とご縁でここにいるんだよ』と話しています」

プロはプロでもNPB出身者とは、ひと味もふた味も違う経歴。自身がそんな人生を歩んできたから、子どもたちの目線に合わせた指導も自然にできた。そして楽天シニアの設立が決まると相田からコーチへの就任を命じられる。

「選手育成のために、いろいろなバックボーンを持つ人間を指導陣に入れたい。お前は教員免許も持っているし、苦労も重ねている。キャッチャーというポジションもいい」

相田は古川にそう伝えた。古川は放課後クラブでのコーチを終えたら教員になり高校野球の指導者を目指そうと考えていた。だが、自分を登用してくれた恩人ともいえる相田の要請に応《こた》えようと楽天シニアのコーチ就任を受諾する。その指導で心がけたことは、実に古川らしい内容だった。

「メンバーは選ばれた優秀な子たちばかり。だからこそ謙虚な気持ちを持ち、応援される選手、チームになろうと話していました。他のスタッフはNPB出身。私も独立リーグではありますが、みなプロの世界で応援されない選手というのも見てきている。そういった選手は何も得することがないし、素敵な姿ではなかった。選手たちはプロ野球選手になりたいという気持ちが強い。だからこそ『何本ヒットを打ってもファンの声援に応えられないとダメだよ』と伝えようと思いました」

応援してもらえる、もらえないの違いは何か。

「応援される選手＝応援できる選手だと思うんです。応援される選手って、他の選手のことをすごく応援している印象があって。人間には『頑張れ！』『ナイスバッティング！』と言ってもらえたら、言ってくれた人を応援しようというサイクルがある。『ありがとう』と言われたら『どういたしまして』と応える。全てはつながっているんだ、と指導しています」

技術も大事だが、それ以上に姿勢が大事。小中高と控えながら下部組織とはいえNPBチームのコーチにまでなった古川は、ある意味、「技術よりもまず姿勢」を伝えるには最適であっただろう。

野球界にドップリと浸《つ》かってきた人間とは異なる歩みも、選手たちの進路、将来を考えるうえで指導陣の引き出しの多さにつながる。古川のような人材をアカデミーに登用したのは相田だからこそ。野球界出身であれば、その経歴を色眼鏡で見てしまい、なかなかできなかったかもしれない。

「楽天シニアは野球というツールを使った人間教育の場。人間力を高める組織だと思っています」

アカデミー事業の発端は、楽天が持つコンテンツを地域に還元していく、という思いだった。野球選手育成ではなく人間教育。教育は地域に対する最大の社会貢献である。楽天シニアやアカデミー事業以外にも、「プロ野球チームが地元にある」ことで東北の野球少年が受けた恩恵は大きいだろう。教育は5年、10年、20年経ち、初めて成果を検証できる事業だ。アカデミーにしろシニアにしろ、楽天は常に東北の野球環境を変えようとチャレンジを続けてきた。今は野球界を離れている楽天シニアの創設者、相田も「常に東北における野球普及のパイオニア、先を走り続ける球団であってほしい」と古巣にエールを送る。

仙台育英の甲子園初優勝を成し遂げた3年生は２００４年度生まれ。

それは、東北の地に楽天が誕生した年でもある。

第六章

福島

～いわき型総合野球クラブ～

社交場としての共同風呂

前章で述べたように、楽天の誕生は、東北の野球に様々な好影響を与えた。身近に憧《あこが》れや目標とする存在がいること、即ち「ロールモデル」の存在は、人間の成長に大きく寄与する。自分が進みたい道のモデルを具体性をもって教えてくれるからだ。その点で、プロ野球チームがなく、甲子園でも好成績を挙げられないかつての東北の野球界は、野球のレベル向上という点では不利だった。

20年ほど前、酒田南（山形）を甲子園常連校に育てた監督（当時）の西原忠善《にしはらただよし》が興味深いことを言っていた。

「酒田南は関西出身の選手も多いのですが、体つきも身体能力も山形出身の選手たちの方が圧倒的にいいんです。良い素材の子、本当に多いですよ。でもね、情報が不足しているからか欲が少ない。たとえば大学や社会人で通用すると思った選手に野球を続けることを勧めても、『自分はそこまでの選手じゃない、もう野球は続けなくてもいい』と自ら引いてしまう。選手本人ではなく、親御さんもそう。最初は謙遜《けんそん》しているのかと思ったんですが、本気でそう思っているんです」

上の世界の物差しを知る人間が少ないから、選手にも指導者にも実力を測る基準が身につかない。だから上の世界でプレーをするという欲も出ない。チャレンジする前に「自分には無理」と勝手に諦《あきら》めてしまう。大学に進む、社会人に進む、プロに進む。身近にそういったロールモデルとなるような選手が山形には圧倒的に少なかったことも影響していただろう。地域にトップレベルの野球を経験した選手が少ないことは、後の時代の全国レベルを知る指導者不足にもつながる。それは高校だけの話というよりも、基礎能力を養う小中学生の段階の指導において地域格差をもたらす原因にもなる。これは大なり小なり、東北他県にも似た状況があったのではないだろうか。

こうした観点に立ってみたとき、非常に興味深いのが、福島の磐城が1971（昭和46）年に記録した夏の甲子園準優勝だ。それは、東北では稀少《きしょう》な「ロールモデル」豊富な野球環境、そして疑似プロ球団ともいうべきチームの存在がもたらした結果ともいえたのである。

1971年夏、甲子園の優勝旗は、白河の関とともに「奥州三関」に数えられる勿来関《なこそ》をあと一歩で越えそうになった。勿来関がある福島県いわき市の福島県立磐城高校が、夏の甲子園で決勝進出したのである。身長165センチの小柄な右腕エース、田村隆寿《たむらたかとし》が決勝まで無失点と力投。決勝も1失点と好投したが打線が無得点。0対1で敗れ、惜しくも大旗を逃した。

それでも磐城の快進撃は、「小さな大投手」という田村の愛称とともに甲子園の歴史に深く刻まれている。また、当時はいわき市の代名詞ともいえる石炭産業が、石油産業への転換、いわゆるエネルギー革命によって衰退していた時代。1971年は、石炭を採取する大規模炭鉱が閉山した年でもある。磐城は地元一の歴史と人気を誇る公立進学校ということもあり、ナインの奮闘に地元の人々は「暗く沈んだ炭鉱の街に勇気を与えた」と大喝采《だいかっさい》。準優勝を記念するパレードには大勢の市民がかけつけ、紙吹雪が舞った。

大規模炭鉱閉山の年に、甲子園で準優勝した地元公立校。野球の神様は、たまにこういった粋《いき》なことをする。ただ、この準優勝には、視点を変えると炭鉱の街で花開いた野球文化の集大成という側面もあった。

いわき市は東北の中でも特異な土地である。年間日照時間が東北で一番長く、平均気温も最も高い。沿岸部で年間の寒暖差が小さく、山間部を除けば雪もほとんど降らない。フラダンスで知られるスパリゾートハワイアンズ、かつての常磐ハワイアンセンターのイメージも手伝って「東北のハワイ」と呼ぶ人もいる。福島県の中で人口は最多、面積も最大。それは、１９６６（昭和41）年に旧・平《たいら》市を中心に、14の自治体が合併して誕生したことによる。故に、広い市域には複数の市街地があり、それぞれが独自の歴史や文化、土地柄を有している。

そんな街で１８５６（安政《あんせい》３）年、石炭の露頭が発見されると、明治初期には大規模な炭鉱（炭田）、常磐《じょうばん》炭田の存在が明らかになる。以降、いわき市は磐城の甲子園準優勝の時期まで、日本有数のエネルギー産出都市として大いに賑《にぎ》わった。いわき市には実入りの良い仕事とビジネスチャンスを求め、全国各地から多数の人が訪れる。根を張って家庭を築くものも少なくなかった。

会社設立も相次ぎ、それらは盛衰と時代の変遷の中で合併を繰り返した結果、１９４４（昭和19）年、常磐炭礦株式会社（現・常磐興産）が誕生。常磐炭田を経営するに至った。そして戦後の１９４７（昭和22）年、社会人硬式野球チーム「常磐炭礦」が結成され、ほどなく会社の宣伝、従業員の慰安、団結の象徴として強化の方針がとられる。社業に勢いのある企業が野球部強化に乗り出せば、潤沢な資金が投下され、瞬く間に力をつける。常磐炭礦も例外ではなく、大卒の有力選手や元プロ野球選手を積極的に採用。監督には早大出身で後に巨人のコーチも務めた谷口五郎《たにぐちごろう》を招く。1952（昭和27）年には東北を制して都市対抗野球の本戦に初出場を果たした。

夏の甲子園で準優勝した磐城の主力選手たちが生まれたのは、ちょうどこの時期である。

「私が生まれた長屋の家の裏に、上面《じょうめん》さんって常磐炭礦でピッチャーをやっていた人が住んでいて、憧れの存在でした。その頃、常磐炭礦、そして後継チームであるオール常磐の選手はヒーローだったんですよ。私のように親が常磐炭礦で働いている家の子にとっては特にそう。オール常磐野球部そのものが、働いている人にとっては喜びというか、楽しみというか、希望みたいな感覚があったんですね。あの頃はオール常磐からプロに行く選手も多かったし」

50年以上前に暮らしていた炭鉱の街の思い出を振り返るのは、かつての「小さな大投手」、磐城の甲子園準優勝の立役者である田村隆寿だ。田村の父は常磐炭礦に勤務。炭鉱の坑内で採掘や巡視の仕事をする、いわゆる「炭鉱夫（鉱員）」だった。「上面さん」とは上面博。常磐炭礦が都市対抗野球に初出場した際の主力投手の1人である。

田村の家は、いわき市の中南部に位置する旧・湯本《ゆもと》町にあった。湯本は温泉街で知られるが、常磐炭田の露頭が最初に発見された土地で、常磐炭礦の本拠。そんな土地で生まれ育った田村にとって、常磐炭礦の野球部は憧れである一方、身近な存在でもあった。

常磐炭礦野球部は都市対抗野球初出場後も東北の社会人球界を代表するチームとして実績を重ねていた。しかし、1960年代に入ると石炭産業は次第に苦しくなっていく。そして1962（昭和37）年、不況の煽《あお》りを受けてチームは解散。だが、活動休止はわずか2年間だった。社員や市民から野球部の復活を望む声が殺到したのである。それを受け、会社は野球部復活を決定。経営状況を鑑《かんが》み、常磐炭礦1社ではなく、常磐炭礦傘下の系列会社全てを挙げたチームとして再出発。名前はオール常磐硬式野球部、通称「オール常磐」となった。1952年生まれの田村にとっては、このオール常磐が「炭鉱の野球チーム」だった。

「親父は栃木の生まれで、若い頃、炭鉱で働くためにいわきに来ました。生まれたのはハモニカ長屋。6棟並んでいる家の一番端で、6畳1間に3畳1間の家でトイレと風呂《ふろ》は共同。そこに両親と祖母、きょうだい3人の6人が住んでいました」

炭鉱で働く人間とその家族は、多くが「炭住」と呼ばれる、炭鉱会社が用意した光熱費負担のない住宅で暮らしていた。当時の炭鉱は常に人手を欲していたが、石炭採掘は危険な力仕事。そこで炭鉱会社は全国から人材を募集するために高い給料のほか、厚生施設を整備、福利厚生を手厚くして生活全般を支援する仕組みをつくった。「炭住」もその一つである。なかでも、田村が生まれた「ハモニカ長屋」は古くからの代表的な「炭住」。1棟の建物を、棟を中心にして仕切った棟割長屋で、その姿がハーモニカのように見えたのが名の由来だ。金はかからないが恵まれているともいえない住環境。ただ、周囲も同じ家だから、友達付き合いでも引け目は感じない。共同風呂も社交場のようで楽しかった。田村が本格的な野球に取り組むのも、共同風呂での出来事がきっかけである。

「中学進学前の春休み、共同風呂に行ったら進学する湯本二中のエースピッチャーで、近所に住んでいたアベさんという人がいて。『春休みに野球部の練習に来いよ』と言うんです。それで軽い気持ちで『じゃあ遊びに行きます』と答えて。小学生の頃は遊びで野球はしていたけど、私は体が小さかったから、野球選手になれるなんて考えていなかった。ただ、同じクラスの仲の良い友達から『いっしょに野球部入ろうよ』と言われたんです。それじゃあやろうかなって」

湯本二中の野球部は強かった。体が小さく、通用しないと思っていた田村だったが、運動神経が良いこともあって頭角を現し、3年時にはピッチャーとして湯本二中の県3位入賞にも貢献した。3年時は学校での練習に加え、共同風呂でもトレーニングをしていた。

「共同風呂では必ず腕立て伏せや逆立ちなどをして鍛えていました。強制される練習は嫌いだけど、自分で考えた練習をやるのは好きでしたから。ちょうど衣類置き場が段になっているから、そこに足を掛けられるでしょう？　家は狭くて練習場所がなかったし、外は寒い時期もあるし」

ある日、いつものようにトレーニングを終えて風呂に入ると、先に入っていた男が「君、いい体していているねえ」と声をかけてきた。男は田村が中学生だと知ると驚きの表情を浮かべた。

「で、高校生になったら、その人、試合相手のベンチにいたんですよ。同じいわき市内にあった平工業の小野寺克男監督です。常磐炭礦の野球部出身で、元プロ野球選手。当時の小野寺さんはまだコーチだったと思うけど、もともと私は、高校は平工業に行こうと思っていたから、あのとき『野球をやっているなら平工業に来ないか？　なんて誘われていたら、おれはあっちのベンチだったな』と試合をするたび思っていました」

背は小さくとも、たくましい体に成長していた田村。平工は炭鉱の街の工業高校らしく採鉱冶金《やきん》科があった。常磐炭礦のお膝元《ひざもと》で育った田村には、なんとなく将来がイメージできる高校だった。

では、なぜ平工から磐城に志望校を変えたのか？

「湯本二中から家に帰る道の途中に、浅貝球場という野球場があるんです。そこで3年の夏、甲子園を目指す福島予選の、磐城と福島商の試合を観戦しました。もちろん、地元の磐城を応援するわけだけど、3対4で負けてしまった。それで『ヨシ、おれが磐城に入って甲子園に出るぞ！』と思ってしまったんですよ」

浅貝球場は1949（昭和24）年にできた常磐炭礦の専用野球場。オール常磐の試合があれば炭鉱の鉱員や市民が大勢かけつけて声援を送る観客収容人数5000人のホーム球場である。もちろん近所に住んでいた田村も試合や練習を見に行っていた。当時としては設備が整っていたこともあり、高校野球の会場にもなっていた。

ハモニカ長屋、オール常磐、浅貝球場、湯本二中、共同風呂。これらは全て、せいぜい徒歩10分以内に収まる範囲に位置していた。小さくとも濃厚な野球の匂いがする土地で田村は育ったのだ。

こうして田村は磐城入学を目指して受験勉強に力を入れ始める。磐城は伝統ある地域で一番の公立進学校。成績はそれほど悪くなかったが、平工より入学ハードルが高い。健闘するも届いた受験の結果は不合格。1年間の浪人期間を経て入学した。そう、田村はいわゆる「チューロウ（中学浪人）」で磐城に入学。甲子園準優勝時は19歳だった。

「1年間の浪人だったら3年生の夏まで出場できたんですよ」

磐城は「磐高にあらずんば人にあらず」なんて言葉があるほど地元でのブランド価値は絶対。田村のような浪人を経て入学する生徒は珍しくなかった。ともあれ、田村は1年遅れで磐城の野球部へ。すると、グラウンドには浅貝球場で見ていたオール常磐の選手が、部員たちに厳しい練習を課していた。2年後の夏、磐城を甲子園決勝まで導くことになる監督、須永憲史である。

磐城とオール常磐

須永は田村が入学する約半年前にオール常磐の現役選手を退き、母校である磐城の監督に転じたばかりであった。実は、オール常磐は常磐炭礦時代の1955（昭和30）年から、いわき市内の各高校へ、自チームのOBや選手を指導者として派遣していた。いわば地域貢献、今風に言えばCSRのような活動である。もちろん、そこには地域の高校が強くなり、優秀な選手が育つことは、オール常磐の将来にもつながるという目論見《もくろみ》もあっただろう。

オール常磐は強化のために大卒の有力選手や元プロを獲得する一方、地元高校出身の選手も同じくらい獲得していた。その中には磐城OBの選手も多い。当時の磐城は甲子園未出場校。「磐高にあらずんば人にあらず」という言葉が示すプライド高き磐高生たち。明治時代に誕生した伝統ある野球部に甲子園経験がないのは屈辱だったはず。「磐城が強くなければ地元の野球が盛り上がらない」「なんとか磐城を甲子園に」という悲願達成への思いも働いていたのではないだろうか。実際、磐城を筆頭に、いわき市内の高校に派遣された指導者たちは錚々《そうそう》たる顔ぶれ。特に磐城には、オール常磐の名選手、辣腕《らつわん》監督として活躍した人材が送り込まれた。

1955年から1961（昭和36）年、1964（昭和39）年から1965（昭和40）年の2度にわたり監督を務めたのは石川成男。愛知県出身で関西大から台湾市役所を経ていすゞ自動車、常磐炭礦という球歴を通じ、名内野手として鳴らした。常磐炭礦の都市対抗初出場メンバーでもある。監督として得意としたのは、バントや足を巧みに使って相手のミスを誘う関西仕込みの野球。スピードと華麗さに満ちた緻密《ちみつ》でソツのない「磐高野球」の基礎を築いた人といわれている。

1962年から2年間、監督を務め、磐城に甲子園初出場をもたらしたのが長野県出身の出澤政雄《でざわまさお》。東急フライヤーズでプロを経験した後、常磐炭礦に入部。補強選手として出場した都市対抗では準優勝を経験し、強打の内野手として久慈賞にも輝いた。オール常磐の初代監督でもある。

他にも涌井武夫は内郷（現・いわき総合）を県優勝まで導き、後に監督となった平商や湯本（現・いわき湯本）も強化した。中学時代の田村が共同風呂で出会った平工の小野寺もその1人。オール常磐の名投手、近藤功は後に平工の監督として、田村が憧れた上面は後に内郷の監督として、それぞれプロに進む選手を育てている。言ってみれば、いわき市内の高校の多くが、サッカー風に表現すると「オール常磐ユース」といった様相だったのだ。

彼らの強みは東北以外の「外」を知る人間が多く、全国レベルの野球を身につけていたこと。そしてコネクションも豊富だったこと。たとえば石川は自身のツテと関東に接している地理的条件を活《い》かして、頻繁に関東へと遠征。強豪校と盛んに練習試合を行っていたという。

また、オール常磐の高校野球支援は指導者派遣だけに止《とど》まらず、物資の面でも多大な援助をしていた。新年度を迎えれば、各高校に新品のグラブやバットが大量に贈られる。練習で使用した中古ボールも定期的に届けられた。求められれば現役選手が打撃投手を買って出ることも、練習試合の相手になることもあった（さすがにオール常磐はメンバーを落としていたようだが）。強化のために合宿を行うとなれば、浅貝球場のそばにあった保養所が宿泊場所。合宿経験者は「食事も風呂も寝床も最高だった」と振り返る……。当時の東北高校球界でも、人材と環境の充実度でいえばトップクラス。たとえ家が貧しい子どもであっても、野球に打ち込むことができた。単体で大学や社会人チームとつながりが深い高校は他地域にもあっただろうが、ここまで地域と企業が組織的に結び付いていたケースは少ないはずだ。その姿はヨーロッパと、それを模倣したJリーグのサッカークラブのようにも見え、恩恵を受けたいわき市内の高校は、まるごと現代の高校野球における物心両面に恵まれた強豪校のようにも感じる。

実際、磐城が甲子園で準優勝した1971年は、「オール常磐ユース」が福島予選を席巻《せっけん》していた。ベスト4は磐城、湯本、勿来工と4校中3校がいわき勢。甲子園をかけた宮城勢との東北大会を2戦とも快勝して甲子園を決めた磐城が最も苦しんだのは、2対0で辛勝した福島県予選の湯本戦である。須永と涌井というオール常磐出身指導者の中でも、屈指の実績を残した2人の監督が激突した一戦だった。常磐炭礦の磐城礦業所が閉山したこの年は、オール常磐の解散年でもある。磐城だけではなく、他の「オール常磐ユース」たる高校も並々ならぬ決意で臨んでいたのだ。

オール常磐がいわき市内の高校強化に動き始めてから約15年。幼い頃からレベルの高い野球と選手に刺激を受けて育ってきたいわきの子どもの第1世代。それが田村らの世代だった。磐城の甲子園準優勝は、単なる奇跡ではない。オール常磐の地域野球強化策によって蓄積した指導ノウハウによるチームと選手の育成が、炭鉱終焉《しゅうえん》の年という思いに後押しされて花開いた結果ともいえる。

共同風呂で野球少年と多彩な野球人が交錯する。それは、田村だけの経験ではない。

ザ・ノンプロ

「僕らの一つ下の世代もかなり選手を集めていたんです。世代交代をして『さあ、またここからだ』というときに閉山問題が起きて、あっさりとチームも解散しちゃった」

橋本幸三は1970（昭和45）年に入部したオール常磐、最後の新人選手である。この年、オール常磐は最後となる都市対抗野球にも出場する。しかし、言葉通り翌年2月に解散となった。

「強かったですよ。人数はそう多くはなかったけど、投手陣は揃っていましたし。僕より1年早く入社して1年目からレギュラーを獲《と》っていた吉田典正は作新学院のキャプテン。ショートはその年、南海からドラフト2位で指名された矢部徳美さん。吉田と同じ作新学院から入部した篠原政夫も1年目からサードでレギュラーを獲っていたけど、彼の入社前年に、サードのレギュラーだった矢部祐一さんがドラフト3位で巨人に入団していたから、ポジションを奪いやすかったんだろうね」

橋本は捕手で磐城OB。卒業後は日大でプレーしていたが、事情があり中退しての入部だった。大学時代に全国レベルの野球を体験していたが、掛け値なくオール常磐のレベルは高かったという。そして、待遇もすこぶるよかった。

「僕はグループ内の常磐開発に勤めていたんだけど、給料は一般的なサラリーマンや同年代の公務員より高かったですね。しかも、試合で遠征すると出張手当までつく」

何人かに聞くと、だいたい当時の一般的な給料の3倍ほどもらえたようである。当時であれば、ヘタなプロ野球選手よりも高収入だ。

「浅貝球場のそばに、食堂と風呂、それにバッティングができる部屋や宿泊施設も備える保養所があったんです。その一角に野球部員の寮だった4階建てのアパートもありました。野球をする環境は申し分なかったです」

保養所は、磐城の野球部が合宿でも度々使用していた「食事も風呂も寝床も最高」の施設。待遇の良さはレベルの高い選手を獲得できた大きな理由であった。選手の仕事は午前中で終わり。それ自体は現代の企業チームでも珍しいケースではないが、時代が時代ゆえに、いろいろと緩かった。

「午前中だけいても何も役に立たないでしょう？　ただ、指示された判子を押していたくらいで。前日に仲間と飲んで二日酔いで出社すると、先輩が『なんだ橋本、調子悪いのか？』と気遣ってくれて『昨日、飲み過ぎて』と言うと、『仕事はいいから練習まで寝てろ』なんて早く帰される。まあ、そんな感じでしたよ」

二日酔いになってしまうのも仕方がない理由もあった。

「飲みに行くとだいたい選手は優遇されるんです。『いいから飲め、食べろ』と頼んでもいない酒や料理をサービスしてもらったり。まあ、説教もされるんですけどね。『飲んでばかりいるんじゃないぞ、練習しろ』なんて。僕なんか短い期間の在籍でしたけど、楽しかったですねえ」

野球部は街の誇りであり市民の楽しみ。浅貝球場や寮は湯本にあったから、周囲の市民は常磐炭礦の社員であるケースが多い。当然、会社の誇りでもある。社員たちは浅貝球場で行われる練習や試合をよく見に訪れていた。

「炭鉱以外、何もないような街でしたからね。オール常磐だけでなく、磐城の試合も浅貝球場でやるとなると、後ろのズリ山が見えなくなるほど観客がいました。子どもが野球をしていた常磐炭礦の社員も多かったです」

かつての田村も、そんな子どもの1人だった。一度目の解散時に復活を望む声が多かったのも頷《うなず》ける。ちなみに「ズリ山」とは採掘の際に出た不要物が積み重なってできた山。いわきと同じく、炭鉱の街として有名な福岡の筑豊炭田では「ボタ山」と呼ばれる。

一方、オール常磐の野球は、それまでプレーしてきた野球とは異なっていた。

「磐城は進学校らしく頭を使ったソツのない緻密な野球。だけどオール常磐はピッチャーがしっかり投げて抑え、打つべき選手が打つシンプルな野球でした。なにせ個の力が優れていましたからね。バントは少なくスクイズなんて見たことがない。練習も全体練習はダラダラ長くするのではなく、短時間で効率良く集中してやる感じでした」

プロっぽいといえばプロっぽい。石川や出澤といった磐城の監督を務めたOBは、社会人野球と高校野球、それぞれで結果を出すために野球を変えていたのだろう。

「ただ、石川さんは、たとえばバント処理で間一髪のタイミングなら、キャッチャーや内野手は、サイドからでもアンダーでもいいから捕球したらそのままの体勢ですぐに投げろ、と教えていました。捕球して体勢を整えて上から投げることだけにこだわらない。上から投げることが基礎であるとこだわる人も多い時代でしたから、そんなこと初めて教わった。いろいろと近代的な監督でしたよ」

レベルが高く、資金にも恵まれたオール常磐が、高校野球など地元の野球文化を育て、地域のエンターテインメントとしても愛される。21世紀の今、プロアマ問わず、様々な日本のスポーツチームが各地で行っている取り組みを、オール常磐の母体たる常磐炭礦は先取りしていた。常磐ハワイアンセンターの成功しかり、常磐炭礦はアイデアあふれる不思議な企業である。

須永憲史

田村たちを甲子園準優勝に導いた磐城の監督、須永憲史は、オール常磐の選手の中でも珍しい経歴を持つ男だった。1941（昭和16）年、現在のいわき市小名浜《おなはま》地域に生まれた須永は、高校進学にあたりプロを目指すと福島を出て、東京の野球強豪校、早実に進んだ。早実では王貞治《おうさだはる》（元・巨人）の1学年下。甲子園のスターに刺激を受け、大いに練習に励んだが、突然、父がこの世を去る。須永は帰郷を余儀なくされ、磐城に再入学。須永自身は体格の良い強打の内野手だったが、監督を務めていた石川に緻密な野球もたたき込まれた。大学は日大に進むもレギュラーを奪えず、卒業後は常磐炭礦に就職。オール常磐でプレーを続け、プロの目もなくなってきた28歳になる年、磐城の監督就任を命じられた。

「一言で言えば、野球の虫。試合前にスタメンやいいアイデアがひらめくと真夜中でも電話がかかってくるんですよ。忘れると悪いから、って」

2021（令和3）年に逝去した須永の思い出を語るのは、湯本で青果店を営む石河智である。

石河は元教員で、晩年、いわき市の東日本国際大昌平の監督に就いた須永を部長として支えた。

「メモ魔でサインも細かく、一度、メモの紛失騒動があったときは部員総出で捜したものです」

そんな印象は、磐城で青年監督だった時代も変わらない。田村は須永の野球を次のように語った。

「守りの野球でしたね。当時は木のバットだから大量点を取り合うような試合は少ない。必然的に勝つ条件は守りをしっかり鍛えてミスをなくす。それを前提に良いバッテリーを育てることを重視していた人でした。攻撃も本当に手堅くて足とバントを駆使して、相手のミスを逃さず1点を取りに行く。それを守り抜くわけです。トリックプレーも好きで、サインは60から70はあった。同期に数えたヤツがいるんですよ（笑）」

本番での失敗を防ぐために、練習試合ではわざとサインの動きを小さくすることもあった。

「集中力を養わせるというのかな？　指がちょっと動いたらエンドラン、とか」

見逃してしまいそうだが「それくらいじゃないとサインではない」と須永は言っていたという。

練習は厳しかった。須永は早実時代、才能に恵まれているのに毎日、必死に練習に取り組む先輩、王の姿を目にしていた。「王さんでさえあれだけ練習するんだから」と猛練習は当たり前。須永には有無を言わせない迫力もあった。

「須永さんが生まれ育った小名浜は港町。漁師も多く、いわき市の中でも気性が荒い人間が多いといわれる土地柄なんです」（石河）

とはいえ、練習の内容自体は非合理ではなかった。準優勝時のセンターで、後に監督として福島北で甲子園出場。福島県高野連理事長も務めた宗像治は、当時の練習を次のように振り返る。

「練習メニューがものすごく細かい。限られた時間に効率よく練習しなければならないと、グラウンドに目覚まし時計を置き、分単位で練習を進行していました。磐城は進学校で勉強時間も確保する必要があるから、時間を大切にしようという意識が強かったのだと思います」

橋本は「あの頃の磐高の練習はオール常磐の影響を受けているからね。練習の準備も夕方4時くらいにグラウンドに出ると1年生から3年生まで、全員でババーッとやってしまう」と語り、田村は「3時間の練習でも6時間くらいに感じた」と笑う。宗像が続ける。

「グラウンドで遊んでいる人間は1人もいなかった。いつも全員、何かに取り組んでいる。監督は全てに目を配っているから手抜きもできない。私たちの代もそうでしたが、野球部には毎年30人くらい入部してくるのですが、厳しい練習についていけなくなったり、勉強との両立ができなかったりで、だいたい1ケタまで部員が減る。だから新チームの秋は大変なんです。2学年しかいないからやることがありすぎて忙しい」

そんな練習だから、昭和の1年生の代名詞、球拾いやグラウンドのそばで声出しばかり、といった風景もない。

「声は大事だから出さないと怒られましたけど、声出しだけをしているということはありません。1年生でも守って打って、何かしらの練習はしていました。監督は非常に合理的な考え方をする人だったと思います」

そしてメモ魔という一面からもうかがえるが、ミーティングも濃かった。

「徹底的でしたね。いろいろなデータや資料をどんどん私たちに提供してくる。『ドジャースの戦法』など本も買わされました。それらをもとにミーティングで最新の野球を勉強するんです」

磐城のベースは守りの野球ではあったが、様々な理論をもとにした須永の打撃指導も、宗像にとって新鮮だった。こうした須永の野球と練習に、宗像は「全国への意識」を強く感じたという。

「甲子園に出る、ではなく甲子園で勝つ。監督の意識は遠くにあったと思います。全国レベルも知る人だから、どうやって我々を勝たせるか、ある程度、頭の中にあったのでしょう。練習はキツい し怖かったけど、この人についていけば間違いなく甲子園に行けると選手に思わせるようなカリスマ性がありました」

その感覚が正しいことは、宗像や田村が2年生だった夏、甲子園出場という形で証明される。

須永体制2年目の1970（昭和45）年、磐城は2年ぶり3回目となる夏の甲子園出場を果たしている。2年生は、捕手の田村、三塁の阿部稔、遊撃手の先崎史雄がレギュラー。宗像、舟木正巳、松崎浩、野村隆一、山本裕一の5人が控えでベンチ入り。翌年に準優勝を飾るレギュラーメンバーの多くが甲子園を経験することになった。この経験は大きい。

「甲子園の雰囲気を知っていたから、3年の夏にまた来たときは緊張してアガるなんてことは一切なかったですね」（宗像）

「全国でもオレらの野球は通用するという自信の源になるわけですよ。福島に帰ってから相手チームがすごく小さいというか、ひ弱に見えた。初戦敗退だったから、今度は校歌を歌いたい、という気持ちにもつながったし」（田村）

それもそのはず、初戦敗退で勝ち星は挙げられなかったが、相手は優勝候補、大阪代表のＰＬ学園。エースは後にドラフト会議で日拓から1位指名を受けた右腕・新美敏《にいみさとし》。打線の要《かなめ》は南海や近鉄で活躍、名球会入りした大打者・新井宏昌《あらいひろまさ》。ショートを守っていた2年生は、西武の黄金期にバイプレーヤーとしてチームに欠かせない存在だった行澤久隆《ゆきざわひさたか》。大敗も覚悟したが、フタを開けてみれば延長11回1対2の惜敗だった。

「監督は試合前に相手選手の名前や身長や体重、特徴を書いた大きな紙を貼りだし、徹底的に説明をします。対戦経験がなくてもどんな相手かイメージできるほど。だから『どんな相手かわからない』と不安になることも少なかった。ＰＬ学園戦も、監督は情報収集をしていたと思うし、警戒する選手の名前は挙げていました。だけど、ふだんと比べると、あまり相手を詳しく説明する感じではなくて。ＰＬの場合は優勝候補でいろいろ情報が出ていたから、逆に我々が萎縮《いしゅく》しないよう配慮もあったのかな」（宗像）

宗像の言葉を裏付けるように、田村は先輩たちの気後れを感じていた。

「3年生の中には試合の前日、2年生に『お前ら明日帰るのに、まだ支度していないのか』なんてこと言う人もいて。『えっ』って思っちゃった。先輩たち、そんなにビビっているのかって」

磐城入学後の田村は内野を守り、その後、適任者がいないということで、「内野で中継プレーの練習をしているうちに強くなった気がする」という強肩を買われて捕手に転向。チームを自然と俯《ふ》瞰《かん》的に見るようになっていた。

「新井やトップバッターで足の速い斉藤に気をつけろ、とは言われてたけど、だからどうした、という感じで。木村さんなら抑えるんじゃないか、と。まあ、2年生で気楽な立場だったからかもしれないけどね」

実際、試合は田村の見立て通り、磐城のエース・木村孔明が9回までPL学園を2安打に抑える好投。敗れはしたが接戦の立役者となった。

「木村さんは右サイドでちょっと変則なんだけど、真っすぐも140キロ近く出ていたと思う。なのにクセ球だから打ちにくいんです」(宗像)

磐城は敗れたが2年生が全国レベルの強豪を肌で感じるという貴重な経験を得て甲子園を後にした。宗像と田村が話すように、これが翌年の準優勝に生きたことは間違いない。

東北勢が急成長する以前の準優勝チームは、第四章で触れた1969(昭和44)年の三沢高(青森)が前年夏と同年春の甲子園で、第二章で触れた1989(平成元)年の仙台育英(宮城)が同年のセンバツで、それぞれ、甲子園を経験している。経験の差は今以上に大きかったのだろう。

こうして須永が鍛えに鍛えた磐城は、貴重な敗戦を経て、いよいよ大輪の花を咲かせる1971年を迎える。

甲子園、準優勝

「あのチームが甲子園で準優勝なんて、OB連中はみんなびっくりしていましたよ」(橋本)

甲子園経験者はいたが、なにせみんな体が小さい。秋は磐城地区で優勝はしたが県大会は故障者の影響もあって敗戦。センバツにはライバルの福島商が出場した。前チームは木村という大エースがいたが、このチームは軸となる投手がおらず、春からはキャプテンで捕手の田村が強肩と制球の良さを買われて中学以来のマウンドに。しかし、その田村が打たれ春は県大会にも出られなかった。

「ただ、監督は手《て》応《ごた》えを感じていたと思うんですよ。監督は毎年、夏に照準を合わせるチームづくりをする。特に春は負けてもいいと、かなりキツい練習をして一度状態を落とし、夏にピークを持ってくる。徐々に関東の強豪との練習試合でも結果が出るようになってきましたから」（宗像）

新エースとして期待した田村も、春はまだ投手に戻って間もない時期。夏までに仕上げる腹づもりだったのであろう。そして5月、田村に大きな転機が訪れる。後に甲子園で魔球と呼ばれるほど効果を発揮したシンカーに取り組み始めたのだ。

「きっかけは相原《あいはら》さんですよ」

「相原さん」とは田村より5学年上の磐城OBである相原登司輔《としすけ》である。アンダースローの右腕で高校時代は福島大会で46イニング連続無失点を記録。指導者としても1994（平成6）年、双葉の監督として夏の甲子園に出場。福島では投手育成の名人として知られている。当時は神奈川大に通う大学生だったが、頻繁に磐城の練習を手伝っていた。

「私が1年生のとき、相原さんが練習を手伝いにきて紅白戦の投手をしてくれたのですが、ホームランを打たれたんです。相原さんは好投手でしたから、驚いて『相原さんでも打たれるんですね』と言うと、相原さんが『普通はあそこで落とすから打たれないんだよ。真っすぐだから打たれたんだ』と言って。当時の私は落ちるボールなんて全然わからなくて『落とすって何ですか？』と訊《き》いたら『オレはシンカーっていう落ちるボールが得意なんだ』と言ったんです」

話はそこで終わった。当時は田村も野手だったため、それ以上、そのボールの追究はしなかった。

「その後、3年の春だったか……練習試合で空振り三振をしたら仲間が『今のボール、落ちたな』って言って。そこで『そういえば相原さんも落ちるボールがあるって言っていたな』と思い出しました。当時は投手を始めていたから、どうやって投げるんだろうと気になって、調べたり人に訊いたりして、握りを知った5月頃から投げ出したんです。もともとナチュラル気味のシュートは投げていたので、最初はシンカーというよりも、落ちるシュートみたいなイメージで」

最終的にどうやって握りを知ったのかについては、田村の記憶はおぼろげである。相原とも交友がある石河が「私は相原さんが教えた、と聞いています」と話していたことを伝えると「ではなかったと思います……けど訊いたかもしれないなあ。ただ、当時、1年生にも落ちるボールを使っていた投手がいたんです。木村さんも内角に少し沈むクセ球があったし」との回答。真相はともあれシンカーを覚えたことが田村のピッチングの幅を大きく広げたことは間違いない。

「ただ、夏の大会まで完璧《かんぺき》に落とせなかったんです。握りとかいろいろ試してみたんだけど落ちたり落ちなかったりで。でも『シンカーを使わないと、たぶんオレは打たれる』という直感もあって、夏の大会でも使うことにしました。浅めに握ればシュート、深めに握ればシンカー。2球に1球はいい感覚で落ち始めたのは福島の準決勝の湯本戦あたりから。モノにしたのは東北大会ですね」

つまり、田村が絶大な威力を発揮したシンカーをマスターしたのは甲子園直前なのだ。「これを使わなければオレは打たれる」と最後の夏に未完成のままシンカーを投げ始めた田村の勝負カンと度胸に恐れ入る。

「田村はものすごく度胸があって物怖《ものお》じしない。それは炭鉱街の中で、いろいろな大人と風呂に入ったりとか、何かとそんな生活をしていましたから、子どもの頃から身についちゃったんじゃないかと思いますけどね」と話す宗像は湯本の隣の内郷出身だが、公務員の家庭育ち。田村に限らず炭鉱街育ちの人間はそんなふうに見えたという。

「親も危険な仕事についていているからか、なんて言うんだろうな、博打《ばくち》好きの人も多かったみたいで。度胸がつくというか、明日がわからない生活をしていますから、どこか刹那《せつな》的になってしまうというか、バンカラっぽい人が多かった」

広大ないわき市は出身地域でキャラクターが変わる。準優勝世代はそのバランスがよかった。

「田村、舟木、阿部、あと2年の岡田は親が炭鉱従事者。野村は親が医者だったけど、湯本の出身だから炭鉱の人間の気持ちがわかる。私や松崎、先崎、2年の若尾は街の育ちでちょっと彼らとは違うタイプ」

そして指揮をとるのは気性の激しい浜育ちの須永。

「高校で初めて海の方から来た先輩と会ったのですが、言葉もちょっと違ってキツいんです」

勝負強く度胸のいい炭鉱育ちの選手、気性の激しい浜育ちの指揮官、その間でバランスをとる街育ちの選手。「独立連合国家・いわき」を象徴するようなチーム。それは第三章で触れた「ミックス」チームのようでもある。そして、バランス型の宗像であっても、穏やかで紳士然とはしているのだが、どこか胆力を秘めている印象もあり、典型的な東北人のイメージとは少し異なる印象だ。

「いわきの人は同じ東北でも関東を見ていますから。大学進学もそう。福島の中でも磐城は関東に出ていく意識がすごく強い。練習試合も福島の高校とはほとんどしませんでした。遠征に行くのは茨城、千葉、東京。そうやって関東圏の野球を覚えてくる。東北で意識するとしたら仙台の高校くらいですかね。甲子園出場校は福島と宮城で1校でしたから」

背景にあるのは、やはり東北の中でもいわきという特殊な立地だろうか。

「気候的にも1年中グラウンドで練習できる。ノックもずっとやっていましたから、緻密な守りを構築しやすいのは、東北の他の地域とは違うところでしょう」

もともと関東に近いいわき市は、炭鉱の発展により、全国各地から働きに来る人が増え、様々な人間が行き交う街となった。炭鉱全盛期は、立地条件に、当時の街の性格が加わって、東北の中でも開放的で都会的空気が強かった街だったのかもしれない。

夏の甲子園の福島予選準決勝、田村のシンカーがようやくモノになってきた湯本戦は、この夏の磐城が最も苦戦した試合である一方、チームの戦い方が確立した試合にも感じる。この試合、磐城は湯本の坂本親信というスラッガーをどう抑えるかが勝利のポイントだった。
「監督は坂本が打席に立つと無走者だったら外野を4人にするシフトを敷いたんですよ。長打だけは防ぐということで。で、スコアリングポジションに走者がいれば敬遠です」（宗像）
結果は2対0で勝利。田村のモノにしつつあったシンカーを駆使した投球と、須永の情報収集に基づいた大胆な策も交える緻密な守りの野球。2つの柱で少ない得点を守り抜く。甲子園でも見せた、この年の磐城野球が完成する。東北大会は田村の好投もあり、宮城勢を破って2年連続の甲子園を決めた。

甲子園の初戦となる2回戦の相手は好投手・保坂英二《ほさかえいじ》（元・日本ハム）がエースの日大一。前年に続き優勝候補との対戦となった。宗像は「くじ運、悪いなあ」と感じたが、須永は違った。

「すごく燃えていましたよね。監督なりに次に甲子園に出たら初戦で負けるわけにはいかないという気持ちが強かったと思うし、そのうえ相手が日大の付属校でしょう。監督は日大出身だから、須永のチームは弱いと見られたくなかっただろうし、逆にどうだと見せつけたい気持ちもあったんじゃないかな。日大一と対戦が決まった後、明らかに練習が厳しくなりましたからね」

須永は日大関係者のツテもフル活用して日大一、そして保坂の情報を徹底的に集めていた。そして、日大一の得点パターンや保坂の牽制《けんせい》のクセを見抜く。試合では相手の足攻を防ぎ、攻撃では保坂に揺さぶりをかける。当時としては珍しいデータを駆使する野球と、田村の好投で磐城は1対0で日大一に勝利。新聞には「番狂わせ」の文字が躍った。

勢いに乗った磐城は続く準々決勝で静岡学園（静岡）を3対0、準決勝で郡山（奈良）を4対0と撃破。田村は3試合連続完封勝利。冴《さ》え渡るシンカーは「魔球」と呼ばれ、1本もヒットを打たれなかった。郡山戦は好投手といわれた相手の右アンダースロー・川畑雅洋を打線が攻略。チームに帯同していた同じアンダースローである相原が打撃投手として投げてくれたことが生きた。

決勝の相手は、初出場ながら勝ち上がってきた桐蔭学園（神奈川）。相手エースはまたもやアンダースロー右腕の大塚喜代美だった。磐城打線は準決勝に続くアンダースロー投手の攻略に自信をもって決勝に臨んだ。ところがこの大塚に苦しむ。宗像はその原因を次のように話す。

「昨日と同じように打てばいい、と思ったのが間違いで。同じアンダーでも川畑君と大塚君はタイプが違う。大塚君は川畑君よりも下から浮き上がってくるような球筋で、しかも疲れているからスピードも遅い。タイミングを合わせにくいんです。その意味では、我々に慢心があった」

スピードが遅い分、スイングもつい大振りになる。そんな力みにつながる理由の一つは、試合前日に起こった磐城の変化だった。

「監督は燃えていたけど、我々は準決勝までは気負いみたいなものがなかったんです。本音を言うと適当なところで負けて早く帰りたい、なんて話もしていた。受験勉強の心配もあったし、勝てばキツい練習が続くから。よくないですよね。ところが最後の2チームになって、『勝っても負けても明日で終わるのはいっしょ。じゃあ勝って帰りたい』なんて話になった」

気負いのなさはいい意味で緊張をほぐした。しかし、最後の最後で生まれた過剰な勝利への意欲は、「いつも通り」を磐城ナインから奪う。田村も宗像と同じような感覚を記憶している。

「オレらここ（決勝）まで来ちゃっていいのかな、なんて思っていましたよね。部員も少なければ注目選手もいない。いい試合ができれば……くらいの気持ちだったから緊張せずふだんの野球ができた。決勝の敗因は、そういった優勝への執着のなさかもしれません」

0対0で迎えた決勝戦の7回裏、磐城の守り。球場には夕立ちのような雨が降り出していた。田村は1死から土屋《つちや》恵三郎《けいざぶろう》（現・星槎《せいさ》国際湘南監督）に三塁打を許すも2死を取る。桐蔭学園は6

番・峰尾晃が右打席に入った。

田村が初球に選んだシンカーは「この夏、一番のキレ」（田村）でストライク。2球目はファウルを打たれボールを交換。3球目は外したストレート。新球はまだ指になじまず、少し滑る。カウント1ボール2ストライク。田村は4球目に決め球のシンカーを選んだ。しかし、雨でボールがうまく指にかからず、ほんの少しシュートしただけで「魔球」にはならなかった。峰尾は得意ゾーンである内角に来た落ちないシンカーを一閃《いっせん》。打球は左中間を破って三塁打となり、田村は大会初失点。それが決勝点となり、0対1で磐城は敗れた。

決勝点が入り、田村は片膝《かたひざ》をついてうなだれた。しかし、その表情には少し笑みが浮かんでいた。

「負けたと思って、むしろホッとしたのかな」

2023（令和5）年春の段階で、磐城の甲子園出場は春夏合わせて10回を数える。うち7回は1960年代から1970年代にかけて。社会人野球の最前線で戦っていたオール常磐が地域野球強化策を行い、オール常磐出身の指導者が監督に就いた時期である。オール常磐といわき市の高校野球との関係は、ヨーロッパのサッカークラブと、それを模したJリーグのクラブのようでもあった。だが大きな違いは運営の中心が常磐炭礦という一企業のみであったこと。それ故に常磐炭礦の業績が傾くと、その文化はプツンと切れ、磐城の甲子園出場も一気に減った。

聖光学院、2023年

「田村さんってさ、選手の能力とかみ合わないサインを出すの。足が遅いヤツに盗塁とか。『無警戒だから決まるよ』とか言って。で、成功しちゃう。オレの常識とは違う仕掛けが多くて驚いたね」

押しも押されもせぬ福島を代表する強豪校、聖光学院。監督の斎藤智也《さいとうともや》が田村「監督」をそう振り返る。田村は社会人までプレーした後、監督として安積《あさか》商、磐城を甲子園に導き、1991年、聖光学院に招かれていた。その際、部長を務めていたのが若き日の斎藤である。

「田村さんに指導してもらいたい、薫陶を受けたいと聖光を志望する選手や、『何か勉強になるのでは』と、チームを率いて練習試合に来る指導者が増えたんですよ。いろいろな人を紹介してくれた田村さんのおかげで、県内外に一気に人脈が広がった。それは今もオレの財産になっているね」

後年、田村は自身の金銭問題で突然、監督を退任。一時、音信不通になるなど、斎藤は田村に振り回されることにもなる。それでも斎藤が田村から得たものは少なくなく、今もたまに連絡を取り合う仲だ。斎藤によると田村はやみくもに定石外れの采配《さいはい》をとっていたわけではなかったという。

「試合の前日ミーティングで相手の1番から9番までの特徴を教えて黒板に選手の名前を書き、ウチの1番には相手の1番の、2番には相手の2番の特徴を確認で言わせて書いていくの。で、相手ピッチャーの攻略も同じようにやる。これを長時間ではなく、ササッとやる。須永さんも、同じ方法だったみたいだね。相手を分析する目があるから勝てるし、采配も当たる。分が悪い相手でも、

『いやいや、普通に勝てると思うよ』なんて平気で言うんだよ」

田村の戦い方は、斎藤の監督としての引き出しの多さにもつながっているのだろう。

「いわきの人って福島の他の地域と違い、大らかで小さいことをあまり気にしない。あまり褒めすぎたくないけど（笑）、大胆に行動する豪傑的な人材が多いように感じる。個性があって面白い」

そんな斎藤は福島市の生まれである。

「昔は夏の大会前になると、抽選会の日に磐城ＯＢの指導者が会場近くのホテルに集まって、有力校の情報交換をしていたんだよ。それもあってか、夏の大会でも上位に残るのは磐城ＯＢの監督が圧倒的に多かったもんね。別に磐城ＯＢの監督が際だって多いわけじゃないのに。磐城ＯＢの監督は野球を知っているし、チームづくりがうまい印象だった。宗像さんだってね、監督をしていた頃は勝負師だったよ。福島北のような普通の公立校をセンバツまで導いたり、棚倉《たなぐら》（現・修明）みたいな山の中の公立校でプロに行った選手を育てて、県の決勝まで行ったりしたんだから」

投手指導では、あの相原にも影響を受けた。

「田村さんが聖光の監督になったことで、相原さんと話をする機会も増えた。相原さんのイメージは県内一の策士。ピッチャーとしての自分、ピッチャーの育成にはプライドを持っていて、実際、毎年のように好投手を育てていたから、変化球の握りとかいろいろ質問したね」

相原が監督として双葉を率いて甲子園に出た際、私は相原がまだ現役選手としてクラブチームでプレーしているという話に驚いた。当時の相原は47歳である。

「よく言っていたよ。『投手はスピードじゃないよ。今でもオレ、打たれないから。生徒とやってもコントロールと緩急で抑えちゃう』なんて。フォームや握りでボールをどう動かすかをすごく考えていたり。当時としては画期的だよね」

投手・田村に影響を与えた相原のシンカーを思い出させるエピソードである。

「ウチのOBで楽天に行った横山貴明《よこやまたかあき》ってピッチャーがいるでしょう。あいつは中学時代、相原さんが指導しているんだよ。中学生としての完成度はナンバーワンだった。当時、相原さんは高校の指導から離れていたんだけど、勿来工とか磐城とかに監督として返り咲くという話もあったみたいで、もしかしたら横山を高校で預かるために見ていたのかな、と思っていた。ところが、その話がなくなったみたいで、オレのところに電話が来たのよ。『手塩にかけた横山を斎藤さんのところに預けたいんだ』と。田村さんに紹介してもらってから、相原さんとはずっと交流があって、オレは相原さんが大好きだったし、相原さんもオレのことをかわいがってくれた。なんというか、互いに呼吸もわかるから、相原さんは他の人に預けたくなかったのかな……とにかくうれしかったね」

横山は、1年生の秋には東北大会準決勝の一関《いちのせき》学院（岩手）戦に先発。完封勝利を挙げ、聖光学院、2回目のセンバツ出場に貢献した。

相原に限らず、オール常磐のOBや、その教えを受けた磐城のOBたちは、高校の指導を離れた後、人生の晩年は、いわき市の小中学生の指導にあたるケースが多かった。平成以降、いわき市からの甲子園出場校は減ったが、たくさんの市内出身選手が県内外の強豪校で活躍したり、プロへ進んだりしている。常磐炭礦と磐城が育《はぐく》んだ野球文化の灯は、今も消えてはいない。

第七章

山形

～強攻～

打撃強化を阻んだ環境

戦後における高校野球の大きなトピックの一つに、1974（昭和49）年の金属バット導入がある。道具の質も今ほど良くない時代、体も技術も発展途上の高校生が木製バットで本塁打を放つのは至難の業だった。反発力に優れた金属バットは、その常識を覆したのである。以降、高校野球では打撃戦が珍しくなくなり、2000年前後からは、その流れはさらに加速。チーム打撃記録が短期間で更新される。強豪校は性能の優れたバットで徹底的に打ち込み、打線を強化。「夏は打撃力がモノを言う」といった話を聞く機会も増えた。磐城（福島）の準優勝メンバーで福島高野連理事長を務めた後、春夏の甲子園大会の運営に携わっている宗像治は次のように語る。

「長く甲子園を見ていますが、近年はいかに打てるチームを作るかが上位進出のカギ。特に投手が疲弊してくる準決勝、決勝は長打の打ち合いのような〝空中戦〟になりやすい。東北のチームにも好投手は昔からいました。だけど、勝ち進む打力が足りなかったと感じます」

打撃は「受け身」の技術だ。鍛えるには「相手」の存在は欠かせない。全国レベルの打力を養うのは、体作りや打ち込みなどに加え、全国レベルの投手との対戦経験も欠かせない。その点でかっての東北勢は、練習量も日頃から好投手と頻繁に対決できる機会も足りなかったのではないか。

冬になれば雪が降り、多くの高校がグラウンドでの打撃や実戦練習ができない。それを逆手にとって「雪の降る12月、1月はバットを握らない。体力強化のトレーニングにあてる」といったチームもあった。それも一定の効果はあるだろう。ただ、パワーはつくかもしれないが「打撃機会」の絶対数は減るわけで、その間の大幅な技術向上も望めない。レベルの高い投手との対戦経験という点でも、地域全体で甲子園であまり勝てなかった頃の東北ではハンディがある。遠征をしたいと思っても、高速道路網が整備されるまでは時間的にも費用的にも負担は大きかった。東北勢のレベルアップは、こうした環境が改善され、打撃力を磨きやすくなったことも要因の一つだろう。

実戦経験という点では、結果を出し始めた2000年代以降、東北では、もしかしたら全国でも先を行く取り組みがあった。それは「Bチームのリーグ戦」である。

控えや下級生主体であるBチームの練習試合、通称「B戦」は、2000年代以降、部員数の多い強豪校を中心に普及、定着した。そのなかで東北では聖光学院が音頭を取って、よくB戦を行っていた4校とBチームのリーグ戦「みちのくフレッシュBリーグ」、通称「MFB」を2009(平成21)年に設立。Bチームの選手の実戦機会と目標の創出を掲げ、優勝校も表彰するなど、公式戦のような感覚で実施されている。MFB設立の立役者、聖光学院の部長・横山博英《よこやまひろひで》は茨城県土浦日大OBである。1998(平成10)年秋、聖光学院にコーチとして赴任した横山は、部長として監督の斎藤智也に練習試合で積極的に外へ出るよう促した。

「当時は甲子園未出場でしたし、道場破りじゃないけど、武者修行的にこっちから勉強をしに行くことが大事だと思ったんですよね。自分のところでやると、どうしても気持ちが受け身になりますから」

その感覚でBチームの練習試合も頻繁に申し込むようになる。

「最初はBチームという存在や感覚がない高校も多くて。Aチームが遠征に出たら居残りの控えは練習というケースが多かった。それで『言われてみたらウチも人数多くて試合ができるからやりますか?』みたいな感じで広まっていって。2006年を過ぎた頃かな? B戦がいろいろな高校で行われるようになった気がします」

MFBに刺激され、東北の他地域や関東でも同様のリーグ戦が設立された。Bチームとはいえ、下級生時代から他県の強豪校と実戦経験を多く積むことは、2年半の間に根本的な実戦での打席経験が増える。それは打撃強化にもつながるだろう。

MFBは新型コロナの影響で2年間、中断したが、2022(令和4)年に再開され、以前とほぼ変わらないシステムで開催されている。その参加校の一つが、山形の日大山形だ。

山形県勢は夏の甲子園において「全国で唯一、ベスト8がない県」という不名誉な称号を27年も保持してきてしまった。都道府県別の甲子園勝率や勝利数ランキングでは最下位争いの常連。そんな山形県で、初の夏の甲子園ベスト8を記録したのは2006(平成18)年の日大山形である。それは土壇場で全国の強豪にも対抗できる打撃力を発揮した結果であった。

めざせ全国制覇

日大山形の練習グラウンド、外野フェンスに記されたスローガンである。

「〝監督、何言ってんだ、無理だべ〟って言う人もいましたよ。でも〝笑うヤツは勝手に笑え〟と気にしませんでした」

日大山形の監督として長く山形の高校野球をリードしてきた渋谷《しぶや》良弥《よしや》は、40年以上前、1979（昭和54）年の秋を、そう振り返る。その年の夏、渋谷は母校である日大山形を率いて、自身、春夏通算5度目となる甲子園の戦いを終えていた。山形県勢初となる甲子園2勝を挙げ、ベスト16となる3回戦進出。しかし、大分商（大分）に逆転負けを喫し、県勢初のベスト8はならなかった。

「もう甲子園に出るだけの時代は終わりだ、もっと上を目指さなければいつまで経っても今以上に強くなれない。選手たちにもそう話しましたね。そこで、もともと〝めざせ甲子園〟だった文字を〝めざせ全国制覇〟に変えたんです」

山形の高校野球史において、こと甲子園のトピックについては、そのまま日大山形のトピックであった。1970年代、山形県勢の「センバツ初出場」「春夏甲子園の初勝利」「初の甲子園2勝」は、全て渋谷が率いる日大山形が記録した。当然、県勢初のベスト8も自分たちが達成するつもりだった。いや、渋谷の目は、その先にある東北勢初の全国制覇をも本気で捉《とら》えていたのだ。しかし、決意とは裏腹に、渋谷はその後もベスト8の壁に20年、阻まれることになる。

渋谷は1947（昭和22）年2月、山形市に生まれた。日大山形の甲子園初出場は1963（昭和38）年夏。この際、2年生の控え投手だったのが渋谷である。

「といっても、甲子園は開会式だけ。西宮球場での初戦で沖縄の首里《しゅり》に負けました」

この年、夏の甲子園は記念大会で一県一代表制がとられており、例年より出場校が多かった。そこで3回戦までは、甲子園に加えて西宮球場も会場となったのである。

「〝なんだよ〜〟って感じですよね。しかも、おれは控え投手だったから試合も出ていないし、3年生のときは西奥羽大会で敗退。甲子園に出たのに、甲子園で試合をできなかった。それで、将来、絶対に甲子園で野球をやりたくて、指導者になりたい気持ちが生まれたんです」

卒業後は「いずれ母校の指導者に」という学校側の希望に応《こた》えて日大へ。エースを目指すも力及ばず4年間、控え投手として過ごした。その段階で母校から指導者の誘いもあったが、「ずっと控えだったので、もう少し野球をしたい」と静岡にある社会人野球チーム、金指造船に進む。その後、金指造船が1971（昭和46）年に休部となり帰郷。1972（昭和47）年、25歳で日大山形の監督に就いた。だが、久しぶりに目にした母校の野球部は、渋谷を愕然《がくぜん》とさせた。

「荒れていたんです。ソリコミ入れた上級生はふんぞり返っているし、ゴミ箱を見ればタバコの吸い殻が捨ててある。これはマズい。まずは身だしなみからだって、そのときのおれ、髪型が七三分けだったのよ（笑）。でも、自分が率先しなければと坊主にして、練習も厳しくして……」

「天下」を満喫していた荒くれ者の不良と向き合うのは壮絶な仕事だった。

「結局、残った3年生は2人だけ。そのうちの1人がキャプテンなんだけど、『監督さんより髪が長いのはダメだろう』と、みんなで髪を切りに行ってくれて……。こんな言い訳はしたくないけど、スタートは順風満帆じゃなかった」

3年生2人と下級生で臨んだ春季大会はコールド負け。夏も早々に敗れてしまった。

「もう負けた球場からグラウンドに直行してすぐ練習。心技体、全てが全国レベルから劣っていたけど、まずは心と体を鍛えないと勝てない、追いつけないと思って、夏休みは本当、朝から晩までひたすら基本の反復練習をしていました」

できることを、ひたすらやる。やり通す。そうやって少しずつ自信と体力をつけていく日々。

「練習試合の相手も、失礼なんだけど『ここなら絶対に勝てる』というチームを選んで。10連勝くらいしたら、選手にも『なんだやれるじゃん、強いじゃん』みたいな空気が生まれてきました。おれも『お前らすごいじゃん』っておだてて……そしたら秋の県大会で優勝しちゃって東北大会も勝ち進みセンバツまで決めてしまった」

それが山形県勢初のセンバツ出場である。勢いに乗って甲子園でも県勢初勝利を挙げた。そして、初めてベスト8の壁に阻まれた。

「3年生が2人しかいなかったから、7人は2年生からレギュラー。経験は豊富だった。『優勝しちゃって』なんて言ったけど、夏休みの間で自信と体力がついたということだと思いますよ。エースだった熊谷篤彦はサウスポーで投球の7割がカーブ。当時は左のカーブを練習できるピッチングマシンなんてなかったから、相手も慣れていないんですよ」

結局、このチームは春夏連続甲子園出場。渋谷の日大山形は、以降、コンスタントに甲子園出場するようになり、山形を代表するチームになっていった。

2つのスクイズ

渋谷は日大山形の監督として春夏の甲子園で5度ベスト8に挑み、5度とも壁に跳ね返された。なかでも最も悔しいと語るのは、1993(平成5)年の夏の3回戦である。主軸に前年の甲子園経験者が残ったチーム。敗れた相手は2年生の左腕エース・土肥義弘《どいよしひろ》(元・DeNAほか)の快投で準優勝した春日部共栄《かすかべ》(埼玉)。難敵相手に日大山形は延長までもつれ込む接戦の末、サヨナラ負けを喫した。ただ、ゲームは途中から明らかに日大山形の流れであり、相手を突き放す機会にも恵まれ、延長でも勝ち越すチャンスがあった。しかし、ことごとく得点を逸してしまう。それは、「あと1本」が出ない東北勢の攻撃力、打撃の弱さを象徴しているようでもあった。

この年の日大山形は絶対的エースが不在。一方、打撃センスの優れたショートで主将・高橋厚介《たかはしこうすけ》、前年の甲子園でも4番を打ったセンターの佐竹秀博《さたけひでひろ》という2人の軸を中心に、野手陣は充実していた。高橋はその自信を次のように語る。

「私たちのチームにはすごいピッチャーはいない。どちらかというと打ち勝ってきたチームなんですね。好投手からもなんとか打って、点を取られても打ち返して、みたいな感じで勝ってきた。県外遠征でもけっこう打てたので、打力には自信をもって臨んだ甲子園だったんです。前年に3回戦で敗れ、全国レベルの肌感もわかっている。絶対にベスト16を越える、という気持ちでした」

投手は背番号1の右オーバースロー・長岡雄二《ながおかゆうじ》と、変化球を得意とする背番号10の左スリークォーター・菅崇士《かんたかし》の2人が主力。山形大会では菅が絶好調だったが、甲子園入り後、調子を崩してしまう。初戦となった2回戦・大分工（大分）戦、日大山形が4回表に3点を先制するが、先発の菅が得意の変化球を狙われ5回まで3失点で同点に追いつかれてしまった。たまらず渋谷は6回裏から投手を長岡にスイッチする。すると、そのボールにチーム一同驚いた。

「甲子園では100以上の力が出ていた感じでした。スピードは山形大会とそれほど変わらなかったのですが、キレがすごい。コントロールも抜群で低めにズバズバ決まる。リリーフした1球目を受けてびっくりしたことを覚えています」とは捕手・鷹島久《たかしまひさし》の弁である。

長岡は9回までの4イニングを被安打1で無四球無失点の好投。打線も佐竹の本塁打が出るなどして6対3と勝利した。渋谷は3回戦の相手が春日部共栄に決まると、先発のマウンドを長岡に託すことを決める。

「正直に言いますよ。あのときのチームの目標は甲子園で校歌を歌うこと。つまり、甲子園で1勝することだった。個の能力ならもっと優れた年があったからね。それで、初戦となった2回戦を大差で勝ったからホッとして。自分たちは弱いと思っていたから、キャプテンに3回戦はできれば東北のチームを引いてこい、って言った。当時は東北のチームに強い印象がなかったから。実際、上位に勝ち上がってくることも少なかったので、勝手にそういうイメージがついちゃうよね。今は違うよ。東北はどの県のチームも強い。あくまで当時の感覚の話」

3回戦で日大山形との対戦が決まった際の心境を、春日部共栄の監督、本多利治はそう振り返る。

レベルの高い関東・埼玉の強豪校。本多自身にも高知高（高知）の選手として3季連続甲子園出場、センバツの優勝経験がある。東北勢に与《くみ》しやすし、という印象を抱くのも無理はなかった。

「だから抽選の結果を聞いて〝ヨシ！　やった！〟と。ところがフタを開けてみたら……」

試合が始まると、春日部共栄は覚醒《かくせい》していた長岡の前にゼロ行進を重ねた。

「長岡君が本当にいいピッチングしていて。テンポはいい、制球もいい。特にあの試合は変化球が本当に鋭く、厳しいコースに決まっていました」

だが、日大山形も春日部共栄の土肥から点を奪うどころかヒットも打てない。

試合は4回裏に春日部共栄が先制。1対0のまま試合は後半7回表、日大山形の攻撃を迎える。土肥は依然、無安打ピッチング。しかし、ここで先頭の3番・佐竹が土肥の高めの真っすぐを叩《たた》き、なんとバックスクリーン横に飛び込む2試合連続の本塁打を放って同点に追いつく。

「土肥が左打者から本塁打を打たれたのも、あれだけ飛ばされたのも初めて。ショックだったと思うよ」（本多）

1死後、日大山形は動揺した土肥を攻め、5番・門間潤《もんまじゅん》が内野安打で出塁。6番・鷹島が四球を選んで1死一、二塁のチャンスをつかむ。ここで7番・金子浩之《かねこひろゆき》が土肥の内角球を捉えてレフトの頭を越える二塁打を放ち、門間がかえって2対1と日大山形が勝ち越し。なお1死二、三塁と土肥を追い込む。ただ、このイケイケの場面で歯ぎしりをしていたのが渋谷だった。

「金子の二塁打で鷹島も一塁から一気にホームインできたと思ったんですよ。あまり足の速い選手ではないので仕方ない一面もあるのですが……」

当事者の鷹島は複雑な心境を吐露する。

「金子の打球はフラフラッと飛球が伸びていく感じでした。相手のレフトも必死に追っていたから『越える！』とスタートを切ったのは確かに早くはなかったと思います。前にもランナーがいましたし。あとレフトのクッションボールの処理もスムーズだった。それを確認した後は三塁コーチの指示に従っただけです。僕にもっと走塁センスと足の速さがあればホームインできたかもしれませんが……。今は金子に『もっと完璧《かんぺき》なツーベース打っとけよ！』と言ってますけどね（笑）」

だが、日大山形の本当の「誤算」が始まるのは、ここからだった。

2対1と勝ち越して、なお1死二、三塁。鷹島のホームインはならなかったが、日大山形のチャンスは続いていた。右打席に入るのは8番・小平淳二《こだいらじゅんじ》。土肥はいくぶん、落ち着きを取り戻していたが、初球は外れて1ボール。小平はどちらかといえば守備が長所。土肥の力と比べるとヒットの可能性はそれほど高くない。渋谷はここでスクイズのサインを送る。小平が頷き、三塁ランナーの鷹島は土肥が投球に入ると迷いなくスタート。カーブを投げようとしていた土肥は、捕手・小林哲也がスクイズに気づいて立ち上がったのを見て、咄嗟《とっさ》の判断で強引に外角高めへ外したスローカーブを投じた。だが、完全には外せない。小平が腕を伸ばしてバットに当てたボールが一塁方向に転がる……が、やがてラインを越えた。スクイズはファウルで仕切り直し……と思われたが、ここで審判がタイムをかけ、三塁ランナーの鷹島にアウトを宣告する。呆然《ぼうぜん》とする日大山形ナイン。

実は小平がスクイズを試みた際、打席から足が出てしまったため、守備妨害をとられてしまったのだ。この場合、現在のルールでは打者がアウトになるが、当時は守備の対象である三塁ランナーをアウトにするのがルール。試合は2死二塁から続行となった。小平は結局、ファウルフライに倒れ、日大山形はリードを広げることができなかった。

失点を最小限で抑えた春日部共栄は、7回裏に同点に追いつく。試合はそのまま延長戦に突入した。日大山形は10回表、再びチャンスをつかむ。先頭の6番・鷹島が死球で出塁。続く7番・金子がバントで送り、8番・小平が三遊間を破るヒットで1死一、三塁。打席には好投を続けていた9番・長岡が入った。三塁ランナーがいる得点機に下位打線。ケース的には7回表とほぼ同じ。渋谷が選択するのは強攻かスクイズか——。

長岡は土肥がボールを投じるとスッとバットを横に寝かせた。

スクイズ！

今度は土肥も小林も反応できず、打球は一塁方向に転がり、見事スクイズ成功……しかし、ホームを見ても歓喜の得点シーンはない。三塁ランナーの鷹島がスタートを切っていなかったのだ。結果的に長岡のスクイズは一塁ランナーの小平を二進させただけの、ただの送りバントとなった。三塁ランナーの鷹島がサインを見逃してしまったのだろうか。

「地元に帰ったら、みんなに言われましたよ。〝お前のミスだべ〟〝2回もサイン見逃したべ〟って。最初のスクイズは、誰もサインミスはしていないんですけど、イメージですかね（笑）」

事の真相はこうだ。まず、渋谷のサインはスクイズであった。

「長岡の打力では土肥からヒットを打つ確率は低い。仮にスクイズ失敗で2死となってもランナーはスコアリングポジションに1人は残るだろうし、打順は最も信頼できる1番の高橋に回る。迷いはありませんでした」

鷹島も長岡も、サインを確認。土肥を凝視する2人に緊張感が走る。

と、ここで土肥がスッとプレートを外した。7回表のスクイズが頭に残っていたのだろう。何かピンと来て一息ついたようだった。鷹島はここで渋谷を見直した。こういったケースではサイン変更があるからだ。案の定、渋谷はスクイズ取り消しのサインを2人に送った。土肥の様子を見て、外される危惧《きぐ》を感じたのである。

「みんなに散々言われたから、僕は100%記憶しています。あのとき監督さんが取り消しのサインを出したのは間違いありません」（鷹島）

そう、真相は打者の長岡がこの取り消しのサインを見逃していたのである。山形大会では出番が少なかった長岡。練習試合を含め、打席数は野手陣と比べて少ない。甲子園の土壇場、マウンドとは違い余裕をなくしてしまったのか……。

結局、2死二、三塁でチャンスは続いたが、高橋が土肥の前に見逃し三振に倒れ、日大山形の攻撃は無得点に終わった。ピンチを脱した春日部共栄は、その裏、気落ちした長岡を攻め、2死二塁から7番・小川晃一がセンターにサヨナラヒットを放って勝利を決める。

渋谷の5度目となるベスト8への挑戦は、またもや壁を突破できずに終わった。

「スクイズって同点や逆転よりも、突き放されるのがチームにとって一番ショックが大きいんです。

だから、7回表のスクイズが決まっていたら、そのままウチは負けていたと思う。長岡君を打てていなかったし、相手に勢いが出るだろうし。その点では本当にラッキーでした。このサヨナラ勝ちで勢いがついて決勝までいけたようなものですよ。日大山形さんは本当にいいチーム。雰囲気的に負けゲームでしたが、相手のミスに助けられました」

この本多の発言からも、渋谷がこの年が「最も惜しかった」と悔やむのは痛いほど理解できる。ただ、「たられば」の話であることを承知で言えば、2度のスクイズの場面で、強攻という選択はなかったのだろうか。スクイズはどうしても得点がほしい場面で有効である一方、リスクも高い攻撃である。ちょっとのミスでチャンスが一瞬で消える可能性もあるうえに、失敗した場合の精神的ショックも大きい。ただでさえ、打者にはプレッシャーがかかるうえに相手が好投手ともなれば、バントを決めるのも容易ではない。この試合でも2度のスクイズの場面における土肥の対応もそうだが、相手がスクイズせざるを得なくなる総合力に長《た》けた好投手であればあるほど、スクイズもまた決めにくいのだ。だからこそ、高校野球には「スクイズなし」を選択するチームもある。

その点で、高橋の気になる発言があった。

「打ち勝ってきたチームだから、あまりスクイズをやらなかったんです。練習はしていましたが、チームとしてはあまり慣れない攻め。バントもそんなにうまくなかったと思います」

甲子園でのスクイズは「いつもの自分たちの野球」ではなかったのか。

「いや、確かに1番から5番までは打力がありましたが、6番の自分以降の打力は、全国上位での戦いとなると、やっぱり弱かった。だから監督さんがスクイズを選択するのも間違いではないと思います。まして相手が土肥のような好投手ならなおさら」とは鷹島の見解である。

ベスト8進出に執念を燃やす渋谷のスクイズを、2度、逃れた本多は言う。

「昔の東北勢は打力が一段、落ちるイメージなんです。この試合の頃は、金属バットで2、3点のリードなら一気に逆転されてもおかしくない時代になりつつあったと思うけど、東北勢に、そういう怖さはあまり感じませんでした。だから、どちらのケースもスクイズは十分あると思っていました。土肥が7回表に咄嗟にボールを外せたのも、10回表に一息入れたのも、警戒していたからこそ」

1980年前後、竹田利秋が監督を務める東北高で日本一を目指していた藤木豊は、高校時代のスクイズについて、次のように語る。

「竹田先生はスクイズを多用して得点を重ねていました。当時の金属バットは高反発で飛距離が得られたにもかかわらず……今、考えてみると、そのバットを使いこなし、全国レベルの投手を打破するだけの打撃力が我々に備わっていなかったんです。だから、得点を重ねる戦術がスクイズになっていた。ただ、スクイズをかけるリスクは非常に高く、レベルの高いバッテリーは簡単に決めさせてくれない。竹田先生はよくあれほどまでに仕掛けていけたな、とも思います」

状況や打順を考えれば、渋谷がとったスクイズという選択は間違いではなかったのだろう。だが、土肥のような好投手を相手にしても、1番から9番まで、スクイズだけではなく「打ってくるかもしれない」というプレッシャー、恐怖心を相手に与える打線を、当時の日大山形、いや山形勢は、まだ持ち合わせていなかった。

11年後のコールド敗戦

「今の日大山形の野球からは、何も伝わってこない」

2002（平成14）年11月、日大山形の監督に就任した荒木準也は、2004（平成16）年の山形大会1回戦で、米沢中央に5回コールド・1対12で敗れた際、父にそう言われたという。山形の高校野球の代名詞たる日大山形が、夏の大会で初戦コールド負けしたことは前代未聞だった。

当時の日大山形は、同校にしては珍しい低迷期だった。長年、監督を務めた渋谷が、2000年度限りで日大グループ内の異動により指導を離れ、その後は監督が短期で交代し、甲子園出場も途絶える。渋谷は2002年に青森山田（青森）の監督に転じた。名将の不在は選手のスカウティングにも響く。荒木は非常に厳しいチーム状況の中、再建を託されたのである。

「もともと僕は、指導者になる気が全くなかったんですよ」

第三章で触れたが、選手時代の荒木は、当時の山形では稀《まれ》な「トップ・アマ」。東北福祉大、プリンスホテルを通じ、走攻守に優れた強打の外野手として目指していたのはプロにオリンピック。日本代表経験もある。故に大学では教員免許も取らなかった。

「社会人時代の終盤は、いつか自分の子どもが野球を始めたら最低限のことは教えられるようにはなりたいと、チームメイトのプレーを見て学んだり、話を聞いたりはしましたけどね」

荒木は1971年、山形県寒河江《さがえ》市に生まれた。家業は工場経営。男2人兄弟の長男だった荒木は、引退したら家業を継ぐことを条件に大学、社会人での野球続行を許されていた。監督就任のオファーは、プリンスホテルの休部をきっかけに選手として第一線を退き、約束通り家業に就いて2年が過ぎて、ようやく仕事にも慣れてきた頃に届いたものだった。

「当然、家族は大反対。僕も自分は指導者タイプではないと思っていたから、2回断りました」

だが、それでも諦《あきら》めない学校側の熱意と、母校愛にほだされ荒木はオファーを受諾する。こうして荒木は、家業を離れ、学校職員として久しぶりに母校のグラウンドに戻ってきた。

「僕にはトップレベルの社会人で野球を突きつめた自負がありましたから、そこで経験した高度な野球を指導に活《い》かそうとしました。『自分は技術屋』という意識もありましたし」

しかし、荒木が熱心に技術や戦術を伝えても、なかなかチームは強くならない。コールド負けは、そんな苦悩するなかで迎えた2回目となる夏の大会での出来事。これが荒木の転機となった。

「結局、高校生に技術だけを教えても、たかがしれているということだったんです。僕は野球を究めるため、技術屋のような意識で社会人までプレーをしました。その過程で得た技術や上達するコツ、欠点の修正方法といった様々な引き出しを、しっかり選手に指導したと思っても、翌日にはすっかり忘れて以前と変わらないといったことが何度も起こる。いくら技術を高めようとしても、そこに思いがなければどんな練習も意味がない。よく『高校野球は人間教育だ』と言いますけど、その意味がわかりましたよ。本気で取り組まなければ本物はつかめない」

高度な技術を教えても、野球と向き合う姿勢や勝利への執着心、闘争心、向上心など、「心の強さ」が備わっていなければ何も身につかない。「まずはそこから鍛え直さなければ」と、コールド負けして代替わりをした新チームから、指導内容をガラリと変える。日本代表の合宿のような、指導者が尻を叩かなくても、能力も意識も高い選手が互いに競い合うレベルの高い練習を求める理想は捨てた。選んだのは理不尽で厳しい前時代的な〝スポ根〟練習。

「監督生活も20年を超えましたけど、コールド敗戦後の夏が一番練習したと思います。コーチと2人で人間教育第一という形でやり直そうと。ボール回しノーミス100周を成功するまでとか、軍隊みたいな挨拶《あいさつ》練習とか。古典的ですよね」

2年後、山形県初の夏の甲子園ベスト8進出を成し遂げるのは、この「激変」を経験した1年生たちである。

「ノックをすればちょっとしたミスも許されない。練習が終われば全員横一列に並んで良しと言われるまでひたすら挨拶練習。1日で練習の内容も雰囲気もガラッと変わってしまいました。監督もなんか気軽に話しかけられない感じで……」

当時1年生で、夏の甲子園ベスト8進出時の捕手・秋場《あきば》拓也《たくや》は、荒木の豹変《ひょうへん》をよく記憶していた。

「今思えばよく耐えられたなと思います。夏休みは、午前中はずっと守備練習。午後はずっと打撃練習。終わればベーランなどの走塁練習。ランニングメニューもすごく増えました」

試合の戦い方も変わった。それまではサインも多く様々な攻めに取り組み、守りでもバントシフトなら数パターンは用意していた。それをほとんど捨てて野球自体はシンプルに。とにかく、まずは気持ちと姿勢が最優先になった。

「三振したら殺される、みたいな。それは冗談ですけど。僕自身はそれくらい本気で試合に臨んでいました」（荒木）

以前と違い、やたらと厳しいメニューを課したり、精神面にうるさくなった荒木に、選手たちも戸惑い、疑問も感じた。それでもチームが崩壊しなかったのは、選手たちの根本に荒木という野球人への憧《あこが》れと畏怖《いふ》があったからだ。

「私が日大山形に進学を決めたのは、監督を見て『カッコいいな』と思ったことも理由なんです。納得がいかなくても、あの体格なので絶対に逆らえないんですよ（笑）。ベンチプレスも100キロ以上上げちゃうし、バッティングをすれば監督が一番飛ばすし、私らの同期の投手からも簡単に打ってしまう。選手として監督に全くかなわない」（秋場）

長身で筋肉の鎧《よろい》をまとっているような分厚い体。荒木からは、今も凄腕《すごうで》のアスリートだった匂いが濃厚に漂ってくる。当時34歳、「休部がなければ現役を続けていたと思う」という。絶頂期ではないとはいえ、普通の高校生では太刀打ちできなくて当然だろう。現在、秋場は北海学園札幌《さっぽろ》（南北海道）で監督を務めているが、同じ立場になって、当時の荒木の狙いに理解が深まった。

「監督は社会人まで野球を続けるなかで、山形出身というだけでバカにされたことが悔しくて努力したという話もしてくれました。もっとガツガツするというか、『戦える人間にならなければダメだ』と、私たちの反骨心を煽《あお》るために、わざとやっていたのだと思います」

実際、「絶対に逆らえない」と言う秋場だが、荒木に言わせれば冬場に雪上ラグビーをして、「遠慮しないで本気でかかってこい」と言うと、いの一番で本気のタックルをしてきたという。

「野球に対してはすごく厳しいのですが、雪上ラグビーなどで私たちが本気で監督を倒しにいってもブチ切れない。コミュニケーションの取り方はすごく上手だったと思います」

「あの頃は生意気で、今、監督をしている自分でもムカつくタイプの高校生だったと思う」と笑う秋場は、同期の中で最も荒木に怒られたという。

「ある遠征で、試合が詰まって投げられるピッチャーがいなくなったとき、中学で投手経験がある野手を投げさせたことがあるんです。当然、ピッチャーの練習をしていないから暴投ばっかりで大荒れ。ブルペンでも捕ったことがないから、私もパスボールをしてしまった。やっとチェンジになり、やれやれとベンチに戻ったらめちゃくちゃ怒られたんです。こっちからしたら、投手じゃない選手のボールをいきなり捕らされて、なんで怒られなければならないの？　という気持ちですよ」

荒木が怒ったのは、パスボールではなく秋場の態度が原因だった。「投手じゃないんだから仕方ないでしょ」とばかりに後逸したボールを不平そうにチンタラ追う。その姿勢が許せなかった。

「今は自分も同じケースが起きたらキャッチャーをめちゃくちゃ怒ると思います。監督は感情ではなく、ちゃんと理由があって怒っていたし、その内容を聞けば『こっちが悪い』と思えることばかり。みんな、そういうところを見ているし、自主練習もとことん付き合ってくれる。だから厳しくても本気の反発はなかった。エゴではなく愛情だとみんな感じていたんだと思います」

荒木は自身の生活も変えていた。教員免許を持っていない荒木は、日大山形の学校職員という形で監督に就いた。言ってみれば職業監督である。だが、コールド敗戦後、事務室の職員に転じた。選手たちの学校生活も指導したいと思ったためである。秋場は2学期から荒木が事務室に入り、校内を巡回して授業中の選手の様子を見てまわるようになったことをよく覚えているという。

「選手が逃げ出さなかったのは、たぶん僕も本気だったからじゃないですかね。それが伝わったのだと思うし、保護者のみなさんにも理解してもらえましたし」

コールド負けから約2ヶ月後の秋季県大会、生まれ変わった日大山形は準優勝。復活の第一歩を歩み出した。渋谷が離れた直後に入学し、個々の能力では分が悪かった選手たちが、格上の相手にも気持ちで食らいつき粘り強く戦う。秋場たち下級生の成長も、チームを底上げした。

「1球に対して全員が集中する姿勢が備わり、どんなチームとも戦えるムードが出てきました」

夏の山形大会も、甲子園には手が届かなかったが準決勝まで進んだ。

「そこからですね。熱く泥臭く粘り強い野球をするのがウチのスローガンになったのは」

強攻

荒木監督体制5年目。秋場たちが3年生となった2006（平成18）年夏、日大山形は山形大会を勝ち抜き、甲子園出場を決めた。春夏通じて実に8年ぶり。それは渋谷が監督となって以降、日大山形にとって最長ブランクであった。

当時の山形の高校球界は酒田南の全盛期。かつて日大山形と2強時代を築いた東海大山形も東北他県や関西出身の選手を中心に力をキープして、2004年春、センバツで山形県勢初のベスト8進出を果たした。また、長年、県内有力チームの地位にありながら甲子園出場に手が届かなかった羽黒《はぐろ》も、ブラジル人留学生や関東からの野球留学生を軸に壁を突破。2005（平成17）年春のセンバツではベスト4進出の快挙を達成する。高校野球の集大成である夏の甲子園では、いまだベスト8進出はなかったが、弱小という山形県のイメージは徐々に変わってきていた。こうしたチームに勝つため、荒木は「甲子園出場」ではなく「甲子園で校歌を歌う」ことを目標にした。

「校歌を歌うことが目標であれば、初戦で優勝候補と当たる可能性もあるから結局、トップを意識して練習しなければいけない。2006年は駒大苫小牧《とまこまい》（南北海道）の夏3連覇がかかっていた年。エースは2年生時、甲子園優勝に貢献した田中《たなか》のマー君（田中将大《まさひろ》／現・楽天）です。そこで『お前たち、初戦で駒大苫小牧と当たったら田中に木っ端みじんにやられるんじゃないか？』と話をして、冬場はマシンを150キロに設定して、徹底的に打ち込みました。『これ空振りしたら殺されると思えよ』なんて（笑）。山形代表は全国レベルの強豪に力負けするイメージがあったので、どこと戦っても力負けしないチームを目指したんですよ」

荒木は、想定だけではなく実際に田中と対戦したいと練習試合も計画した。当時の駒大苫小牧の監督・香田誉士史《こうだよしふみ》と荒木は同い年。昭和46年度生まれの選手や指導者による親睦会《しんぼくかい》「46会」を通じて面識があった。駒大苫小牧は、毎年春に光星学院（現・八戸学院光星／青森）と練習試合を行う。当時の光星学院の監督、金沢成奉は東北福祉大で荒木の先輩だった。そうした縁もあり、2006年のゴールデンウィーク、その練習試合に日大山形も交じる形で駒大苫小牧との対戦が実現した。

「前日に香田と食事をしたとき『明日は絶対、田中を投げさせろよ』と言ったんですよ」

荒木の鬼気迫る願いが効いたのか、試合になると6回裏から田中がマウンドに登ってきた。

「駒苫のスタメンは野手がレギュラーで先発投手は2年生。ウチはけっこう打てて、2年生エースの阿部拓也《あべたくや》も駒苫を抑えていたんです。でもマー君は全く打てなかった。3イニング対戦して無安打で、いい当たりを打つのが精一杯。ただ、試合自体は勝ったんですよ」

全国トップクラスの投手は打てなかったが体感はできた。田中がリリーフだった練習試合とはいえ試合にも勝てた。それはチームに大きな自信を与えた。秋場が回想する。

「マー君が投げたのは6回裏からですけど、野手はレギュラー。なのに、言い方はおかしいけど普通に勝ったんです。駒苫は私たちが1、2年のときに甲子園を連覇していて、雲の上のチームだと思っていたのに。〝意外とオレらできるのかも〟と自信がついて。それから夏の本番まで東北を中心にいろんな強豪校と練習試合をしましたけど、十何試合、全く負けませんでした」

駒苫と田中を倒すイメージで取り組んだ練習は、結果的に日大山形のレベルを大きく引き上げた。そうやってつかんだ甲子園だった。とはいえ8年ぶりは8年ぶり。荒木は当然、「山形県勢、悲願のベスト8」は知っていたが、意識はしていなかったという。あくまで目標はこれまでと変わらず「甲子園で校歌を歌う」、即ち1勝すること。実に謙虚であった。だが、想像以上にチームの力は向上していた。1回戦の開星（島根）戦は相手に先制を許すも打線が終盤に爆発。6対2と逆転して渋谷が率いた1993年以来となると勝ち星を挙げた。秋場もこの試合で不安を払拭《ふっしょく》できたという。

「試合が始まったら、あれけっこういけるな、と感じたんです。開星さんには失礼な話になってしまうのですが、『これなら山形の決勝で当たった東海や、東北の光星、山田、盛付あたりの方がよっぽど強い』と。8年ぶりだから先輩にも甲子園を知る人はいなかったし、ほとんど初出場みたいなもの。何もわからないのが不安につながっていたのだと思います」

2回戦の相手は練習試合でよく対戦していた仙台育英（宮城）。翌2007（平成19）年に甲子園のスピード記録を塗り替える右腕・佐藤由規《さとうよしのり》（現・埼玉武蔵ヒートベアーズ）がエースだったが、打線が奮起して6対3と勝利。守りではピンチの場面でレフト・庄司貴胤が好守を連発。スーパーキャッチも披露した。「全国レベルの相手でも力負けしないチーム」は徐々に実現しつつあった。

「庄司があんなプレーをできたのは、ノックだけでなく、打撃練習の守りでも必死に打球を追っていた結果。打球判断について1本、1本すごくうるさく指摘していましたから」（荒木）

「本気」になれなかったチームが、わずか2年でここまで変われる。荒木は「技術屋」から「高校野球の指導者」に変わっていた。そして、この仙台育英戦で荒木は初めて「山形は夏のベスト8がない県なんだぞ。これはチャンスじゃないか？　絶対にベスト8を目指すぞ！」と檄《げき》を飛ばした。

「東北勢が弱いという考えはありませんでした。仙台育英や東北高が決勝に勝ち上がっていましたし、光星学院、聖光学院と新たな強豪も存在感を放ち始めていましたから。ただ、日大山形さんには『やりにくい相手ではない』という印象はありました」

日大山形としては4度目、荒木にとっては初めての夏の甲子園ベスト8への挑戦。その相手となったのは今治西《いまばり》（愛媛）。監督・大野康哉《おおのやすや》（現・松山商監督）は、指揮官として自身初の甲子園だった年の3回戦をそう振り返る。2年生エース・熊代聖人《くましろまさと》（元・西武）を、3年生を中心とする強力打線が援護して勝ち上がってきたチーム。ただ、熊代は右ヒジに不安があった。

「熊代は1回戦を完投、2回戦も8回を投げていましたから、3回戦は投手起用が非常に難しかった。投手陣に不安をもったまま臨んだ試合だったんです。幸い打線が好調で、日大山形の阿部投手のような右のサイドスローも打ち慣れている。多少、失点をしても打ち返せるのでは、という見込みがあったので、阿部投手を攻略して優位にゲームを進めたいというのがプランでした」

つまり、熊代は先発回避。2回戦後、大野はキャプテンで主砲だった宇高幸治から「熊代の将来を考えて3回戦は先発させないでほしい」との申し出を受けていた。下級生を思いやる3年生の心遣いがうれしかった。大野は3年生右腕の新居田浩文の先発を決める。日大山形は、東北勢が弱いと見られていた打撃戦という舞台に乗せられることになった。

実際、試合は点の取り合いになった。1回表、今治西が1点を先制すると、その裏、日大山形は5番・舟生源太の2ランなどでいきなり4点を奪って逆転。その後も互いに得点を重ね、6回を終了して7対4、日大山形リードで試合は終盤に入る。今治西は新居田が初回KO。2番手の2年生左腕・浜元雄大もジリジリと攻められ、6回裏から熊代を投入せざるを得なくなっていた。すると7回表、「熊代に負担はかけられない」とばかりに今治西が2本の本塁打などで4点を奪取。7対8と日大山形は逆転を許してしまう。だが、「熱く泥臭く粘り強く」なった新生・日大山形。8回裏に1点を取って同点に。試合はそのまま延長戦に突入した。

試合が動いたのは延長13回表。今治西がここまで1人で投げてきた阿部を攻め、2本のヒットにエラーと犠飛で2点を勝ち越す。8対10となった荒木は「ここまでか」と試合を諦めかけた。同点には追いついたが、熊代に対しては7イニングで1点しか取れていない。1点ならともかく2点のビハインドは重い。だが、あるプレーが荒木の心にカツを入れる。

今治西の打席には5番・崎原悠介が入っていた。崎原が三塁側、自軍ベンチ方向にファウルフライを打ち上げる。ボールは今治西ベンチに入りそうだった。アウトは取れないな、と誰もが思った瞬間、打球を追いかけていた捕手の秋場がダイビングを試み、勢い余って今治西のベンチ前のラバーフェンスに激突した。結局、フライは捕れずファウル。だが、秋場が立ち上がると、球場全体が割れんばかりの大きな拍手で秋場のガッツを讃《たた》えた。荒木はその光景が忘れられないという。

「拍手の音を聞いて正気に戻れました。僕は試合を諦めかけていたのに、秋場は諦めていない。2点取られたけど、こいつらがベンチに戻ってきたら何かこう、勇気を与える言葉を言わねばならない。そんなふうに考え直していました。球場の雰囲気も、ちょっと変わった気がしましたね」

パスボールをふて腐れた顔で追いかけていた秋場はもういない。まさに1人の「戦う人間」がそこにいた。

「私としては無我夢中だっただけで、諦めない気持ちを見せるなんてことはこれっぽっちもなくて。むしろ延長に入ってウチがチャンスを逃しているうちに相手にエラー絡みで点を取られたから、もう負けゲームかなって思ったくらいだし。ただ、監督には『戦う集団というのは、どんな相手、状況でも目の前の試合、プレーに全力で取り組める集団である』とずっと言われ続けてきました。たぶん監督の指導が、私を無意識にダイブさせたのだと思います」

秋場によれば崎原を三振に取ってベンチに帰ると「ここまでか」という空気になっていたという。

「今も同期と酒の席で話すんですよ。『あのとき諦めたよね』って。でも、なんて言うのかな、私がファウルフライを捕りにいったときと同じ感覚というか……いい意味で開き直ったというか、攻撃に移ると無意識に〝オラ行け！〟みたいな感じになってきて」

劣勢でも、いざプレーが始まれば勝手に闘志をみなぎらせる選手たち。荒木が指導を大転換させたことは、しっかりと実を結んでいた。荒木が言葉で選手たちをもう一押しする。

「甲子園には歴史に残る伝説の名勝負がある。ここから逆転したら甲子園の名勝負になる。絶対にそう言われるはずだ。だから全員でつないで伝説の名勝負にしてやろう！」

一方、2点をリードした今治西の大野は、逃げ切りの算段をつけ始めていた。

「2点入った時点でいけるだろうと。延長に入って熊代の限界も近づいていましたから、なんとか逃げ切れるかなと、正直ホッとしていました」

ところが、頼みの熊代が日大山形の先頭、2番・菅野貴洋、3番・青木優に連打を浴びる。

「見返す度にすごいなと思うんですけど、菅野は初球ボールで2球目のファーストストライクを叩いてヒット。青木もボール気味の外のスライダーを叩いてヒット。こういう場面って、ファーストストライクに手を出して、アウト、アウトと簡単に試合が終わるケースも多いじゃないですか。それを考えたら、なかなかファーストストライクから振りにいけないと思うんですよ。本当、監督の指導で自然と積極的に戦う姿勢になれたのだと思います」（秋場）

「ふだんの熊代はあんな不用意な投球はしません。彼も限界が近いことは自分でも感じていて、勝ち急ぎというか2点リードの余裕もあって簡単にストライクを取りに行ってしまった」（大野）

無死一、二塁のチャンス、打席に入るのは日大山形の4番・主将の常川知也。長打が出れば同点、本塁打なら一気に逆転サヨナラもあり得る。しかし、塁は詰まっており強攻すれば併殺の可能性も低くはない。ならば4番とはいえバントで1死二、三塁にして、まずは同点の可能性を高める選択も高校野球なら不思議ではない。

強攻かバントか――。

選択を迫られる荒木。

打席の常川がベンチを見て打席に入る。そして、甘いスライダーを迷いなく振りに行ってレフトにヒットを放った。二塁から菅野が生還。日大山形は瞬く間に1点を取り返した。

荒木は強攻を選択したのだ。

「365日、選手を見ていますからね。常川だったら、この場面で絶対に打ってくれるだろうと。迷いはなかったです」（荒木）

「監督は常川にバントのサインなんて出したことないと思いますよ。強攻はいつも通り。逆にバントだったら『あれ？　監督どうしたの？』となると思います」（秋場）

「こちらとしてはバントをしてほしかったんです。一つアウトを取れば熊代も落ち着くはず。だから強攻の方が嫌でした。バントもあり得るかな、とは考えましたが……4番ですからね」（大野）

再び無死一、二塁となり、続く5番・舟生の打席で相手バッテリーの小さなミスを見逃さず青木と常川が重盗。無死二、三塁とすると熊代の暴投で三塁から青木がかえって同点。さらに舟生が四球で出塁して無死一、三塁。舟生が盗塁で二、三塁とすると今治西は6番・武田渉を敬遠して満塁策をとる。塁を埋め、下位打線を抑えてしのぐ。そんな今治西の意図が見えた。しかし、打席に入った7番の秋場は、2ボール1ストライクからのスライダーを思い切り振り切る。打球はセンターの定位置の少し後ろへの飛球。犠牲フライとなり、日大山形の逆転サヨナラ勝ち、そして夏の山形県勢初のベスト8が決まった。

「今思えば、リードした13回裏は、熊代を落ち着かせてマウンドに送り出すべきでした。ふだん私はそんなミスをしないのに、熊代に声をかけた記憶がありません。私も初めての甲子園。平常心ではなく、勝ち急いでいたのでしょう。それが熊代にも伝わってしまったから、不用意な投球や暴投など、いつもの彼なら考えられないミスにつながった。とにかくチーム全体が日大山形さんの勢いにのみ込まれてしまいました。それに尽きます。高校野球の怖さを思い知りました」（大野）

追い込まれた土壇場で、バントに頼らず打力を信じて強攻を選び、劣勢を打開した荒木。試合を決めたのはサヨナラのチャンス、敬遠四球で「回されてきた」下位打線のフルスイングだった。かつて渋谷が春日部共栄戦でスクイズを選び、勝ち切れなかった試合から13年が経っていた。

延長で2点ビハインドという絶体絶命の場面を、力で逆転サヨナラに持っていった日大山形。それは荒木が指導を転換して、「常に目の前のプレーに全力で取り組む」という戦う姿勢を選手に身につけさせた賜《たまもの》である。だが、一方で初戦から打線が結果を出していたことも見逃せない。状態の問題もあったとはいえ、相手には仙台育英の佐藤、今治西の熊代という後にプロ入りする一線級の好投手もいた。荒木は指導方針を変えたからといって、決して技術を何も教えなくなったわけではない。あくまで指導の優先順位を変えただけ。特に打撃については地道に強化に取り組んでいた。

たとえば変化球打ち。いくら真っすぐに強くても変化球に弱くてはあっさり打ち取られる。甲子園レベルとなれば特にそうだ。

「変化球打ちは自分の『線』の感覚を持つことが大事なんですよ。たとえば投手に対したとき、その線より左で曲がり始めたらストライクだから打ちに行く、右ならばボールになるから追いかけない、といったように」

言い方を変えれば変化球の軌道の感覚を身につけるともいえる。

「だから、変化球が打てない選手は打席でたくさんの変化球を見て、打たなければならない。それも、できれば人が投げるボールで。ピッチングマシンの変化球には怖さがなく、毎回同じコースに来るので、極端な話、軌道と関係なく打てますから。変化球を投げられるなら野手でもいいから人に投げてもらって『線』の感覚を養い、変化球を打つ成功体験を積んでいくことが大事だと思います」

ただ、それでも試合になると変化球を嫌い、真っすぐばかり狙ってしまう選手も少なくない。そこで荒木は練習試合で「ファーストストライク縛り」をすることもあった。

「カウントを取りにくる狙い目の変化球があっても苦手な選手は振らなかったりする。そういう選手には試合で『ファーストストライクを振らなければ交代』と告げて強制的に打ちにいかせる。本当に交代させますよ（笑）。そうなると真っすぐでも変化球でも両方に対応する準備をしながら変化球も打ちにいかなければならない。この練習は変化球打ちの成功体験を積めるだけではなく、真っすぐにタイミングを合わせて変化球にも対応できる打者の育成にもつながるんですよ」

今治西戦の13回裏、逆転サヨナラの口火を切った3連打は全てファーストストライクを逆方向に打ったもの。3本のうち2本は変化球を打ったヒットだった。それは決して偶然ではない。

「昔の山形代表は、甲子園で好投手がいるチームに当たると、打てずにあっさり負けることも多かった。投手のボールのスピードが山形大会より10キロは速いし、変化球も鋭い。それに対応できなかったんです。帰郷して監督になった当初も打撃が弱いなと感じました。ただ、監督就任から20年が経ち、今は山形の打者のレベルも上がってきている。現代の甲子園は打てないと絶対に勝てない。バットを振れるチーム、打てるチームはやっぱり脅威。甲子園で戦うにしても、長打がないチームが相手だと失点が計算しやすいから監督としてはラクなんです」

山形県勢初となる夏の甲子園ベスト8を決めた日大山形だが、準々決勝では優勝した早実に敗れベスト4はならなかった。「ハンカチ王子」と呼ばれ大会のヒーローになった早実のエース・斎藤《さいとう》佑樹《ゆうき》（元・日本ハム）を攻めて2対1とリードしていたが8回裏に4点を奪われ2対5で逆転負け。後半、ギアを上げたように見えた斎藤から点を奪えなかった。だが、この年の経験を糧に、日大山形は2013（平成25）年、夏の甲子園で山形県勢初となるベスト4に進出した。山形のレベルも少しずつ向上してきている。

「ベスト8のチームにしても、ベスト4のチームにしても、我々の頃とは選手のレベルが全く違いますよ。打撃のチームといっても、私たちは、あんなに打てなかった」（高橋厚介）

「荒木はね、監督じゃないんだよ。あいつはやっぱり選手。ジャパンの選手なんだ」

荒木自身が「指導者になるつもりはなかった」というように、師である渋谷も、荒木が監督になり、しかも結果を残すことは予想できない未来であった。

「だからさ、ちゃんと実績を残して……たいしたもんだよ。たいしたもんだ」

渋谷は日大グループ内の異動で日大山形を離れた。しかし、それは渋谷にとって決して納得のいく人事ではなかった。故に、指導の場を求め青森山田に移った。その経緯を考えれば、荒木に対して嫉妬《しっと》や悔しさを剝《む》き出しにしても不思議ではない。いや、言葉の端々からは、ほのかに悔しさが伝わってくるのも確かだ。たとえ恩師と教え子の関係でも、監督はそうでなければ務まらない。一方で、自身が跳ね返され続けた壁を乗り越えていく教え子を「たいしたもんだ」としみじみと褒める様子も、それはそれで嘘には感じられない。

面白いもので、渋谷と荒木の監督としての歩みは驚くほど似ている。ともに選手としてのプレーにこだわりながら、チームの休部で第一線を退き、母校の再建を託された。ともにコールド負けも味わい、もがきながら復活に導き、山形県勢の限界突破に挑み続けた。それは渋谷が何度も壁に跳ね返された教訓を、知らず知らずのうちに荒木が活かした歴史のようにも見える。結果には時代の違い、言ってみれば運も作用するものだ。しかし、取り組んだ道のりとその魂の尊さに違いはない。

――めざせ全国制覇――

渋谷が掲げたその言葉は、荒木が指導を続ける今も、日大山形のグラウンドで選手たちを鼓舞している。

第八章

岩手

~心を変える~

東北人の心を変える

「菊池《きくち》雄星《ゆうせい》がエースの花巻東《はなまき》が甲子園優勝に限りなく近づいた。岩手の選手たちだけであそこまで勝ててから、東北の子どもたちの意識が変わった気がします。仙台育英や東北の準優勝とは何か違うきっかけになったというか」

八戸学院光星（青森）の監督、仲井宗基に、東北勢の強化が加速した時期、きっかけを訊《たず》ねたときの言葉である。

2000年代以降、強化が進んだ東北勢の中でも、花巻東（岩手）は異質の存在である。

ここまで述べてきたように近年に限らず東北勢の躍進には、指導者なり、野球留学生という選手の存在なり、「外の血」の刺激が果たした役割が大きかった。しかし、花巻東が掲げるスローガンは「岩手から日本一」。岩手出身の選手だけで甲子園優勝を成し遂げることを目指している。

「東北出身者のみ」どころか、岩手一県の出身選手のみでの挑戦。それは現代の高校野球において、東北に限らず、全国的にも珍しいスタイルだ。実際、過去10年の春夏甲子園優勝校の中で、同一県出身者のみという選手構成で優勝したチームは皆無。まして、そのスローガンを掲げたのは、東北勢の甲子園優勝がまだない時代である。花巻東は私立校。選手を全国から集めるハードルは公立校に比べれば低い。蛮勇ともいえる挑戦だったが、それでも2009（平成21）年春はセンバツ準優勝、夏は甲子園ベスト4と、その実現の一歩手前まで迫った。そして、大谷翔平という世界最高峰のプレーヤーをも生み出している。

長年、指摘されている東北人の前に出ない性質や、弱いと指摘され続けたことなどを背景にした「全国で勝てない」というコンプレックス。それを東北の強豪校の多くは、意図的に、あるいは結果的に「外の血」の刺激によって克服しようとしてきた。しかし、花巻東の結果は、それがなくても克服可能であることを教えてくれる。いったい花巻東の何が東北人の心を変えるのだろうか？


「特待にしてもらえるなら、いいか」

藤原拓朗が花巻東に進学を決めたのは、そんな理由だった。故郷である岩手県沿岸部、釜石市は、当時の監督の出身地でもある。その縁に加え、地元の先輩が進学していたことも心強かった。中学では左腕エースとして活躍したが、目立つ実績は挙げていない。甲子園に出たい。プロ野球選手になりたい。そんな望みはなかった。２００１年（平成13）年、花巻東の野球部は、そんなことを想像させる状態ではなかった。最後の甲子園出場は１９９０（平成２）年の夏。その後は一関商工（現・一関学院）や専大北上《きたかみ》、急激に力をつけた盛岡大付などに押され、県大会序盤で敗れるなど、低迷していたのだ。

「当時の花巻東に甲子園を狙えるイメージはなかったですね。私自身、とりあえず高校でも野球をやりたいな、くらいの気持ち。３年生にいい投手がいたので『ハマればもしかしたら』とは感じましたけど」

そんな藤原の高校野球生活が一変したのは１年生の夏。夏の大会で花巻東は１回戦負けを喫し、監督が交代したのだ。新監督となったのは佐々木洋《ささきひろし》。ご存じの通り、菊池雄星や大谷翔平を育て、現在も花巻東の監督を務める、あの佐々木である。

当時、佐々木は女子ソフトボール部の指導をしていた社会科の教諭だった。佐々木は花巻東に赴任後、バドミントン部の顧問を経て一度、野球部のコーチとなったが、女子ソフトボール部の立ち上げに伴い、その監督を命じられていた。

「コーチ時代を知っている先輩たちが『あの人ヤバいヤバい』と言っていて、厳しくて怖いと聞かされていました。実際にそれは間違ってはいませんでしたね。今とはイメージが違うと思いますよ。理不尽な暴力などはなかったですけど、取り組みの一つひとつに厳しいというか」

佐々木は1975（昭和50）年、岩手県北上市に生まれた。プロ野球選手に憧れて野球を始め、高校は地元の公立進学校、黒沢尻北《くろさわじり》に進み、大学は国士舘大でプレー。同期には古城茂幸《ふるきしげゆき》（元・巨人ほか）がいる。ただ、佐々木自身は選手としては芽が出ず、捕手から外野手に転向後、2年の秋季リーグが終わる頃には、選手として実質的に「引退」。寮も出ることになった。選手失格の烙印《らくいん》を押された佐々木には時間がぽっかりできた。すると自問自答が始まる。

「オレはこのままでいいのか？」

プロ野球選手が夢だった。だが、それは叶《かな》わなかった。ならば野球の指導者に。そんな将来も視野に入れ教職課程は履修していた。そして、大学の先輩・水谷哲也《みずたにてつや》が監督を務める横浜隼人《はやと》（神奈川）でコーチ修業を始める。卒業後もそのまま横浜隼人でコーチを続けた後、1999（平成11）

年、縁あって花巻東に赴任した。

「練習はガラッと変わりました。一番は目標設定。『目標を立てて、それに向かって取り組んでいくんだ』と説明され、野球ノートに来年の目標や大会まであと何日でその間に何をするかなど細かく全部書くように言われました。監督との交換日記みたいな感じでしたね」

大学時代、佐々木はコーチ修業と同時に、読書に目覚めていた。もともと本好きであったため、「時間もできたし、指導の役に立つかもしれないから」と大量の本を読むことにしたのである。勉強になったのは野球の本よりもビジネスや自己啓発の書籍。ナポレオン・ヒルや中村天風《なかむらてんぷう》といったその道の大家の本を読みまくった。その結果、わかったことは「どの本も結局、同じことを言っている。全ては同じところに行きつく」ということ。「同じところ」とは「目標の立て方と夢の持ち方」「それをどう実現するか」の2つ。そのため、選手にも「目標設定」を課したのだ。

特徴的なのは藤原の言葉にあるように「あと何日」など「数字」を重視したことである。

「今日、何をするか。1週間、1ヶ月後も。卒業して1年後、3年後、5年後、10年後、自分がどうなっていたいかも書きました。最初は目標設定をする意味がわからなかったんですけど、やっていくうちに少しずつ自分の中でも『こうなりたいから、これをする必要があるかな』と考え方が変わっていくことを実感できたんです」

設定する目標自体も、たとえば「プロ野球選手になりたい」「銀行員になりたい」という表現はNG。どの球団でプレーしたいのか、どの銀行に入りたいのかまで書かせる。実際に入れるか否かは別にして、なるべく具体的に、明確にした方がそこに近づけるという考えからだった。

一方、グラウンドでの練習も変化した。

「細かなプレー一つひとつにすごく時間をかけて練習するようになりました。牽制《けんせい》や挟殺プレー、ディレードスチール、トリックプレー、セーフティスクイズなど。相手をねじ伏せるような打力がなかったので、いかに出たランナーをホームにかえすかにすごく時間をかけました。私の場合、セーフティスクイズなどは存在すら知らなかったので、新しい野球というか、自分たちが見てきた野球を変えてくれたというか、野球の深さを学びました」

それらはトップレベルの強豪校がしのぎを削る神奈川の高校球界での経験が活《い》きているのだろう。カバーリング、バックアップの徹底は、横浜隼人の「お家芸」である。

「非常に細かくいろいろなカバーリングやバックアップを全力疾走で行うようになりましたね。私は投手ですが、走者なしでセカンドにゴロが飛んだら、投手も捕手とは別の方向へファーストカバーに走る。そんなの初めてで最初は疲れました。とにかく投げ終わって、ずっとマウンドにいるということがないんです。種類が多すぎて今は覚えていないくらい（笑）」

さらにはウエイトトレーニング。

「今も学校にはウエイト器具があると思いますが、あれは監督が就任直後に揃え始めたものです。強豪校との体格差を感じていたんでしょうね」

そして、何よりも厳しく変わったのが日常生活や精神面の指導だった。

「『他の生徒の見本になりなさい』とよく言われました。それまでの『チワッ！』とか『チィース！』みたいな挨拶《あいさつ》は禁止。きちんと立ち止まり『おはようございます』『こんにちは』とはっきり挨拶するようにと指導されました。あと『野球は助けてくれないよ』とも言われましたね。野球が終わってからの方が人生は長い。一般社会に出たら野球をやっていたとか関係なくなって、野球が自分を助けてくれなくなるから、人としてしっかり生きていけるようになりなさい、と。それまでは野球だけやっていればいい、みたいな雰囲気でしたけど」

空気も取り組みも一変した野球部。佐々木は改革を進める一方、選手たちにも妥協を許さず、気の緩みが見えると厳しく指導した。

「本当に厳しかったです。カバーリング一つとっても、全力疾走を少しでも怠るとめちゃくちゃ怒られる。ノックでも元気がないと途中でやめて帰ってしまったり。監督もまだ20代でしたし、今はそんなことしないでしょうけど。当時はほぼ1人で練習を見ているような状態でしたね」

日々がキツく厳しくなったが、藤原は不思議と嫌な気持ちにはならなかったという。

「前はやらされている感じだったのが、目標設定によって自ら取り組む野球に変わったからですかね？　目指すところがはっきりしたというか。前の監督のときは先輩が監督への不満をけっこう口にしていましたが、佐々木監督になってからは厳しいけど、あまり不満の声はなかった。野球ノートのやりとりで監督ともコミュニケーションを密にとれるようになったのがよかったのかもしれません」

ただ、だからといって急激に結果が出るわけでもない。夏休みの練習試合は、当時の状況から相手が強豪校ばかりというわけでもないのに勝ったり負けたり。近所の普通の公立校に負けることもあった。

「毎日が必死だったので、強くなっているのかなんて、気にする余裕もなかったですけど（笑）」

ところが、佐々木の就任後、初めてとなる公式戦・秋季岩手県大会で、藤原を驚かす結果が出る。なんと準優勝してしまったのだ。

「自分たちでも要因はよくわかりません。ただ、セーフティスクイズやディレードスチール、細かなカバーリングなどは、当時、岩手の他校ではやっていませんでしたから、効果を発揮した場面もあったし、それが自信につながっていたかも。ただ、この結果で『あれ、オレたちけっこうやれるのかな？』という気持ちにはなれましたね」

東北大会は初戦敗退だったが、チームには朧気《おぼろげ》ながら「甲子園」の姿が見え始めていた。


佐々木は「岩手から日本一」という目標を心の中に秘めていた。

横浜隼人のコーチを務めた最後の年、1998（平成10）年は、松坂大輔（元・レッドソックスほか）がエースの横浜高（神奈川）が高校球界を席巻《せっけん》していた。間近でそのすごさを体感した佐々木は、「あんなレベルの高い選手がたくさんいるなんて、神奈川と岩手は違うな」と感じた。だが、帰郷して岩手の高校野球や中学野球をあらためて見ると「選手のポテンシャルはそれほど変わらないのでは？」と感じるようになった。もともと自身の目標設定により、「28歳で甲子園出場」、具体的な年齢は明かさなかったが「40歳前で全国制覇」という目標は定めていた。そこに岩手の選手たちで、という夢がプラスされたのは、そんな感触を得たからである。ただ、野球部の「再建」を始めた当初、藤原たちの時代はまだ「日本一」は、遙《はる》か遠い先にある目標だった。

「のちのち日本一を目指す、という空気も出てきたのでしょうが、自分たちのときは監督も口にはしていなかったと思います。甲子園だって……僕自身は普通に出られると考えられるようになりましたけど、チーム全体としては、意識改革はしたけど本当に甲子園に出られるのか疑問は残っていた。今、思えば、だから結局、甲子園には出られなかったんでしょうね」

藤原たちの最後の夏は、岩手大会準決勝で福岡に延長10回、2対3で敗戦した。県内有数の速球派左腕となっていた藤原は、卒業後、社会人野球の強豪であるＪＦＥ東日本へと進みプロを目指すも叶わず3年で選手を引退。しかし、その後はマネジャーを11年務めるなどチームに欠かせない人材となった。その経験を買われ、２０１８（平成30）年からは新たに結成された社会人野球チーム・エイジェックのマネジャーにヘッドハンティングされ、後に都市対抗に初出場するチームの土台固めに貢献。プレー以外の部分でも高く評価された野球人といえよう。

「そうですかね。まあ、高校時代にコミュニケーション能力も成長しましたから」

佐々木はミーティングも重視していたが、その場で自身が一方的に話すのではなく、選手にも発言を求めた。

「ミーティングでは思っていることをはっきり言わなければならない場面が多かったです。どうしたら勝てるか、チーム全体で目指すところを一つにするには、とか。監督はレギュラーと控えで温度差が出ないよう心がけているように感じました。試合後のバス移動中もその日の反省点を1人ずつ発言したり。人前で話すことには慣れていったと思います」

東北高、仙台育英で監督を務めた竹田利秋が、選手たちに意見の表明を求めたことは第二章で触れた。第五章では楽天シニアの選手たちが堂々と自分の意見を述べることを促されていたことがわかった。いずれも「自分から前に出ていかない」「おとなしい」といわれ続けてきた東北の選手の意識改革のためと思われる。ポテンシャルは関東や関西の選手とも変わらないのであれば、変えるべきは心――。佐々木もそんなふうに考えていたのだろうか。

社会人野球、トヨタ自動車東日本の監督である夏井《なつい》大吉《だいきち》は、2005（平成17）年夏、花巻東の二塁手・主将として甲子園に出場した。それは佐々木が花巻東の監督となって初の甲子園であった。「岩手から日本一」を掲げる花巻東だが、夏井は岩手出身ではない。生まれ育ったのは秋田県男鹿《おが》市である。

「中学時代、最初は中学の軟式野球部でプレーをしていたのですが、高校野球をやるだけではなく、甲子園に出場し、さらに上に行きたいという思いが強くなってきて。すると『このまま軟式でプレーをしていていいのかな』と考えるようになりました。当時、硬式のクラブチームがほとんどない秋田県の代表校が、甲子園でずっと勝てない時期だったんです。それで盛岡南シニアに入団することにしました。シニアの活動日は土日。男鹿から盛岡は車で2時間半くらいですが毎週父が送迎をしてくれました。今でも感謝しています」

夏井家は故郷では有名な野球一家である。夏井には弟が3人いるが、次男・健吉は明桜（秋田）で、三男・康吉と四男・脩吉《しゅうきち》は東北高（宮城）でプレー。甲子園には夏井と康吉、都市対抗には4

兄弟全員が出場した。

「私は当初、地元である秋田の高校への進学を希望していました。正直、花巻東のことは知らなくて。ただ、声をかけていただいたので練習見学に行ってみたんです」

秋田出身の夏井だが、中学は岩手のチームでプレーしていたということで、広い意味で「岩手の選手」という扱いになったのだろう。そして、夏井は練習見学で大きなショックを受ける。目に入ってきたのは「自分が知らない、今までにない高校球児の姿」だった。

「私が中学の頃に見た秋田の高校の野球部は、言い方は悪いですが、ガラが悪くて、試合もケンカのような雰囲気。中学生くらいのときって、ちょっと不良っぽい感じがカッコよく見えたりするじゃないですか。恥ずかしながら、当時は私もそんな感じが気合いを入れて勝利を目指しているようにも見えて好きだったんです。ところが、花巻東はそういう雰囲気が全くない。挨拶もすごく丁寧。野球部内の挨拶はもちろん、地域の方や僕のような中学生の見学者にも立ち止まって真剣に挨拶をしてくれる。選手が大人っぽいというか、大学のような雰囲気のチームでした。今までそういう高校生を見たことがなくて、野球の強さ云々《うんぬん》よりも、そんな人間的魅力に惹《ひ》かれて進学を決めました。しばらく甲子園に出ていない時期でしたが、これなら楽しみだし、強くもなるんじゃないか、と感じましたね」

佐々木の「これから強くなりたい、歴史を変えたいんだ」という言葉にも心を震わされた。イメージしていた高校野球の監督とは違い、優しそうな人柄も印象深かった。

「もっとも、それは入学後の厳しさでイメージは変わるんですけどね（笑）」

厳しい指導は技術面より人間性の部分で顕著だった。チームの至る所、細かい点まで目を配る佐々木。選手がその目をごまかそうとしたりしても、すぐにバレた。

「選手全員、毎日のように怒られていました。でも、手を出されたことは一度もありません。それもすごいなって。野球界に限らず、まだそういう指導があった時代だったので。怒鳴ることはありましたけどね。だけど、感情的にまくし立てられるのではなく、ちゃんと理由を言ってくれたので納得できました」

藤原たち同様、目標設定やウエイト重視のトレーニング、バックアップやカバーリングの徹底も続いていた。佐々木が監督に就任して丸3年。夏井が新チームの主将となった頃には、チームはしっかりと実力をつけ、選手たちも本気で甲子園を意識するようになっていた。夏井たちは2001年夏に就任した佐々木が、監督として腰を落ち着けてスカウティングをできた最初の世代でもある。藤原らの2003（平成15）年夏に続き、翌年の夏もベスト4入り。夏井は「下級生時代からのレギュラーもけっこう残っていたので、絶対にセンバツを狙えると思っていた」と語る。だが、待っていたのは「まさか」の現実だった。

「新チーム発足後の秋の大会は、花巻地区予選1回戦で公立校に負けたんです。学校史上最低の記録で、あってはならないことだったと。私たちも自信があったし、負ける気などさらさらありませんでした」

チームも佐々木もショックは大きかった。

「目標設定をしているはずなのに、目的意識が低かったというか。挨拶や整理整頓《せいとん》など日常生活の面でもいつのまにか雑になっていました。結局、スキがあったということだと思います。敗戦後、そういったところから変えようと監督さんと話しました」

だが、佐々木には「それだけでは甲子園に届かないのではないか」と考えているフシが見えた。それは一冬を越えた春、現実化する。

「全体練習を任されるようになったんです。監督さんに『自分たちで練習メニューを決めなさい』と言われまして。それまでの全体練習は監督さんが練習メニューを決めていたのですが」

夏井は困惑した。個人練習ならそれぞれの目標や課題をもとに取り組む練習を考えて実行していたが、チーム全体となると経験はない。

「真剣に考えなきゃ、と責任を感じましたが最初は大変で。自分たちの長所と短所を明確にしないとメニューが作れない。それまで、いかにやらされていたのかと痛感しましたね。そこで、私１人で考えず、投手、捕手、内野、外野それぞれのリーダーを決めて話し合うことにしました。そこに２年生の代表者も加え、下級生への橋渡し役になってもらう。会社の会議みたいな感じです」

夏井によれば佐々木は秋の地区予選初戦敗退後、ある人物から「お前が選手の成長をジャマしている」というアドバイスを受けたという。そこから選手たちに任せるスタイルにシフトチェンジしていくことを考え始めた。「目標設定をしているはずなのに、目的意識が低い」。高い目標設定をしても、それが形骸《けいがい》化してしまっては意味がない。選手たちがもっと自発的に取り組めるような方法はないか。そうしてたどり着いた方法だったのだろうか。

「練習メニューを自分たちで考えられるようになってから、チームは大きく変わりました。練習試合の成績は勝ったり負けたりだったのですが、勝敗抜きに、自分たちがやりがいを持って野球に取り組めている実感、成長しているという実感を持ちながら毎日を過ごせるように……一言で言えば充実していました。チームに『これ、夏は甲子園に行けるよね』『これで行けなきゃおかしいよね』みたいな自信もつき始めていたというか」

秋にまさかの敗退を喫した花巻東は、全体練習をも自分たちで考え、取り組むことでチームの一体感、個ではなく束になって戦う集団に変貌《へんぼう》した。

「秋の負けから本気で勝ちたいと思って取り組んだからこそ束になれました。まさに失敗から学ぶ、です。春に練習を任されるという大きなターニングポイントはありましたが、それも日々の積み重ねがあったから対応できたのだと思います」

岩手大会では4回戦の山田戦、準々決勝の盛岡四戦と2試合連続サヨナラ勝ち。決勝の盛岡中央戦も終盤に逆転して4対3で勝利。粘り強く戦って15年ぶり、佐々木にとっては初となる甲子園出場を決める。甲子園では初戦敗退だったが、花巻東はその復活を高校球界に示した。

自分たちで練習メニューを考えることで、目標設定への意識をより高め、「充実」と言わしめるほど自立したことが甲子園への起爆剤となった花巻東。それは夏井たちの必死の取り組みの賜《たまもの》だが、一方でそれを可能にした背景の一つではないかと考えられるのが、「読書」への取り組みである。佐々木が読書によって「目標設定」の重要さに気づき、練習にも取り入れたことは既に述べた。実はこの時期、佐々木は選手たちにも読書を課し始めていたのである。夏井は読書を始めた経緯を次のように語る。

「『自分たちで本を選び、読みなさい』と。なかば強制的でしたね、正直。それまでの私は、本なんてまともに読んだことなかったので、みんなで書店に行って本選びをしていました。今は学校単位で取り組んでいるんじゃないですか」

特徴的だったのは、なるべく野球以外の本を薦められたことだ。

「みんな自己啓発系の本を選ぶことが多かったですね。あとは稲盛和夫《いなもりかずお》さんなどのビジネス関係の本とか。基本的には野球以外の本が中心。成功された方の考え方、マインドみたいな本をたくさん読んだ記憶があります。成功する人は目標のために何をやるかが明確で、覚悟を持って取り組んでいる。やることも突き抜けています。それこそ仙台育英の須江監督にも、そういった印象を受けます。スポーツの監督も経営者も同じではないでしょうか」

夏井は自分たちで練習メニューを考える際、「会社の会議みたいな感じ」で決めていったと語っていた。それは読書を通じて組織論を学んでいたことと無関係ではあるまい。ただ、不思議なのは、選手の多くが自己啓発書やビジネス書を選んでいた点だ。野球以外の本ならば、小説や一般ノンフィクションという選択肢だってあったはずである。

「どうしてでしょうね……監督に仕向けられていたんですかね？　そういう本を選ぶことに違和感はなかったので」

自己啓発書やビジネス書に大いに学んだ佐々木の影響を、知らず知らずのうちに選手たちも受けていたということだろうか。夏井は、以降、現在に至るまで読書の習慣が続いているという。ちなみに今やメジャーリーガーとなった菊池雄星も、高校時代から読書好きで知られている。あの大谷翔平がアメリカに持参して読んでいると伝えられた中村天風の自己啓発書や稲盛和夫の『生き方』は、佐々木の愛読書だ。

佐々木が花巻東を復活に導いた2000年代前半は、ビジネス書ブームの時代でもあった。1990年代初頭にバブルが崩壊し、日本社会が生きる新たな指針を求めていたことが背景の一つといわれている。佐々木が自己啓発書やビジネス書を読みあさったのは、それとは直接的な関係はないだろうが、選手の夢破れ、人生の指針を失っていた時期に学びを求めた、その状況は似ているといえば似ている。少々強引だが、佐々木が「読書」を選手やチームの成長に利用したことは、ある意味、時代にマッチしていたと言えなくもない。

自己啓発論やビジネス論とスポーツは相性がいい。自分自身の意識を高め、スキルアップや心の成長を促す自己啓発は選手としての成長にも作用しやすい。ビジネスにおける組織論などは、チームスポーツの組織運営や強化の参考になるだろう。アスリートのメンタルコントロールやスポーツチームの監督のマネジメント論が、ビジネスパーソンに「ウケ」が良いのは、それを逆説的に証明している。ちなみに夏井は、佐々木の印象深い指導として、勉強にも熱心だった点を挙げている。

「監督が勉強の仕方も教えてくれたんです。要は野球といっしょで目標設定をすればいい。すると目標達成のためにやるべきことがわかってくる。勉強は苦手なタイプでしたが、それからは楽しくなりました」

現在の野球界はデータや動作・投球解析などテクノロジーを駆使して成長を図ることが普及しつ

つある。野球においてインテリジェンスの重要度は確実に上がっている。２０２１（令和３）年には花巻東の野球部ＯＢから初の東大合格者が出た。こうした点でも佐々木は他の「私学強豪」と一線を画す志向を早くから模索していたことがうかがえる。

具現化していく「岩手から日本一」

復活の甲子園出場を果たした花巻東。ただ、「岩手から日本一」を掲げてはいたが、選手たちの意識は、まだ本気でそこまで到達していたわけではなかった。夏井が当時を振り返る。

「正直なところ、口では日本一と言うけど疑いというか、本当にできるのかな、という気持ちはありました。ただ、当時の盛岡大付、専大北上、一関学院は県外の選手が多かったので、それに対して、『地元選手だけで頑張る』というスタイルへのプライドはありましたけどね」

佐々木の抱いていた「岩手から日本一」の本気度が、真の意味で選手に伝わったのはいつか。それは初の甲子園出場から４年後、あの菊池雄星の代だったといえよう。夏井たちと彼らの違いはどこにあったのだろうか。

「中学時代は甲子園で優勝するイメージはありませんでした。花巻東に入学した１年生のときも。意識したのは自分たちの代の新チームが始まったとき。雄星というピッチャーがいたことで、『できるぞ』と根拠のない自信があった気がします」

そう話すのは菊池雄星とバッテリーを組み、センバツ準優勝、夏ベスト４を果たした捕手・千葉祐輔である。千葉によれば、藤原や夏井の時代から続く目標設定や読書などに加え、入部直後にメディカルチェックを行って自身のフィジカルの状態、成長具合を確認する取り組みも始まっていた。千葉の入学は2007（平成19）年。佐々木の指導は短期間でさらに進化していた。

「読書は野球部の取り組みというよりも、学校全体で読書の時間が設けられていました。練習メニューは、基本は監督とコーチが考えて、そこにチームとして足りないもの、マスターしていないことなど、練習をしたいメニューを自主的に加える感じ。先輩たちの話を聞くと、学年や年によってやり方は多少違ったりするみたいですね」

千葉たちの代は意識の高い選手が多かった。

「目標設定をしていたこともあり、自分の課題抽出と必要な練習を考えることが自然とできるようになっていました。特に僕らの代は他の学年に比べてできていたと思います。自主的にやる選手が多かった。今、思うと試合に出ていない下級生の頃から意識を高く練習する代だったと思います。監督もそういった姿勢の選手をノセるのがうまいんですよ」

千葉たちは、あえて全ての練習メニューを考えさせる、といった「劇薬」を与えなくても、夏井が表現するところの「充実」を得られる代だったのだろう。なにせ自ら本気で「日本一」を目指せる選手たちである。余談だがこの頃、佐々木は園芸を趣味にするようになった。植物を育てる経験から「個々で異なる選手に成長ペースや状況に合わせた指導や言葉がけ」「すべて自由や自主性に任せるのではなく、ある程度は指導者が導くことの必要性」を学んだとも明かしている。

「今、思うとなんで当たり前のように日本一を目指せたのか不思議ですけどね。でも、やっぱり雄星の存在ですよ。それにつられて僕らもその気になれた。東北勢が弱いという自覚はあったけど、雄星という投手は誰が見ても全国トップクラスでしたから。日本一になれると疑いはなかった」

「無理でしょ」などと、しらける選手はいなかったという。

「それが結果的にセンバツ準優勝や夏の甲子園ベスト4につながったのだと思います。花巻東って夏の大会終了後、新チームが始まる前に何日間か休みがあるんです。でも、僕らのときは寮にみんなで泊まり、休みを返上して練習しようと選手たちで決めました。そんなことをする代は初めてだったみたいです。楽しみだったんでしょうね。自分たちの代で野球をするのが。そもそも雄星以外にも能力の高い選手が多かったし。そうでなければ『日本一を狙う』と言っても、どこかで無理なんじゃないか、と思ってしまうでしょう」

佐々木の就任当初と異なり、花巻東の評判の良さは県内で定着しつつあった。だからこそ菊池を筆頭に能力のある選手たちが多く進学するようになっていた。いくら野球の勝負においてメンタルの占める割合の多い高校生といっても、なんだかんだ選手の能力が低すぎては現代の高校野球は勝ち抜けない。とはいえ千葉も能力だけでは結果を残せなかったと話す。

「一番はまとまりです。チームがまとまって同じ方向を向いて戦うことができた。レギュラー、控え、裏方、全ての人間が。僕らは試合に出られない選手のためにも勝とうと思っていたし、控えや裏方もチームが勝てるように頑張っていた。監督やキャプテンもうまくまとめてくれたと思う。雄星だけが浮くこともなく、彼がミスをしたらしたで指摘できるような状況でしたから」

3人の話をまとめると、花巻東の躍進については、いくつかのポイントが浮かび上がる。たとえば目標設定や読書、自主性重視の練習スタイル……。ただ、それらについては過去にも取り上げられることが多かった。それ以外で興味深かったのは、監督である佐々木への絶対的信頼。「岩手から日本一」という意志を強く持ち、選手に促し続けた佐々木の粘り強さの賜だろう。その尋常ではない一体感の強さについては、意図せず3人が似た話をしていたのが気になった。

「野球部が大きく変わったことに反発した選手もいたんですよ。当時は入学した選手のほとんどが甲子園に行くなんて気持ち、なかったですから。実際に監督交代後、何人か部を辞めていきました。変化後のチーム……『佐々木ワールド』みたいな雰囲気に入り込めなかったというか」(藤原)

「佐々木監督は、厳しいところは厳しかったから、反発する選手もいました。いろんな考えを持つ人間がいますからね。でも、反発しながらも監督が怒る意図を理解すると納得することも多かった。ただ、悪い方に反発する選手は辞めていきましたね」(夏井)

「僕らが日本一を目指して一体になれたのは、その目標に対してしらけたり、無理と言い出すような選手が同期にはいなかったことも大きかった。なんというか、チームに面倒くさいタイプの人間がいなかったんですよ。というか、そういう選手は辞めていく。僕らは監督に絶対的な信頼を置いていて……一種の『佐々木教』ですよね。そんな空気に馴染《なじ》めない選手もいたと思います。社会人になり、少し時間が経ったから客観視できますけど。花巻東でも、他の代は、僕らくらいの感覚までには、なかなかならないのではないでしょうか。僕らほどやり抜いた学年は、たぶんないと思う」(千葉)

時代を問わず、花巻東の野球についていけない、入り込めない選手は辞めていった。それも練習の厳しさ、ハードさについていけないのではなく、チームの空気に馴染めないというニュアンスだったのが印象的だった。その意味で、千葉が表現していた「佐々木教」という言葉は象徴的である。同じ思いを持つ者の強さはチームスポーツにおける代表的なストロングポイントだが、花巻東の場合、それが突出していたのではないか。言い換えれば、そこまでしなければ東北の選手たちの心を変えることが難しかったのではないか。

私が2009年の花巻東の試合を観戦していて強く感じたのは、選手たちの「劇場性」だった。多くの選手から「岩手の人間だけで甲子園優勝を達成する」という物語、劇の演者であるかのような振る舞いや表情を感じたのである。それはときに危ういほど過剰に。わかりやすい点でいえば、菊池のガッツポーズもその一つだ。派手というよりも、鬼気迫るという表現が似合ったガッツポーズは、実際に自己暗示の意味もあったそうである。後に大会本部から注意を受け、少し地味になったが、そのまま解放させていれば、最終的な結果も違っていたかもしれない……とは考えすぎか。また、夏の甲子園準々決勝で菊池、佐藤涼平が立て続けに一塁への駆け抜け時に野手と交錯して倒れ込んだ姿も、不謹慎を承知で言えば、2人はアスリートというよりも役者のように見えた。痛みに耐える姿が、あまりに痛々しすぎる。

「まるで日本一を目指す『劇団・花巻東』のようだった」と千葉に伝えてみた。

「ああ、言われてみれば、それもなくはないかな。当時はそんなこと考えなかったけど、今はそう見る人がいてもおかしくはないと思います。そんな戦い方が、見ていてあまり好きじゃない人だって、いたかもしれない」

夏の花巻東の敗戦は、菊池の故障もあって、まさに「力尽きた」という表現がぴったりだった。ちなみに花巻東のシートノックは、内容や進行のユニークさで知られている。そんな点にも個性を演出し、「自分たちは違う」と自己暗示をかけるような意図を感じなくもない。

「高校時代は疑問を持つことはなかったです。今は普通でもいいんじゃないか、と思いますけどね（笑）」（千葉）

ある民俗学者との対話

「東北人は自分から前に出ようとしない、奥ゆかしい」

「粘り強く真面目だが、何が何でも勝つといったガツガツした気持ちに欠ける」

「東北の選手は謙虚といえば謙虚なのだが、自分に自信を持っていない」

東北勢が甲子園で勝てなかった頃、そんな言葉を盛んに耳にした。東北生まれである私も、そういった評に対して、人それぞれとは思いつつも真っ向から否定もできなかった。野球を抜きにしても、幼い頃から自分たちが使っている方言、訛《なま》りがテレビのバラエティ番組などで田舎者の象徴のように扱われるのも「自分たちはバカにされる田舎者なのだ」と卑屈さや恥ずかしさにつながり、前に出ようとしない姿勢や自信のなさに影響していたような気もする。消極的なマインドの東北のチームに、かつての関東や関西の強豪は、試合前から相手を飲んでかかってくるようだった。端的にいえばナメられていた。

しかしながら、こうした外からの視線や東北人の性質は、いつ頃から定着したのだろうか？よく耳にするのは蝦夷《えぞ》征討、奥州合戦、奥州仕置、戊辰《ぼしん》戦争と、長年、東北地方は中央政府および、それに類する政治権力の抑圧を受けてきた歴史が影響しているという話だ。それも完全なる間違いではなく、精神性の構築に全く影響がないわけではないのだろう。だが、それにしても現代を生きる我々からすると、少し縁遠い感も否めない。

そんなとき、資料となりそうな文献を読んでいると、興味深い民俗学の研究を見つけた。昭和初期の国内観光ブームによって、「懐かしく牧歌的」という東北地方のイメージが日本全国に普及したという論考である。「懐かしく牧歌的」という言葉の耳障りはいい。都市の人間がそれを地方へ求めるのは今の時代も同じだ。実際、当時の「懐かしく牧歌的」という東北地方へのイメージは、「都市にはないもの」を求める旅先として好意的な視線であったという。ただ、「懐かしく牧歌的」とは裏を返せば「田舎」ということでもあり、今風に言えば「上から目線」のようにも感じる。

昭和初期は第一章で述べたように、東北勢の成績がガクンと降下し始める時代である。もちろん、野球の普及と発展における、都市部と地方の情報格差、技術レベルの格差が広がったことが主たる要因であることが前提ではある。だが、それにしても奇妙な一致を感じた。

そこで、論考の主である武蔵野美術大の教授・加藤幸治《かとうこうじ》に話を聞いてみることにした。加藤は1973（昭和48）年、静岡県生まれ。関西の大学や研究機関で言語学や民俗学の研究に勤《いそ》しみ、2009年から東北学院大で10年、教鞭《きょうべん》をとって現職に転じた。今も住まいは仙台。関西と東北、それぞれで暮らし、研究活動を行った経験がある。「懐かしく牧歌的」なイメージの定着を、当時の東北人はどう受け止めていたのか。

「東北の後進地域的なイメージの下地は戦前、昭和初期からありました。昭和初期の東北は政治の失策で寒冷地での農業がうまくいかず飢饉《ききん》が発生し、そこに世界恐慌が重なったんです」

欠食児童や女子の身売りが問題になり、二・二六事件の背景にもなった昭和農業恐慌である。

「さらに昭和三陸津波も発生する。東北はダブルパンチ、トリプルパンチを受けたような状況だったのです。それもあり東北を開発することが日本経済の底上げになると『東北開発論』が盛んになって政策も考えられるようになっていく」

その視線自体が、政府が東北を下に見ているような印象も受ける。

「実際、政府は経済発展の足を引っ張っている地域と見ていたと思います。ともあれ、その『東北開発論』の起爆剤の一つが観光政策なんです。鉄道会社や観光開発会社が盛んに東北の文化をＰＲしました」

その結果、国内観光ブームが起き、東北に「懐かしく牧歌的」というイメージが定着した。

「東北の人々からすると、それは東京目線だとギャップを感じたのではないでしょうか。現実の生活は恐慌で苦しいのに、なぜか東京の人々は自分たちの生活文化を褒める。よく理解できなかったんじゃないですかね。でも観光客はやってくるから、それに合わせて彼らがイメージする東北人を演じなければいけない場合も出てくる。そのギャップで傷つくこともあったでしょう。私は東日本大震災後の現象も調査をしていますが、そこでも似たケースがあります。被災地は復興の新たな段階に入っているのに、東京からの視線はいまだ変に憐《あわ》れみの眼差《まなざ》しを向けているといった例です。東北って東京からの眼差しを肌身で感じてしまう距離感だと思うんです。コンプレックスを抱きやすい、ちょうど良い距離というか。四国や九州だと離れすぎているから、自分の土地の文化に誇りを持ち、大阪などに出ても引け目をあまり感じずに済みそうなのですが」

確かに、距離が遠すぎると、むしろ「田舎で何が悪い」と開き直りがしやすそうではある。ある意味、現在における外国との距離感に近いというか。

「よそから見た東北の美しいイメージと苦しい現実の生活。そのギャップが東北人の複雑なメンタリティを形成して、場合によってはコンプレックスにもつながる……葛藤《かっとう》の中でしかアイデンティティを模索できないというか。単なる田舎者と見てくれた方がラクなのに」

語弊があるかもしれないが、東北人とは「面倒くさい人」のようでもある。と同時に、「面倒くさいタイプの人間がいなかった」という千葉の言葉を思い出した。

「言われてみれば、それは宮沢賢治《みやざわけんじ》の文学や萬鉄五郎《よろずてつごろう》の絵画など、東北の芸術の魅力にも通じる部分がある気がしますね。『煮え切らない私』みたいな」

偶然だが2人とも岩手の作家である。縁《ゆかり》の施設はともに花巻にある。こじつけかもしれないが、その複雑さはアイデンティティを確立させにくいことにつながりそうである。あまり前に出ない性質や自信のつけにくさにも。

「実際、私の東北学院大時代のゼミでも、東北出身の学生はあまり自分から前に出てこない傾向はありました。挙手をして質問をしたりすることはまずない。でも訊《き》きたいことはみんな持っていて、ゼミ修了後に質問に来たり。埋没している状態がニュートラルと捉《とら》えるというか……。被災地の調査をしていても、出る杭《くい》は打たれるどころか抜いて捨てられるくらいにでも感じているのではないか、という印象です」

加藤は民俗学のフィールドワークを行っていても、関西と東北の違いを感じるという。

「表現が難しいのですが、東北には他者認識の欠如を感じます。関西の集落でフィールドワーク、聞き取りをしていると必ずキーとなる話者がいるんです。区長とかの役職ではなく、共同体の全体を俯瞰《ふかん》して説明できる人。共同体の構成員もその人を認識しているからアプローチもしやすい。ところが、東北にはそういった人物がいない」

「見えにくい」ではなく「いない」。

「それだけ人間と生業《なりわい》が多様ともいえるのですが。農村でも自分の暮らしに比べて共同体への眼差しが乏しい。自分の家のことは説明できるけど、隣の家のことは説明できない例が目立つ。ムラの中には古くから続く大きな家もあったりするのですが、その家についてムラの人々は何もわからないといったこともある」

私も東北での取材で似た経験をすることはある。自分の近しい周囲以外にあまり関心がないというか、自分事の比重が高い。それは近代以降の傾向なのだろうか。

「感覚的には近代以降ですかね。近代の東北は戊辰戦争から始まって昭和農業恐慌まで非常に浮き沈みの激しいエリアで、大きな経済的打撃を受けることも多かった。自身の生活を成り立たせることが困難だから他者へも目を向ける余裕があまりなかったのかもしれません。また、それ故に稼げる都会へ出ていく人も多く、地方であっても人の出入りが激しい。三陸の沿岸部などは津波で多くの人が一度に亡くなることを繰り返してきたからか、外から働き手として入ってくる若い人を共同体に迎え入れるシステムが昔からムラの制度として確立していたりする。見込みのある若者の親代わりになったり、身寄りのない家族と親戚のような付き合いをしたり、そんな制度が組み込まれているんです。実は東北って『よそ者』にあまり排他的ではないのでは、と感じます」

　関西からの野球留学生が東北の高校にうまくハマったこととも関係ありそうな話だ。ただ、自分事重視で共同体への関心が薄く、人の出入りが激しいとなると、共同体の文化への誇り、あるいは強い共同体のようなものが形成されにくい印象も受ける。

「だからこそ打たれることを恐れない出る杭のような、声の大きい人に引っ張られやすい社会ともいえる。実際、何かのきっかけで結集できるものがあると一気に盛り上がったりもするんです。獅《し》子《し》舞《まい》など集落の芸能はいい例でしょう。ただ、終わるとサーッとまたバラバラの状態に戻る。それに比べると関西の共同体って、歴史的背景も反映されて、わりと日常からカッチリとした地域コミュニティとその運営システムが形成されているんですよ。もちろん、これらの話がそのまま現代の東北の社会もそうだと言い切るのは短絡的ではあります。あくまで歴史をたどっていくと……という話。ただ、東北が個人や共同体としてのアイデンティティや誇りを確立させにくい地域と考えると、何かしらのコミュニティ……たとえば『学校』なんて、それをしやすい存在なのかも……それはあるかもしれませんね」

「大きな夢」の必要性

神奈川県横浜市瀬谷《せや》区。指導者としての佐々木の原点、大学時代から約4年間、コーチを務めた横浜隼人の野球部グラウンドは、新幹線が走る線路のすぐ側にある。

「将来、指導者になりたいという思いでギラギラしていましたね」

水谷がコーチ就任当初の佐々木の印象を回想する。2人は国士舘大の先輩・後輩の間柄だった。

「あとは勉強家。大学のトレーナーの講習会に足を運ぶなど、一生懸命、いろいろなことを学んでいました。だから、ウチでもウエイトトレーニングは任せましたし、選手のコンディショニングも彼の提案で病院に協力してもらい、より細かく管理するようになりました。本当に貪欲《どんよく》な男です」

1991（平成3）年に横浜隼人の監督となった水谷と佐々木の縁は、佐々木の高校時代に遡《さかのぼ》る。

「当時、私の恩師の1人が岩手の黒沢尻北、佐々木の母校の指導に携わっていました。その関係で横浜隼人も岩手遠征を始めたんです」

黒沢尻北には佐々木の兄も通っていたこともあり、水谷と佐々木家に縁が生じる。また、当時の佐々木は、甲子園でも勝利を挙げていた同じ岩手の一関商工（現・一関学院）の監督、沼田尚志《ぬまたしょうし》にも憧れていた。水谷も沼田も国士舘大のOB。佐々木は2人を追うように国士舘大に進学した。横浜隼人が指導者修業の場となったのも、そんな縁がきっかけである。余談だが、沼田は今、佐々木の要請に応《こた》える形で、花巻東の女子硬式野球部の監督を務めている。

花巻東の野球を見ていると、その背景には横浜隼人の影響を感じる点が多い。徹底したカバーリングやバックアップ。さらにはマナーや大人のような振る舞い……。

横浜隼人は野球のプレー以外の部分でも高く評価されている。「隼人園芸」の愛称もある、トレーニングを兼ねた極端に腰を落とすグラウンド整備を筆頭に、保土ケ谷《ほどがや》球場でのキビキビとした大会係員の仕事ぶりも有名だ。今や多くの高校が行っている「四球の際はバットをそっと地面に置く」「相手捕手のマスクを拾って手渡す」「相手選手にデッドボールを当てたらコールドスプレーを持ってかけつける」といったマナーとフェアプレー精神に満ちた行動は、水谷が30年以上前から行っていることである。こうした取り組みの起点になったのは「元気・全力疾走・バックアップ」の徹底。始めた理由は「勝ちたいから」である。

「他の強豪校と同じことをしていては、やっぱり神奈川では勝てないんですよ。横浜や東海大相模と同じように能力の高い選手をスカウトして……とはなかなか。だから組織力を重視するとか、隼人だけの色、唯一無二の野球を求め始めたんです」

若い高校野球ファンは信じられないかもしれないが、１９９０年代頃までの高校野球は、今よりもずっとガラが悪いチームが多かった。相手のマスクを拾う、相手にコールドスプレーを持っていくような習慣もなかった。それが普通だった。だから、水谷の横浜隼人は他とは違うチームという印象を与えた。まるで、花巻東が夏井に与えた印象のように。

「今では全国で普通になったこともありますもんね。商標登録をしておけばよかった（笑）。始めたのは就任間もない頃で、チームの実力もまだまだ。でも、『そういった点が勉強になるから』と有名校とも練習試合をしていただけたんですよ」

今はコンプライアンスが重視される現代、日本においては、その言葉にモラルやマナーの遵守という ニュアンスも多分に含まれている。かつては許されていた振る舞いや行動の中には、現代の基準ではアウトになるケースも増えた。「勝つため」に始めた水谷の取り組みは、結果的に時代を先取りしていた側面がある。こうした取り組みを、佐々木はコーチとして日々、目にしていた。水谷は「僕が教えたのは遠征時の弁当と洗濯、ウチに遠征に来たチームの宿泊用の布団、以上3つの手配くらい（笑）。佐々木が勉強になったというならば、それは彼自身の感性が優れているからですよ」と謙遜《けんそん》するが、そんな水谷の振る舞いすら佐々木にとっては学びであっただろう。夏井は自身の監督就任にあたり、佐々木から「こだわりを持ったチームにしなさい。トヨタ自動車東日本にしかないこだわり、他にないものをつくったらいいんじゃないか」という言葉をもらったという。

水谷は「唯一無二の取り組み」のために、野球以外の世界、一般企業のセミナーなどにも足を運んで積極的に学んでいた。

「学校の先生って、外の世界をあまり知る機会がない。そういう点では閉鎖的な環境なんです。だから自分から出ていかないとわからないことも多い。野球や学校のことだけで学ぼうとするには限界がありますから。野球でメシを食っていける選手なんてほとんどいない。選手が卒業後、社会に出たらどうあるべきかをスポーツを通じて教えることは、ずっとやってきたことですしね」

「なるべく野球以外の本」を薦めた佐々木の読書指導が頭をよぎる。佐々木は夏井たちの代、秋の初戦で破れた後に、恩師ともいえる人物から「野球のことばかりを考えているからダメなんだ」

「経営からいろいろ学んだほうがいい」（いずれも『道ひらく、海わたる　大谷翔平の素顔』より）と指摘されたという。夏井によれば「お前が選手の成長をジャマしている」と佐々木がある人物からアドバイスを受けたのも、この時期だ。この「人物」は水谷ではなかったのか、と本人に尋ねると「どうでしょうね。そうかもしれないし、そうじゃないかもしれない」とはぐらかされた。『道ひらく、海わたる　大谷翔平の素顔』でも、「恩師ともいえる人物」が誰かは明言されておらず、その理由も明記されていない。

「ただ、佐々木は神奈川でコーチをしてよかった、と言ってくれています。スカウティングなども含めた、甲子園に出るため、甲子園で勝つために必要なことを、たくさん学んだのでしょう」

ならば一つ、不思議なことがある。横浜や東海大相模を見たならば、岩手で指導するにしても、「岩手から日本一」ではなく、全国から選手を集める方法をとってもよいのではないか。

「何言っているんですか！（笑）。寮がないウチはオール神奈川。自宅から通える選手だけでやっているんですよ。高校野球は〝ふるさと〟を強く意識させます。『おらがムラのチーム』が甲子園に行くから面白い。そういったチームだから地元からも応援されるんです」

そうであった。盲点であった。「岩手からの日本一」は、佐々木の郷土愛が第一にあるのだろうが、水谷のチームづくりもまたそうだったのだ。

「まあ、でも佐々木は隼人だけではなく、いろいろなチームに学んだと思いますよ。ウチにはたくさんのチームが訪れましたし、我々も2人で数え切れないほど遠征に行きました。それら全てを吸収しているのだと思います」

高校球界における水谷の顔の広さは有名だ。様々なチームを結びつけ、遠征試合をセッティングすることから「水谷トラベル」という異名もあるほどである。

「雄星や大谷の育成だってそう。コーチにしてもトレーナーにしてもドクターにしても、彼はプロフェッショナルな人間に教わりながら育てていったのだと思います。自分ができないことは、人の力を借りる。それは僕らも同じですけどね」

まるで東北福祉大を育てた監督、伊藤義博のようなアプローチ。実は水谷も東北福祉大とは少なからぬ縁がある。伊藤が芝浦工大時代に世話になった指導者に国士舘大OBがいた関係で、東北福祉大と国士舘大の野球部はつながりが濃かった。浜名千広（元・ダイエーほか）ら国士舘出身の選手が東北福祉大に進学していたのはその縁が背景にある。横浜隼人への赴任以前、国士舘でコーチをしていた水谷は、伊藤が東京に来ると運転手を務めることもあったという。

「伊藤さんはよく『フクシ（福祉）とコクシ（国士）は紙一重や』なんて言っていましたね（笑）」

水谷は次男を花巻東に預けたことは有名だが、長男は聖望学園（埼玉）、岡本幹成のもとに預けている。その事実だけでも、水谷と東北福祉大のつながりの濃さを察することができるだろう。ちなみに佐々木《ささき》朗希《ろうき》（現・千葉ロッテ）は、大船渡《おおふなと》（岩手）時代、外部のトレーナーやスポーツドクターの厚いバックアップがあったことで知られる。当時、監督を務めていた國保《こくぼ》陽平《ようへい》は菊池や大谷を指導した佐々木にもアドバイスをもらったという。國保が大船渡に赴任する以前に指導していたのは、花巻東と同じ市内にある花巻農であった。

佐々木の指導の原点は横浜隼人にある。それは間違いないだろう。そのうえで花巻東の監督として指導を続けるなか、自らのオリジナリティを加えて試行錯誤し、チームを強化していったのではないだろうか。藤原が「佐々木ワールド」、千葉が「佐々木教」という言葉で表現した花巻東の野球は、佐々木が花巻東だけの強烈な「唯一無二」を求め、選手に本気で日本一を目指すマインドを植え付けようとした裏返しのようにも感じる。ちなみに横浜隼人は甲子園初出場時、花巻東と2回戦で対戦して敗れている。横浜隼人の甲子園出場歴は現在のところこの一度きり。野球の神様は本当にいると思ってしまいそうな奇縁である。

では、「心を変える」アプローチを、佐々木は何をポイントに行ったのだろうか。「岩手から日本一を目指す花巻東」と「横浜、東海大相模らを倒して甲子園出場を目指す横浜隼人」の立ち位置は似ている。たとえば水谷は、選手たちに横浜や東海大相模を本気で倒そうとするメンタルを、どのように植え付けているのかを訊ねてみた。

「僕はとにかくやらせるタイプなんですよ。選手がやってよかったと思えるように、とにかくやっていきましょうと言い続ける。『ウチの学校に来てよかった』と、将来、そう思えるように、今、真剣に、一生懸命やるのがベストだと」

その点については、自身と佐々木の違いを感じるという。

「佐々木は僕よりも、もう少し先を見させるというか、『将来、こうなりたいなら、こうやっていきましょうよ』と選手を促す感じ、かなあ」

違いの背景を、水谷は東北の歴史にあるのではないかと推察している。

「失礼ながら、歴史的に東北は大変な思いをする時期が長かったじゃないですか。昔々の飢饉や戦争、災害。東北の人々は何かと痛めつけられてきた。だから、毎日毎日を生きていくことだけに必死。だからこそ、子どもたちには先に目を向けさせて、夢を見させなければならない。『君たちだって、あんなふうになれる』。佐々木は、そんな気持ちを植え付けることが大事だと気づいたんじゃないですか」

図らずも、民俗学者・加藤の話と、高校野球の指導者・水谷の見解がリンクした。それを抜きにしても、長い間、東北の野球は弱かった。甲子園でも勝てず、プロ球団もない。周囲にプロ野球経験者も多くはない。夢を見ようにも、見ることすらできない。あるいは、日々の生活の厳しさに、知らず知らずのうち、夢はあくまで夢でしかないと諦《あきら》めざるを得なくなる……。

そんな状況や精神を覆すには、夢、それもとびきり大きな夢を本気で見させ、目標設定により本気で夢の実現を目指させることが必要――佐々木はそんなふうに考えたのだろうか。菊池や大谷も、そんな環境だからこそ、もとある才能を伸ばし、大きく羽ばたいていけたのだろうか。

ぜひ、佐々木にも話を聞きたいと取材を申し込んだ。しかし、返ってきたのは「同様のテーマの取材は全て断っているため公平性の観点から取材は辞退する」という回答だった。菊池に大谷。佐々木には様々な人物から様々な取材や申し出があることは想像に難くない。なかには本人の意に反する取材や、不躾《ぶしつけ》なメディアに嫌な思いをさせられたこともあっただろう。それでも、取材をできなかったことは、私の書き手としての総合的な力不足である。いつの日か、佐々木と「夢の見せ方」をはじめとする、指導の真意について話をしてみたいと思っている。

第九章

仙台育英と須江航

埼玉から宮城へ

2022（令和4）年8月22日、ついに東北の高校が甲子園の優勝旗を手にした。偉業を成し遂げたのは宮城県代表・仙台育英。

昭和の時代から東北の高校球界をリードし、春夏通算3度の準優勝という無念を経験した同校は、初の「白河の関越え」を果たすにふさわしい、多くの野球ファンが納得するチームであった。

優勝への重き扉をこじ開けた監督は、就任5年目となる須江航。その偉業を、彼は「僕はたまたま、そこにいただけ。たくさんの方々の積み重ねで東北勢が強くなり、ボロボロになった優勝への扉を〝ちょん〟と押しただけですよ」と表現する。それは心情の話だけではない。初優勝までに要した東北勢の春夏甲子園における準優勝は12回。須江の野球や指導には、そんな東北高校野球史の反映を感じることがある。そもそも須江自身、仙台育英の野球部員時代に悲願達成の扉を開けかけたのだ。埼玉出身の須江が東北に足を踏み入れて24年。その歩みを振り返ると、甲子園初優勝が、さらに感慨深くなる。

「ほとんど、この2校だな」

1998年（平成10）年、埼玉県中央部にある比企《ひき》郡鳩山《はとやま》町。中学3年生だった須江は、高校野球雑誌を眺めていた。

「中学の同期でエースだった親友が、栃木の宇都宮学園（現・文星芸大付）に進学して甲子園を目指すと話すのを聞いて、自分も県外の強豪校で高校野球をしてみたくなったんです」

つまりは進路先の候補を探していたわけである。そこで目にとまったのが宮城県。ある時期から、甲子園出場校がほぼ2校に限られていた。仙台育英と東北高である。そんな話を家族にすると、どちらの高校にも、子どもが野球で進学したという母の知り合いが見つかった。

須江が本格的に野球を始めたのは小学2年生。6年生になると主将を務めた。鳩山町立鳩山中の軟式野球部では1番ショートで主将。県大会には手が届かなかったが、地元ではそれなりに名を知られた選手だった。

現在の仙台育英は、適切に指導できる部員数として1学年30人前後で活動している。ただ、当時は違った。スカウトをされない選手であっても、一般入試を突破して通学できる住居を確保し、素行などに問題がなければ入部可能だった。須江が母の縁を通じて仙台育英に問い合わせると、正規の野球部寮は無理だが、一般生用の寮は入れるという。須江は仙台育英の受験を即決。直近の甲子園出場歴は仙台育英の方が上回っていること、設備が充実していると耳にしたのも決め手だった。

こうして須江は入試を突破して1999（平成11）年4月、仙台育英野球部の一員となった。

だが、そこで待っていたのは絶望だった。

「場違いなところに来てしまった、と思いましたよ」

練習参加初日、グラウンドで目にした光景は、自分より圧倒的に実力が上の先輩や同級生がプレーをしている姿だった。どんなに努力をしても勝てないと一瞬でわかったという。とはいえ、早々と退部するわけにもいかない。自分なりに熱い思いを持って親元を離れ、進学してきたのだ。実力は劣るかもしれないが、野球が好きという気持ちだけは負けない。須江は練習のサポートなどBチームの役目に黙々と取り組み、ときには大きな声を出してチームを鼓舞し、空いた時間に自主練習をしながら、来るかどうかもわからないAチーム昇格のチャンスを待った。しかし、努力むなしく、選手としては評価されないまま時間だけが過ぎていった。

一方で、元気と主将経験者らしいリーダーシップがあったことから、秋になる頃からBチームのまとめ役を担うようになっていた。それもあって、2年生に進級するタイミングでGM（グラウンド・マネジャー）と呼ばれる学生コーチ就任を打診される。監督の代わりに練習や選手を管理するのがGMの役割。責務は重いが、就任は選手引退を意味する。須江は最初、受諾を拒んだ。

「選手の道を諦《あきら》めたくなかったのです。正直なところ、埼玉からわざわざ進学したのに、競争から逃げたと思われるのがカッコ悪いという気持ちもありました」

それでも、先輩の説得や「自分に残された道はこれしかない」という思いもあり、最終的には引き受けた。そして、その仕事に没頭した。須江が「毎日、何かに怒っていた」と回想するほど、少しでもチームや選手の気の緩みが見えたら、すぐに厳しく注意した。当然、選手には煙たがられる。それでも妥協はしなかった。今は選手や状況によって、言葉や接し方を変えてモチベーションを高めてあげればよかったと感じている。ただ、未熟だったという当時は、「厳しさがチームのためになる」が、自分なりに考えて出した結論。甲子園を目指して埼玉から宮城にやってきた情熱。良くも悪くも、その全てをGMの仕事にぶつけたのだろう。

「須江は優しいヤツでしたね。ただ、GMになるまではツラそうだった。必死に練習をしていたからこそ、Aチームに入れないグチを言うこともあったし。当時からは今の姿を想像できない」

岡山学芸館（岡山）の監督を務める佐藤貴博《さとうたかひろ》は、仙台育英で3年間、須江と同じクラスだった。練習後はよくいっしょに帰るなど仲も良かった。ただ、須江と違い、貴博はAチームに入る実力の持ち主。クラスメイトではあったが、野球部での立場は天と地ほどの差があった。

「今みたいにデータを使いこなすようなイメージもない。大雑把なところもあったしね。ただ、物事に対するこだわりというか執着心はすごかった。何かあったら『悩む』のではなく『考える』タイプというか」

そもそも雑誌で読んだ知らない土地にある、縁もゆかりもない野球強豪校に、自らの意思と行動力で進学した男である。執着心の強さは生まれながらなのだろう。仙台育英で須江と同期であり、エースを務めた仙台東（宮城）の監督、芳賀崇《はがたかし》は、須江の「強さ」が印象に残っていると話す。

「負けず嫌いはチームでもピカイチ。足が速くて根性があって。1年生のトレーニングで長距離を走るときは、いつも歯を食いしばって1位を争っていた。野球の実力は正直……という感じだけど、自分の意見は人前で堂々と言える。そんな内面の強さと根性があった。だから、GMとして須江が強い言葉で注意したとき、内容にカチンと来ることはあっても、『あいつ、野球ヘタなくせに』という感情は、少なくとも同期の中にはなかったと思いますね」

貴博と芳賀以外にも、須江の同期は能力の高いメンバーが集まっていた。一方で各人の個性も強く、ふだんは決してまとまりが良い代ではない。GMとして須江が怒りまくった一因だろう。ただ、試合では勝利に向かって自然と一丸になれた。須江たちの新チームがスタートすると、さしたる問題もなく秋の県大会を勝ち進む。センバツ出場は堅いように見えた。だが、県内の宿命のライバル・東北高もまた、この年の戦力は充実していた。エースは1年生ながら既に140キロを突破していた左腕・高井《たかい》雄平《ゆうへい》（元・ヤクルト）。県大会の結果は仙台育英が決勝で東北高を降して優勝。しかし、東北大会では逆に決勝で東北高が仙台育英を破って優勝した。

東北地区からのセンバツ出場枠は2校。通常ならば決勝進出の2校が選出される。だが、2校が同県となると、地域性が加味され準優勝校が選から漏れるのが一般的だった。よって、大会後の仙台育英には、センバツ出場は難しいと諦めムードが漂っていた。しかし、この年、2001（平成13）年のセンバツから、現在も続く21世紀枠の採用が決定。さらに、傾向として実力が拮抗《きっこう》していれば、昔ほど地域性が問われなくなり始めていた。結果、東北から21世紀枠で安積（福島）が選出されたこともあってか、一般枠では東北高と仙台育英の2校の出場が決定。宮城の両雄が甲子園にそろい踏みするのは史上初。須江はGMという立場ではあったが、甲子園出場をつかんだ。

センバツでは、高井の存在もあって東北高が優勝候補の一角に挙げられていた。一方、仙台育英は、芳賀が出場校のエースの中で秋の防御率がナンバーワンという点が取り上げられる程度。優勝戦線に絡む存在という見方はなかった。しかし、そのチームが快進撃を遂げる。初戦となった2回戦の海星（長崎）戦はサヨナラ勝利。勢いに乗ると3回戦・藤代（茨城）、準々決勝・市川（現・青洲／山梨）、準決勝・宜野座《ぎのざ》（沖縄）と次々と破り、決勝にコマを進めたのだ。

「逆のヤマに優勝候補が固まったんですよね。高井の東北高と野間口《のまぐち》（貴彦《たかひこ》／元・巨人）の関西創価が初戦で当たったり」とクジ運の良さを語るのは芳賀だ。確かに2校以外にも優勝候補に挙げられていた常総学院（茨城）、日大三（東京）、鳥羽《とば》（京都）、尽誠学園（香川）、東福岡（福岡）は、全て仙台育英とは逆のヤマ。ただ、運だけで勝ち上がれるほど甲子園は甘くない。仙台育英には大会前にセンバツの結果の布石になるターニングポイントがあった。

「大会直前の九州遠征で宮崎日大（宮崎）に手も足も出ずボコボコにされたんです。芳賀も十何点取られて。こんなに強いチームが甲子園に出られないんだ、と驚きました」（須江）

宮崎日大は約2ヶ月後の春季九州大会で優勝するなど上り調子。伸び盛りの2年生には後にプロ入りする藤岡好明《ふじおかよしあき》（元・ソフトバンクほか）と下園辰哉《しもぞのたつや》（元・DeNA）がいた。

「芳賀の調子が上がらないのは不安でしたね。『これはミスが許されない。オレらが打たないとヤバいな』と感じていました。秋まではどこか『芳賀が抑えてくれる』って気持ちがあったんです。野手陣は不安が気を引き締めることにつながり、逆に良かったのかもしれません」（貴博）

「防御率ナンバーワンとか言われて私が調子に乗っていたのを、監督はわかっていたのだと思います。それで直前の試合で鼻っ柱を折っていただいた」（芳賀）

指揮をとる監督の佐々木順一朗も、この試合のことはよく覚えていた。

「初戦にピークを合わせたいという意図もあり、宮崎日大との試合は、芳賀に真っすぐの緩急だけで抑えてみろ、と指示しました。絶対に打たれるから、と言って。ウチがセンバツで勝つには芳賀次第だと思っていましたので。本番で威力を発揮したパームボールもあったんですけどね」

メッタ打ちにあった芳賀は、自分を見つめ直した。芳賀は高井と同じサウスポーだが、スピードでは及ばない。130キロ後半の真っすぐにスライダーやパームボールを交えて打ち取る投球が真骨頂。2年夏に甲子園で登板した経験もある。本来の投球を思い出せば、そうは崩れない。

「この敗戦で、自分たちは負けて甲子園に行くような実力のないチームなんだから、泥臭く謙虚にやろうぜ、というスイッチがチームに入った。やっぱり甲子園出場となれば浮つくじゃないですか。それがなくなったのは、間違いなくこの試合です」（須江）

過信や油断がなくなれば、優勝候補の東北高に県大会では勝っているチーム。佐々木が「投げ続けられる心身のスタミナも長所」と評価する芳賀の投球も冴《さ》えた。決勝進出は、ある種の「無欲」が支えたものだった。東北勢の悲願成就まで1勝。だが、決勝前日、その「無欲」に変化が起こる。

「決勝戦の前日取材で空気が変わったんです。コロナ前までは決勝戦前に宿舎で取材が行われていました。自分たちは東北大会準優勝だし、そんなに期待もされていないしとスルスル勝ち進んでいたのが、『いよいよ優勝旗が白河の関を越える可能性が出てきましたがどうですか？』なんて質問をされていくうちに、みんな、どんどん緊張していった」（須江）

もちろん、監督の佐々木もその変化に気づいていた。

「前日取材もそうだし、当日の甲子園練習もそう。決勝戦は甲子園のグラウンドでも試合前練習ができたんです。準決勝までは室内練習場で行うのですが、決勝は好きな方を選べる。僕は当日のバスの中でも前日取材と同じ嫌な空気を感じたので、これまで通り室内でいいと思っていました。でも、選手はやっぱり甲子園で練習をしたいじゃないですか。その気持ちも尊重したいから、結局、外でやることにしましたが、どんどん浮き足立っていくのがわかりましたね」

もちろん、佐々木も対処はした。だが、佐々木自身も甲子園の決勝戦は初めて。言葉をかけてもうまくチームの雰囲気が変わらない。

「思い返せば、僕自身が本気で決勝戦を戦う準備をしていなかった。チームのピークを決勝には合わせていなかったのです。初戦をどう突破するかが第一で、そんな準備ができるチーム状況でもありませんでしたし」

決勝戦の相手は常総学院。監督は「木内《きうち》マジック」で知られる名将、木内幸男《ゆきお》である。

「常総と関西創価の準決勝を、待機中にテレビで見ていたんですけど、野間口のボールを見て『これ、マジで打てないよ』ってみんなで話していました。そしたら関西創価が負けて決勝の相手が常総学院になった。『これ行けるな』と変な欲が出てきちゃったんですよね」（貴博）

百戦錬磨の木内がそんなチーム状態を把握していたかはわからないが、適切な手を打ってきたのは確かだった。プレイボールの瞬間から仙台育英を揺さぶりに揺さぶってきたのである。

第一の標的は決勝進出の立役者、好投を続けていた芳賀だった。

先攻・常総学院、後攻・仙台育英。1回表のマウンドに立った芳賀は、不思議と穏やかな気分だった。

「試合前練習で甲子園に入ったらまだ貸し切り状態。すごくキレイで静かで、心地良くなったんです。マウンドに立っても、今日もいい天気で試合が始まるな、と気分よく、深く考えず、なんとなくピュッとボールを投げたら甘いコースに行ってしまい、いきなり打たれました」

常総学院の1番・稲石浩之の打球が二遊間へ飛ぶ。ショート・金澤正行がこれをはじいてエラー。ボールはセンター前に転がっていった。芳賀は落ち着いているというより気が抜けたような状態だった。「もう少し、慎重に入っていけば」と今は後悔している。記録員としてベンチに入っていた須江は、「やっぱり、みんなテンパっているな」と感じていた。

木内はそのスキを見逃さない。続く2番・出頭大祐は浮き足だった芳賀と仙台育英に落ち着く暇を与えず、左打席から一塁側にドラッグバントを敢行する。

「芳賀は牽制《けんせい》やバント処理がすごく上手。左投手だから処理がワンテンポ遅れるはず、と相手が三塁側へバントをしてもミスはほぼない。ところが出頭は、構えから三塁側へ送りバントしてきそうだったのにドラッグバントで一塁側を狙ってきた。芳賀は面食らって慌てたでしょうね」（貴博）

ドラッグバントの犠打はなんなく決まり、3番・上田祐介が内野安打で続く。常総学院はあっという間に一死一、三塁のチャンスをつくった。すると、4番・小林一也がセーフティ気味のスクイズを決め、あっさりと先制。電光石火の攻撃で、常総学院が完全に主導権を握った。小林が当時の攻めを振り返る。

「先行逃げ切りが木内監督のプラン。4番の僕がスクイズした理由もそれです。芳賀君はフィールディングが上手でしたから、バントでも投げてから構えたバットの角度を調整して、狙う位置を変えるなど揺さぶりをかけました。それ自体はいつもやっていること。基本的に選手の判断です」
須江は小林の言葉を聞くと「強いですよね。決勝戦なのに自分の判断でできるんだから」とつぶやいた。その後も常総学院のバント攻撃は続く。3回表、5回表もスクイズを決め、5回終了時点で6対2と常総リード。
「バント、バント、バントにスクイズ。またか、またか、という感じで。スクイズの処理はことごとく失敗しました」（芳賀）
「芳賀は力で押すのではなく、計算で抑えていくピッチャー。そこを崩せば勝ち、ということだったんでしょう。春は内野の守備も仕上げ切れていないですし。僕らもカーン、カーンと打たれれば、やっぱり決勝だと開き直れたんでしょうけど、なんかずっとジャブでやられている感じで」（貴博）
須江の目にはみんなフワフワした状態で試合をしているように見えたという。そこで佐々木は、5回終了後のグラウンド整備中、「もういいよ。いいから楽しめ」と声をかけた。貴博は「先生がこんなこと言うの、初めてだな」と感じた。この一言でリラックスできたのか、仙台育英は6回から猛反撃。しかし、時すでに遅し。7対6で常総学院が逃げ切り、優勝を決めた。須江はゲームを振り返り、次のように総括する。
「結局、『どうやって勝つか』というプランニングが選手になかったのが敗因。佐々木先生が何を言っても、僕らには常総の選手のように、具体的にどう勝つかを自分で考える力がなかった。その差でしょうね」

常総学院にいいようにやられたとはいえ、東北勢の甲子園準優勝は12年ぶり。仙台に帰るとチームには熱狂的な賞賛の声が集まった。取材、取材にファンの声援。謙虚が快挙の要因だったチームに少しずつ驕《おご》りが生まれてくる。Aチームの中にはチヤホヤされることでテングになったり、真面目に練習をしなくなったりする選手が出てきた。どんどん緩んでいくチームの規律。Aチームから、自分たちを支えてくれているBチームに対する感謝やねぎらいが欠けていく。

「当時はB戦もなく、BチームはAチームの練習を手伝うだけという時代。チーム状態がそんなでも、結局、試合に出るのはAチームの選手なわけで。Bチームは鬱憤《うっぷん》がたまりますよね」(須江)

その不満はGMの須江に集中した。「お前がAチームをしっかり見ないからだ」と。選手の間に生まれた溝。須江はそれを埋めようと、今まで以上に緩みを注意するなどしたが、うまくいかない。Bチームには練習をボイコットする者も現れた。

「Aチームには『お前らそれでいいのか!』と怒り、Bチームには『ボイコットなんて言っているんじゃやねえ!』と怒り。毎日キレまくっていました」

板挟みのような立場に追い込まれた須江は、やがて3年生の中で孤立していく。食事はいつも1人。状況的に相談できる同期はおらず、胃に穴が開きそうな日々を過ごす。芳賀は、須江が監督室から泣きながら出てきてチームに指示する姿を覚えているという。その芳賀はというと、センバツでの疲労もあって故障してしまい、練習はほぼできず、治療と回復に専念していた。

「だから私は、医者通いで当時のグラウンドの雰囲気はあまりわからないんです。とにかく夏へ向け、コンディションを万全にすることに精一杯で」

それはそれでエースの仕事として正しい。ただ、Bチームの中には本人の意図と関係なく、そんな姿勢に距離を感じる人間もいたかもしれない。一方で芳賀が「その状況はBチームの選手にとって、Aチーム入りを奪うチャンスでもあったと思うんですよ。だけど、全員が必死になっているようにも感じなかった」と話すように、メンバーにも言い分はあったのだろう。どちらにも理が全くないわけでもない。それがかみ合わないから「溝」なのだ。

監督の佐々木は、その状況を静観していた。

「佐々木先生は基本的に選手同士の問題には口を出しません。まず選手間で解決を試みるべき、というスタンスですから」（貴博）

佐々木の指導哲学は自由と自主性を重んじること。子ども同士の諍《いさか》いは、よっぽどマズい状況にならない限りは見守る姿勢を崩さない。ただ一つ付け加えるのであれば、選手間の溝は保護者にも伝播《でんぱ》しており、佐々木はその対応と事態の収拾に追われていた。

溝が解消されないまま仙台育英は夏の宮城大会を迎える。チームは空中分解しているような状態のままだったが、選手たちの能力は高い。芳賀を筆頭に故障者も戦列復帰。チームは順当に決勝まで勝ち進む。相手はまたもや東北高だった。高井はさらに凄《すご》みを増していたが、延長戦の末、1対0で勝ち、なんとか春夏連続の甲子園を決めた。須江はこれを「奇跡」と表現する。

「あの決勝戦の日だけやる気になったんですよ。これはもう他に形容する言葉がないですね。球場へ向かう前、学校で練習しているときに誰ともなく『ちゃんとやろうぜ』という雰囲気になって、あの日だけ、センバツ以来、失っていた『チームで野球をする』感じがよみがえった」

宮城において仙台育英と東北高の試合は特別な一戦である。しかも、相手投手は高井。それまでの対戦投手とは格が違う。そんな条件に選手たちのプレーヤーとしての本能が刺激されたのだろうか。だが、魔法は甲子園までは続かなかった。

「甲子園に出たことだけで、もう終わったという感じ。春の忘れ物を取りに行こうと言ってはいたけど、その前に、この状況どうなの？　とチームのモチベーションが上がらなかった」（貴博）

初戦の相手はセンバツの準決勝で勝利した宜野座だったが、あっさり敗戦。こうして須江の高校野球は幕を閉じた。

八戸の運転手

宜野座に負けた瞬間、須江は「自分の高校野球は終わっていない。このままでは完結できない」と率直に感じたという。

「これで良かったのか？　もっとできたことがあったのではないか？」

空中分解したチームをどうにもできず、不完全燃焼に終わった高校野球を振り返り、自問自答する。「悩む」より「考える」男なのである。須江はその夏の甲子園で優勝した日大三を見てみたいと思いついた。決勝戦のテレビ中継で観た、チーム一体となって戦っている姿勢がまぶしかったのだ。日大三には何かヒントがあるのではないか。考えが決まれば動く。ツテはなかったが、甲子園での取材を通して面識ができたスポーツライターに相談して、練習見学を申し込んでもらった。当時の監督である小倉全由《おぐらまさよし》は、快く受け入れてくれた。高校進学時もそうだが、10代ながら大人に臆《おく》することなく、直情的に動ける点は、須江の非凡さだろう。そして、東京・町田《まちだ》にある日大三の練習グラウンドに足を踏み入れると、そこには自分が忘れかけていた高校野球の風景があった。

「チーム全員がボールに集中し、キツい練習も充実した表情で取り組んでいる。『やっぱり、これが高校野球だよな』と素直に感じました。その光景を見て、自分も指導者として高校野球に携わりたいと決意が固まったんです」

余談だが、仙台育英における須江の同期は、貴博や芳賀の他にも渡辺智幸が本宮《もとみや》（福島）で監督を務め、米倉亮も古川《ふるかわ》学園（宮城）の監督をしていた時期があった。卒業生が高校野球の監督になるケースが少ないという仙台育英においては異例の世代である。須江だけではなく、彼らもまた不完全燃焼の思いを抱いていたのかもしれない。

将来の道を指導者に定めた須江は、佐々木にその希望を伝えた。そのために大学の野球部で学生コーチやマネジャーをした方がよいかと相談もした。すると、何日か経って佐々木から監督室に呼ばれた。待っていたのは青森県八戸市にある八戸大（現・八戸学院大）の野球部監督、藤木豊（現・東日本国際大監督）だった。

「話は聞いている。八戸大はこれから野球で日本一になるんや！　君の力が必要なんや！」

訳もわからず立っていた須江は、関西弁でまくし立てる藤木の熱意に圧倒された。

「藤木さん、関西人ではないんですけどね（笑）」

当時、八戸大は野球部の強化を始めて2年目。藤木は第二章、第三章でも触れたように、東北高から東北福祉大に進み、社会人ではＮＴＴ東北（現・東北マークス）でプレーした強打者だった。八戸大は光星学院（現・八戸学院光星／青森）と同じ学校法人。光星学院の監督を、藤木の東北福祉大の後輩である金沢成奉（現・明秀日立監督）が務めていた関係で、強化に乗り出した八戸大に監督として招聘《しょうへい》されたのである。

まだ強化が始まって間もないこともあり、藤木は部員のスカウティングに奔走していた。大学野球で日本一になるには、学生コーチやマネジャーなど裏方の力が欠かせない。藤木が東北福祉大で学んだことだった。それで須江の話を聞きつけ、勧誘をすべく仙台育英に足を運んだのである。

「『いっしょに日本一になろう！』『推薦で君を採りたい！』『じゃあ入試はこの日だから、待ってるよ！』と一方的に言われて（笑）。熱い人だなと思いました。選手ではなく学生コーチ希望なのに、こんなにも熱心に迎え入れてくれるんだと驚きましたね。僕は成績もそれほど悪くなかったので、進路は他の大学も視野に入れていたのですが、この人の情熱のもとで大学野球をやりたいと進学を決めたんです」

それにしても、藤木は不思議な縁を持つ男である。東北高では竹田利秋の指導を受け、東北福祉大では伊藤義博の指導を受け、東北社会人球界の雄、ＮＴＴ東北では、みちのくが生んだ名選手たちとプレーをし、八戸大では後に東北勢の甲子園初優勝を成し遂げる須江を指導した。この50年における東北球界のキーマンとことごとく接点を持っている。これほど東北球界の生き証人にふさわしい人間もいない。

ともあれ、須江は仙台からさらに北上。大学でも東北の地で野球に取り組むことが決まった。だが、そこで待っていたのは、高校時代とはまた違った試練であった。

「片鱗《へんりん》は見えなかったなあ」「あんなふうになるとは」「全く想像せんかった」

八戸大の監督だった藤木、光星学院の指導者だった金沢や仲井宗基らに尋ねた、八戸大時代の須江の印象である。それを須江に伝えると、苦笑交じりに「見せたくても、そんな時間がなかったんですよ（笑）」と返された。学生コーチとして日本一を目指し、それを指導者修業とする。そう決意して八戸大に入学した須江だったが、野球部では想像とは異なる仕事が待っていた。

「抱いていたのはノックをしたり、チームの戦略や戦術を監督や選手とともに考えるといったイメージ。だけど、実際の仕事はマネジャーなど監督の秘書的な役割が多かったんです」

当時の八戸大は強化を始めてまだ日が浅く、裏方の人材が不足していたのである。

「マネジャーはけっこう重労働なんです。朝は6時半から交代で寮の電話番。練習が始まれば接客やお客の指導のサポートをしながらリーグ戦の事務処理。飲み物は足りているかな、タオルを持っていった方がいいかな、と全方位に気を配っていました。夜は夜で監督がお客の対応をするので、その運転手をしたり」

「須江の印象といえば、運転手をしとった姿やなあ」とは金沢の回想である。光星学院と八戸大は兄弟チームのような間柄。チームの客は共通していることが多い。須江は藤木だけではなく金沢や仲井の送迎もよく行っていた。

藤木の指導やチーム強化手法は、第三章で述べた東北福祉大の監督・伊藤が見本。自分だけの指導にこだわらず、不得意な分野については、その道のエキスパートを呼んで指導を一任する。また、選手の獲得と就職のため、人脈を増やすべく野球界の重鎮をよく招いていた。その結果、数え切れないほどの野球人が八戸に足を運び、そのたび須江は運転手として彼らを送迎した。客の中には岡田悦哉や光沢毅、鈴木直勝など、東北福祉大の強化に関係した人物も多かった。一時、仙台育英のコーチを務め、後に京都翔英（京都）を監督として初の甲子園に導いた浅井敬由《あさいけいゆ》もよく足を運んでいたという。つまり、当時の八戸大は強化初期の東北福祉大のような状況だった。花咲徳栄の監督・岩井隆の言葉を借りれば、藤木もまた伊藤のチーム強化手法を「パクった」のである。

夜になれば、藤木は客を八戸の歓楽街に連れていき接待をする。ときにはそこに金沢や仲井が加わる。須江は全員を乗せて八戸の郊外にあるキャンパスから市内の中心部に車を走らせる。送り届けたら業務終了ではない。宴の興が乗れば二次会があり、終われば客をホテルまで送っていく役目がある。本州最北端の青森県。寒いなか、車が到着するまで客を外で待たせるわけにはいかない。東北福祉大の流儀でいえば、客には「八戸は楽しい場所だった」と思ってもらわなければならないのだ。つまり、須江のような送迎担当者は、宴が終わるまで店の外で待機するのである。

「当時はスマホもないので、待っている間はやることがないから繁華街で呼び込みをしている黒服のお兄さんやそのお店のお姉さんと雑談をしたり。『また今日も？　お前も大変だなあ』なんて励まされたりしましたね（笑）」

まるで花咲徳栄・岩井の話をそのままコピーしたようなエピソード。仙台育英の同期・芳賀は、高校時代の須江について「すごく気が利く」と話していた。客に失礼な振る舞いをしない須江は、藤木にとって安心して客の対応を任せられる存在だったのだろう。実際、須江も「お客さんには気に入られる方だったと思う」と振り返っている。皮肉にも、須江にとってはその長所が想定外の大学生活につながってしまったわけだが。

「ただ、運転手をすると野球界の優れた指導者や、普通の大学生ではお会いできないような人物と同じ空間をともにすることができるんです。そこで聞くお話は本当に貴重な内容ばかりで、今も役立っていることが多い。それは財産になりましたね」

ちなみに運転手としての最長送迎距離は八戸—東京間。話す時間はたっぷりあった。

マネジャー業務に奔走していた須江だが、3年生になると後輩マネジャーも増え、部の体制が整ってきたこともあり、肩書は学生コーチに変わった。しかし、今度は寮長にも就任。結局、グラウンド外の業務が激減することはなかった。

「当時の八戸大は朝から晩まで練習練習練習……という野球部。仙台のように周囲に遊ぶ場所もないし、選手はけっこうストレスもたまっていたんです」

なかにはレギュラー入りが絶望的な選手も出てくる。高校時代に挫折《ざせつ》経験がある須江は彼らの心情が理解できた。寮長としてチームをまとめるには、高校時代のように一方的に怒るのではなく、ときにはストレスを発散させて、気持ち良く練習や大学生活に臨めるようにすることも必要と感じていた。マネジャー業務を通じて、須江も世間知を身につけ始めていたのである。

「それで、彼らにもたまには羽を伸ばしてもらおうと、合コンの企画なんかもしました。下級生時代、マネジャー業務に奔走したことで顔もだいぶ広くなっていましたから」

大学時代の須江を「けっこう遊んでいた」と評する声もある。それは、須江の表面だけを垣間見《かいま》た人間の印象だろう。

こうした野球部生活だったため、指導者修業らしいことは、ほとんどできないまま卒業を迎えた。大学選手権ベスト4が1回、ベスト8が2回、ドラフト上位指名選手輩出と在学中にチームが大きく成長したことが、せめてもの救いだった。

他に指導者として役立ちそうな成果といえば情報の教員免許を取ったことくらい。八戸大はもともと商業系の大学なのである。伊藤同様、藤木も教員免許については選手が取得しやすいよう配慮をしていた。現在の須江はデータとＩＴ機器を使いこなす姿が印象的だが、情報の教員であることも有利に働いたであろう。「偶然です。偶然の結びつきが大きいんです。23歳からは」と須江は笑うが、これも運といえば運である。

「結果的に最初に自分が想像したような勉強はできませんでしたが、何かを変える、ゼロから何かを作るには、ものすごいエネルギーと心血を注ぐ必要があることを身をもって学びました。田舎の同好会のようだった野球部を、短期間で大学選手権に出るようなチームに変え、毎年のようにプロ野球選手を輩出するまでに強化した藤木さんのバイタリティや選手獲得能力は本当にすごい。その情熱に触れた人はみんな藤木さんのことが好きになる。男が男に惚《ほ》れて構築される人間関係って、こういうものなんだな、と大人の世界を知ったことは一生の宝物。リスペクトしていますよ」

指導者になる

須江が現在、監督として指導するうえで、真の意味で起点とターニングポイントになったのは、中学の指導者時代と言っていい。

2006（平成18）年4月、八戸大を卒業した須江は、母校・仙台育英が3年前に創設した秀光中等教育学校（現・秀光中学校／以下、秀光中）の教員となり、前年に創部された軟式野球部の監督となったのだ。

「大学時代、卒業後の進路を考えているタイミングで、恩師である佐々木先生から『秀光中の監督になる気持ちはあるか？』という誘いがあったんです。野球の指導者は夢だったので、うれしい以外の気持ちはなく、二つ返事でお引き受けすることにしました」

佐々木によれば在学中にGMとして苦労をかけたことへの報いという想いと、八戸大での成長を見込んでの誘いだったという。それにしても1年目から監督とは仙台育英のグループ校の野球部のわりに驚きだが、それもそのはず。秀光中の野球部は、強化前提で創部されたわけではなかった。

「就任当時の活動は平日2回の練習のみで土日の活動はなし。部員は12人いましたが、学業優先で放課後の練習に毎回、出席する部員は3名だけ。もともと秀光中は医師薬学系の大学への進学を目標に創設された学校ですから、部員も入試を突破してきた生徒だけなんです」

よって、選手といっても野球経験者は1人だけ。残りの部員は野球どころかスポーツ素人状態。

打ったら三塁へ走る選手がいるほどだった。希望に満ちて赴任した須江、さぞかし絶望したかと思えば、そんなことはなかった。むしろ、その状況を喜んだ。

「感動したんですよ。何もないところから、何かを始められることに」

須江が指導者を志したのは、高校野球を不完全燃焼のまま終わったことが理由であることは触れた。ただ、それ以前に指導の喜びを経験していたことも関係している。

「高校3年の春から夏にかけ、チームがバラバラになり、自分も最悪だった時期に、心の救いの一つだったのが後輩の存在でした。下級生の指導もGMの役目なのですが、僕が板挟みになっているとき、『須江さんが言っていることは絶対正しいです』とついて来てくれる後輩が割と多くて。彼らは彼らで先輩のストレスのはけ口にされることもあったりして大変だった。それでも一生懸命練習してメンバー争いに絡もうとしている。なかには信じられないほど急成長する選手もいて。そんな姿を見るのがうれしくて、『人に何かを教えることや成長を見ることは喜びになるんだ』と感じたんです」

似た経験は大学時代もした。

「僕の大学在学中にプロ入りした選手は、先輩後輩含めて5人います。みんな入学当時は何者でもない存在に近く、何かしらの夢に破れて八戸に来ていました。そんな選手が厳しい環境の中、常軌を逸した量の練習をしてプロになり、人生を逆転させていく。ストレートにすごかったし、夢を叶《かな》える尊さを教えてくれました。同時に自分もそんなプロセスに関わってみたいという思いが膨らみました」

指導者には、そういった喜びと夢がある。だからこそ、「何者でもない」目の前の秀光中の選手たちの指導に関われることがうれしかったのだ。

こうして須江の秀光中での指導が始まった。ただ、喜びにあふれる毎日ではあったが、試合や大会の結果は残酷だった。初めての練習試合は50点ほど取られて試合にならず、初の公式戦は0対30で敗戦。悔しくて、選手といっしょに泣いた。

「高校や大学みたいに日本一を目指すといった環境とは、全く異なる世界。でも、できないことができるようになったときに見せる子どもの笑顔は本当に美しく、自分のエネルギーにもなりました。徐々に選手も成長して、1年目の秋には公式戦初勝利。そのときのウイニングボールは日付と全選手の名前を入れて、今も大切に自宅に飾っています。あまりそういうこと、しないのですが」

その後も秀光中は実力を伸ばしていく。選手たちの希望もあり、活動日も週3日、冬には5日に増えていた。その頃、須江は選手募集にも奔走するようになる。

「自作のチラシを作り、近隣の学童野球チームに配りに行き、指導者たちが集まる飲み会があれば23歳の新卒教員にもかかわらず『すみません、はじめまして』と顔を出し、秀光中の紹介や練習体験会の告知もしていました……うーん、やっぱり僕も藤木さんの影響を受けていますね（笑）」

東北福祉大の監督を務めた伊藤が、桜宮の監督時代、保護者の会合に上機嫌で交ざっていたシーンを思い出す。そもそも伊藤と部長だった大竹榮が確立した「東北福祉大メソッド」は、実績のあるチームよりもゼロからスタートするようなチームに効く。須江にとっての秀光中は、伊藤にとっての東北福祉大、藤木にとっての八戸大と考えればわかりやすい。

「勧誘活動の成果に加え、秋の大会で1勝したことがなぜか宣伝効果が抜群だったみたいで、練習体験会にめちゃくちゃ人が来たんです。結局、翌年入学したのは5、6人だったんですけどね。ただ、そこから不思議なことが起こり続けるんです。体験会で指導者の方に熱血指導が伝わったのか、評判が良くなったようで、どんどん上手な選手が入学してくるようになりました」

2年目の多賀城《たがじょう》市大会では決勝に進出して県大会寸前まで迫る。その後は日ごとに勝てるようになった。2009（平成21）年には全国を狙えるチームを作れたと思ったが県大会準決勝で敗退。悔しさから、後に仙台育英でも掲げる「日本一からの招待」をチームスローガンに定めた。

——目標から招かれるほどに、それぞれの本質を追求する。技術だけでは足りず、心だけでは足りず。心技体すべての条件を満たせたとき日本一へ招かれる。すべての面において、その立場にふさわしい有様でなければならない——

その言葉を胸に、就任5年目となる2010（平成22）年には全中初出場を決めた。

「僕は気合いと根性とガッツでやっていただけ。本当に運とタイミングに恵まれていました」

着実にステップアップしていく秀光中。その過程で、須江には後の甲子園初優勝に通じる出会いがいくつもあった。現在、仙台育英の部長を務める猿橋善宏《さるはしよしひろ》は、中学指導者時代に宮城県制覇を争った好敵手であり、監督としての須江の成長に、大きな影響を与えた人物でもある。

「秀光中で最初に指導したメンバーの中に、1人だけ実力が飛び抜けていた選手がいたんです。それで、少しでも彼のモチベーションが上がるようにと、地区の選抜チームのセレクションにエントリーさせました」

その会場にいたのが、当時、利府《りふ》町立しらかし台中の監督を務めていた猿橋だった。猿橋は自身に本格的な野球経験がないにもかかわらず、熱心な指導でしらかし台中を強豪に育てていた。セレクションでは参加者を4チームに分けての紅白戦が行われ、須江も含めた若手の指導者が監督を任された。その試合後、監督たちは猿橋から衝撃的な言葉をかけられる。

「センスがないね」

須江は「なんだこのオッサンは？」と面食らった。特別、おかしなことはしていない自覚はあった。猿橋からすれば、選手の個性や状況を考えず、ただただ定石通りの采配《さいはい》でおかしなことをしていないことこそが「センスがない」と評価した理由だったのだが。

他の指導者が苦笑いをしたり、ふて腐れる反応を見せたなか、須江は「具体的にどこにセンスを感じないのか、どの場面が気になったのか」と猿橋に質問をぶつけた。「悩む」よりも「考える」。そして「動く」。いつも通りの須江だ。その姿勢に猿橋は「将来、面白い指導者になるかも」と感じたという。2人は親交を深めるようになり、ライバルとして切磋琢磨《せっさたくま》した。年長者で野球の指導者としても教員としても経験豊富な猿橋は、須江にとってメンターのような存在でもあった。

もう一つの出会いは、指導者としての転機がきっかけだった。

「2010年に出場した最初の全中はベスト8が精一杯でしたが、その経験を糧に翌年も全中に出場できました。僕としても明らかに前年より強いチームという手応《てごた》えがあり、昨年の経験もあるので上まで行けると思っていたんです。ところが結果は初戦敗退」

須江は大きなショックを受けた。そして、自分の限界を痛感した。

「当時の僕は選手としての実績がなく、一流の選手が持つ感覚もなく、理論もない指導者。あるのは情熱だけでした。指導者として限界というか、頭打ちになったんです」

そこで成長するために考えて出した結論が「人に学ぶ」こと。

「それまでは自分の経験や財産だけをもとに指導していました。それこそ大学時代に様々な指導者の方が教えていた技術や理論を、自分なりにアレンジしながら。でも、これ以上の上積みはないと感じて外に学びを求めるようになったのです」

他競技をたくさん見学したり、文化部の活動にヒントを求めたり、プロ野球をあらためてじっくりと観察してみたり。理学療法の専門家の話を聞きに行ったこともあった。そんななか、ある指導者の存在を知る。きっかけは関西で行われた指導者講習会に参加した猿橋の言葉だった。

「兵庫に、須江と似た若い指導者がいたよ」

それが当時、兵庫県高砂《たかさご》市立松陽中の監督を務めていた井上雄介だった。松陽中は井上の就任後、2012（平成24）年の全中で3位に輝くなどメキメキと力をつけていた。井上の指導の特長は捕手出身らしいきめ細やかさと、ハイテク機器を積極的に活用すること。どこかしら、現在の須江と通ずる。井上に興味を抱いた須江は、Ｆａｃｅｂｏｏｋを通じて井上にコンタクトをとり、松陽中まで会いに行った。井上の指導は勉強になることが多かった。そして、交流を続けるなかで出会ったのが、松陽中の指導をサポートしていた和田照茂である。

和田は1981（昭和56）年、広島生まれのプロ・トレーナー。一方で自らが構築した野球理論やチームづくりメソッドをもとに、アマチュアチームにアドバイスをするベースボール・コーディネーターという活動もしていた。松陽中は指導するチームの一つ。須江は井上を介して出会った和田の指導に大きな学びを得た。現在、須江の指導の特長の一つになっているのが、選手の能力の数値化、可視化をして評価基準を明確にすること。そのベースとなったのが和田の理論と指導法である。

須江はデータを重視するイメージが広く伝わっているが、本来、データオタクのようなタイプではない。仙台育英で同期の貴博が「高校時代は、けっこう大雑把なところもあった」と語っていたが、本人も「今も特別、几帳面《きちょうめん》ではない」と認める。

「なぜ僕がデータを重要視するかというと、それは控えだった人間の根性なんですよ。なぜ自分が試合に出られなくて、別の人間が試合に出られるのかをクリアにしてほしかった。たとえば甲子園は18人がベンチ入りしますが、19人目との差はどこにあるのか？　そして、19人目の選手は何を努力すればいいのか。いわば努力の方向性を明確にしてあげたい。それがわからない状態で選手を練習させたくないんですよ。そのために能力を数値化、可視化したデータを使うんです」

データ好きだから重視するのではない。理想の指導のためにはデータが不可欠だったのである。

「結局、僕はそれでしか愛情表現ができない。何度も言いますが僕には選手としての実績も指導者としてのカリスマ性もない。何者でもない自分が指導者として選手に何をしてあげられるかといえば、手をかけ目をかけ声をかけることくらい。そのツールの一つがデータだったということです」

和田はトレーナーとして、まずチームや選手の評価基準を明確にし、何を重要視するかを決めないと、チームや選手に合った細かなトレーニングメニューを決められない、ということで野球の数値化、可視化の深掘りを始めた。その結果として「野球の本質」にも気づき始めたという。野球は得点の多いチームが勝つゲーム。つまり本塁を踏むことが重要になる。本塁を踏むには出塁をしなければならず、進塁もしなければならない……。和田は野球の様々なプレーの中でも、選手が出塁してホームを踏むまでの過程分析に力を入れるようになった。自然と、そこに関わる評価基準も重要視される。

須江は和田が示した「野球の本質」を理解して、「野球は陣地取りゲーム」と表現するようになった。攻撃側は出塁1+進塁3で得点することを目指し、守備側はそれを阻止する。その塁＝ベースという陣地を取りに行くゲームというわけだ。これが須江の「指導の限界」を打ち破る起爆剤となった。野球を陣地取りゲームとして考えると、いかなる状況でも効果的なプレーが何か、攻守にはっきりと見えてきたのである。もちろん、その過程で行う評価基準の明確化も、チーム運営の大きな軸となった。仙台育英の監督として取り組んでいる野球の原点は、秀光中にあったのだ。

この改革を肌で感じていたのが、当時、秀光中に在籍していた西巻賢二《にしまきけんじ》（現・DeNA）である。

「小学6年生のときに秀光中の体験練習に行ったら、すごくキツかったんです。まずグラウンドを10週して、雨上がりでグラウンドがぐちゃぐちゃなのにもかかわらず、ホームからライトまで四つん這《ば》いで進むようなサーキットトレーニングをみっちりやる。中学離れしていて、最初は耐えられるかな、と不安になりました。でも最終的には仙台育英への憧《あこが》れが強かったし、秀光中のレベルの高さや練習の雰囲気が良かったので進学を決めたんです」

西巻の入学前後の須江は、本人の言葉を借りれば「気合いと根性とガッツだけでやっていた」時代。それが2年生になると激変した。

「野球の本質、ゲーム性を理解しながらやっていこう、というスタイルにどんどん変わっていきました。走塁をすごく重視するようになり、牽制の練習も細かくなりました。須江先生が高校の監督になってからの仙台育英の試合を観ると、野球のスタイルは今も変わっていないと感じます」

壁を乗り越えた須江の秀光中は、２０１４（平成26）年夏、ついに全中優勝。日本一に輝く。その後も軟式中学球界のトップランナーとして走り続け、須江の指導も進化していった。

「軟式野球はロースコアになりやすいので、1点に対する観察眼が養われるんです。この1点で全てが終わる、というケースが本当に多い。その経験と知識は、軟式野球の指導を経験した監督の強みだと思います」

さらなる進化で2度目の全中制覇へ。燃えていた須江に、母校・仙台育英の野球部から耳を疑う話が飛び込んでくる。須江の恩師である佐々木が、監督を引責辞任することになったのだ。

白河の関越え

２０１８（平成30）年1月、須江は佐々木の後継として仙台育英の監督となった。佐々木が前年に発生した野球部員の飲酒喫煙問題の責任をとり辞任したのである。秀光中の生徒たちの顔を見ると後ろ髪を引かれたが、母校の一大事を救うため監督要請を引き受けた。野球部には2017(平成29)年12月5日から2018年6月4日まで対外試合禁止の処分が下された。高校野球の監督として、須江にまず与えられた仕事は、野球部の建て直し。マナーや規則を見直し、選手全員と面談をして、目指す野球の方向性を探っていった。選手の希望を反映して、佐々木の「自由と自主性を尊重する野球」の良さを引き継ぎつつ、自らが秀光中で築いた野球を高校にも導入していく。

秀光中でも掲げていたスローガン「日本一からの招待」は、そのまま高校でも用いた。選手にスローガンを解説する際、日本一には「東北初の」という言葉が加わった。さらにスローガンとは別に「地域の皆さまと感動を分かち合う」というチーム理念も定めた。

「理念のない組織に成功は生まれません。そして、日本一になったとしても自分たちだけが喜ぶような取り組みであれば、その強さは長続きせず、周囲にも波及しない。2度と不祥事を起こさず、応援してくださる方を裏切るようなことはしない。地域に根ざした向こう20年間の仙台育英を作るつもりでスタートしました」

須江の取り組みは功を奏して、対外試合禁止処分がありながら2018年夏は甲子園出場。翌夏も連続出場を果たしてベスト8進出。その秋も東北大会で優勝し、2020(令和2)年春のセンバツ出場を決めた。コロナ禍でセンバツは中止になったがチーム強化は続き、2021(令和3)年センバツにも出場して再びベスト8進出。日本一は確実に近づいていた。特に2021年のチームは須江が秀光中時代に指導した選手に、高校の監督となり自らスカウトして入学時から指導した選手が加わった、須江にとって最初の集大成のようなチーム。監督就任にあたって考えた「甲子園優勝までの1000日計画」を実現できるという周囲の声も多く、実際に評価も高かった。

ところが、そのチームが夏の宮城大会4回戦でまさかの敗北を喫する。2022年に東北勢初優勝を成し遂げたチームは、この負けからスタートした。


「人生は敗者復活戦」

須江の座右の銘である。高校時代は選手として挫折。大学では当初の理想とは異なる生活を送った須江らしいチョイスである。2022年のチームも、まさに「敗者復活戦」を勝ち抜いて甲子園の頂点に立てたといえる。

「優勝したチームに何があったかと言われれば、弱かったということですよ。秋は東北大会で負けてセンバツに出られず、春の遠征も負け続き。それで、最後の夏の宮城大会だけは絶対に負けるわけにはいかないという並々ならぬ決意を、僕も選手も抱いたわけです」

そのためにすべきこととして出した答えは「県大会で勝つ野球」をすること。

「自分たちは弱いと認め、身の丈に合った野球をするしかない。つまり、野球をかなり限定したんです。できないことはしない。今、自分たちができることだけをやる。すると攻め方も守り方もすごくシンプルに整理された。具体的には投手力を前面に打ち出し、ディフェンス中心に戦う。打線はとにかく状態のいい選手を並べて何点取る野球をするかを試合前に明確に決めて試合に臨む。余計なものが削《そ》がれていった感じです」

その結果、宮城大会は薄氷を踏みながらも優勝を果たし、夏の甲子園出場を決めた。

「決勝戦は3対1ですから、ギリギリ達成ですよね。ただ、甲子園を決めたことで一気にチームに解放感が出ました。締まっていたバルブがバシャーンとはじけたような。最低限のラインをクリアしたから、ここから先は身の丈を心がけつつ、自分たちが持っているものを発揮することに100%専念しようみたいな雰囲気になったんです」

秋の状態や夏の勝ち上がりを見た関係者の多くは「あのチームが甲子園で優勝するとは思わなかった」と評する。夏の甲子園のチームは、ある種、「別モノ」。高校野球でよく言われる「甲子園で試合を重ねるごとに成長していったチーム」だったのか。

さらに、細部でも前年夏の敗戦を活《い》かしていた。須江は評価基準をもとにチーム内競争を重視し、「レギュラーへの扉はいつでも開かれている」と選手に伝え、「日本一激しいメンバー争い」が繰り広げられていることを自チームの強みとしていた。ただ、仙台商戦の敗戦を選手たちと振り返り、「激しい競争があるゆえに自分のフォームやプレーとじっくり向かい合う時間がない」「大会ごとのメンバー交代が多いため控え選手の試合時のサポートが適切なタイミングで行われないケースが目立つ」など問題点を洗い出し、改善を試みている。

こうした「敗者復活戦」的な取り組みを、須江は以前から日本一を目指すために東北勢の甲子園初優勝という観点でも行っていた。過去、東北勢が決勝で敗れた試合の映像を手に入る限り入手して、自分なりに分析していたのである。その結果、見えてきたのは、いくつかの敗因だった。

「まず、クジ運が悪い。そして決勝の相手も悪い。たとえば大阪桐蔭、日大三、東海大相模と、多くは相手が強すぎる。ただ、対策はあるんです。強すぎる相手に万に一度、勝つための最低条件は、自分たちに疲労がなくフレッシュであること。そこから大一番でフレッシュな状態のピッチャーを何枚揃えられるかが指導の大前提になりました」

須江は、継投を好む新時代の監督として取り上げられることが多い。それは完全な間違いではないが、データの話と同様、継投が好きというよりも、日本一になるための方法として継投を選んでいるのである。

それは夏の甲子園の決勝戦、下関国際（山口）との試合に如実に表れていた。仙台育英の先発は左腕の斎藤蓉《さいとうよう》。秋のエースであり、須江が高い期待をかけていた投手である。しかし、故障の影響で宮城大会の登板はなし。戦列に復帰した甲子園でも、序盤は短いイニングのリリーフでマウンドに慣らし、準々決勝で夏は初めてとなる先発登板。5回を投げきった。そして準決勝は登板を回避。決勝は満を持しての先発だった。

「継投が目的ではないんです。状況次第では完投も全く問題ない。実際、決勝戦は最初から斎藤蓉の完投でいいと思っていました。継投する気なんてさらさらない。本人にも言っています。行けるところまで行くぞ、と。もちろん崩れるケースも想定していましたし、実際は100球くらいでへばってくる可能性はあると読んでいたので継投の準備はしていました。それでも本人には、あくまでも代えないよと言い続けていたんです」

結果的に仙台育英は、斎藤蓉を7回でマウンドから降ろし、2年生右腕・高橋煌稀につないで勝利をつかんだ。

次に見えた敗因は「明確なゲームプランの不在」であった。

「僕たちが高校時代に経験した準優勝がまさにそうなのです。何対何で勝つのか、何点取るべきなのか、そういう明確なゲームプランが僕たちにはなかった」

たとえば「当たって砕けろ」「自分たちの野球を精一杯やる」といった姿勢は潔く清々《すがすが》しい。だが、見方を変えれば本気で勝とうとしていない、とも言える。それは八戸学院光星の監督、仲井も似たようなことを話していた。第四章で記した仲井のコメントを再掲する。

「東北勢が何度も決勝で敗れ続けたのもそうなのかもしれませんが、『優勝する』という気持ちが、本気のようで本気ではなかったのかな、と思うことがあります。自分たちとしては本気だったんだけど、相手はもっと本気だったというか」

この話を聞いた際、「では本気とは何か?」と考えさせられたが、須江が話す「明確なゲームプラン」とは一つの答えなのかもしれない。そして、明確なゲームプランの不在は、須江が東北勢の決勝敗退において、最も影響が大きいと見えた敗因につながるという。それは「自滅」である。

「四死球もあれば、守備での無理な送球、暴走、相手を大きく見過ぎた故に痛打を浴びる……など自滅のケースはいろいろ。決勝敗退チームの多くは、何かしら自滅の要素があるように感じました。それで、とにかく『自滅の回避』に力を注いだんです」

明確なゲームプランがあれば、「この1点は取られてもいい」「ここはヒットくらい打たれてもいい」と余裕が生まれ、しなくともよい自滅を防げる。

「あとは己を知ることです。身の丈に合った野球を心がければ、無理をせず自滅もしにくくなる」

図らずも2022年の仙台育英は、弱いと言われたが故に身の丈に合った野球で夏に臨んだ。それが「自滅の回避」に功を奏した。

ただ、正直なところ、こうした敗因は他校でも心がけそうな内容でもある。それでも優勝に手が届かなかったのはなぜだろうか。

「勝つことと負けないことは似て非なるもの、だからでしょうか。初優勝だとか白河の関を越えるとか、歴史を変える何かを成し遂げるには、新しい取り組みもしなくてはいけない。時代が動くとき、必ずそこに変化を起こすムーブメントになるような取り組みがありますから。それとはまた別のベクトルで、今までやってきたことを見直し、それを突き詰めていく必要もある。この両方のエネルギーが働いたときに、多くの物事が変化をしているんです。これは他のスポーツや研究のような世界でも同じだと感じます」

指導者として頭打ちを感じた時代、野球以外のことを学んだ賜《たまもの》だった。

須江は日本一のために新しい取り組みを強く意識した。ここまで述べた検証の結果であれば「明確なゲームプランを持つ」「自滅の回避」は「負けない」要素。「地方大会では登板のなかった投手を、パワー10の状態で甲子園の決勝の先発マウンドに送る」が新しい取り組み、すなわち「勝つ」要素といったところだろうか。

「新しいことって面白いんです。だから面白いことをしたい」

面白いといえば、たとえば宮城大会ではベンチ外だった岩崎生弥のような選手が、決勝の舞台で勝負を決める満塁本塁打を放ったのも、ストーリーとしては、これ以上ないほどの面白さがあった。

ちなみに1989（平成元）年の仙台育英で準優勝投手だった大越基は、岩崎の満塁本塁打を見て、意図せず次のように感じたという。

「あの満塁ホームランを見たとき、優勝を確信して涙が出てきたんですよ。その後に岩崎君が病気で苦しんでいたとか、宮城大会ではベンチ外だったとか、どれだけ大変な思いをしてあの舞台に立っていたのかを知って、なぜ自分たちが優勝できなかったかがわかりました。今は仙台育英も含めて全ての東北勢が本気で優勝を目指して練習に取り組み、甲子園に出場している。その点、オレたちも優勝を目指していたつもりだったけど、心の底から本気で目指していなかった。岩崎君のようなハングリー精神や執念、日本一への強い思いを持ち合わせていなかった。〝ああ、オレたちは優勝できないメンバーだったんだな〟と、勝手に腑《ふ》に落ちて、スッキリしたんですよね」

「一種のマジカルワードなんです。良くも悪くも」

須江は「白河の関」について、そう評した。自らの高校時代、センバツ決勝前の取材でそのワードが出たときからチームが緊張していく様を目の当たりにした経験も反映しているのだろう。

2度の準優勝経験がある仙台育英の前監督、佐々木も次のように語る。

「2回戦に勝ったくらいでは誰も何も言わないんですよ。ところが準々決勝に勝ったあたりから急に周囲が色めき立って、その言葉が出てくる」

本書でも何度か触れたが、過去の東北の準優勝チームは、決勝戦を前にすると、準決勝までの雰囲気が一変して、それまでの力が出せなかったケースが目立った。東北勢の悲願を象徴する「白河の関」は、栄冠を意識させるという意味で、チームや選手を奮い立たせる効果もあるが、優勝を意識させすぎる、やっかいなキーワードでもあったのだ。須江も佐々木も初めての決勝では、その「洗礼」を受けた。今回はどう乗り越えたのだろう。

「僕たちは宿舎での前日取材で雰囲気が変わってしまったわけですが、今はコロナの影響で前日取材がないんです。その意味では運が良かった」

甲子園で優勝するには運も必要。それは多くの決勝戦経験者が語るところだ。

「須江の仙台育英と過去の東北の準優勝校の違い。それは大きな流れをつかんだかどうか。須江は優勝する運を持っていたんだと思います」とは佐々木の弁である。佐々木も自らが指揮をとった2015（平成27）年の準優勝時は、須江の時代の準優勝経験も活きて、チームをうまく決勝戦に入っていかせることができたという。

「実は前日、僕は不注意でケガをしたんです。だから決勝ではノックができなかった。それで選手たちに『悪いな』と謝ったら、郡司《ぐんじ》（裕也《ゆうや》／現・日本ハム）とか笑っているんですよ。『試合をやるのは僕たちですから』って。自分たちに任せてください、と。そういう会話ができるチームで、優勝してもおかしくなかった。だけど、東海大相模は僕たち以上に実力があった。そして運や勢いをつかんでいたのも相模でした」

仙台育英は1回戦から登場だったのに対して、東海大相模は2回戦からの登場。投手も佐藤世那《さとうせな》（元・オリックス）がほぼ1人で投げていた仙台育英に対して、東海大相模は小笠原慎之介《おがさわらしんのすけ》（現・中日）、吉田凌《よしだりょう》（現・オリックス）の2本柱が交互に投げていた。

それに対して2022年の仙台育英は2回戦からの登場。宮城大会から甲子園を通して、全ての試合が調整のしやすい第1試合だった。仙台育英が学校としては4度目、須江個人としても2度目の決勝戦だったのに対し、下関国際は指揮をとる監督の坂原秀尚《さかはらひでなお》も含めて決勝戦は初めてだった。

前日取材がないという点以外にも運をつかんでいたのである。ただ、須江は選手を試すようにこんな言葉がけをしたという。

「実は甲子園で白河の関の話を選手たちにしてみたんですよ。準決勝後のインタビューで『まだまだ白河の関は見えていないので……』というようなことを言って。それでチームがどんな雰囲気になるかと思ったら、誰も何も意識していなかった」

ちなみに4番を打つライトの2年生・齋藤陽は、同じ2年生でセンターを守る橋本航河に、大会中、「白河の関って何?」と訊《たず》ねたという。橋本は広島県出身だが、齋藤陽は宮城県出身である。

また、主将の佐藤悠斗《さとうゆうと》に東北は弱いという意識の有無を訊ねてみると、次のような答えが返ってきた。

「東北は弱いと周囲の大人は話していましたけど、自分としては甲子園で準優勝を含め、上位に進出するのを何度も見ていたので、そんな印象はなく、実力差もない気がしていて。だから本気で甲子園優勝を目指す気持ちで入部したし、『日本一への招待』という言葉も素直に受け取れました」

そういう時代なのである。

悠斗は優勝後のインタビューで「決勝戦のあとも、あと2、3試合あるみたいな感覚だった」と話していた。須江も決勝戦前、選手と「宮城大会の初戦みたいだな」という話になったという。

「もちろん『歴史が変わる舞台に立てて幸せだな』といったことも話してはいたんですよ。ただ、決勝戦の前、室内で練習があったのですが、それを見ていた高野連の役員の方にも『決勝戦の前にこんなに普通に練習をしているチームは見たことがない』と言われたんですよね」

理由は須江も悠斗もわからないという。ただ、東北勢が既に弱小ではなくなりつつあった時代に野球を始めた悠斗らにとって、「白河の関」という言葉の呪縛《じゅばく》は、意味をなさないものになっていた。純粋に日本一を目指し、当初は弱いと言われ、その壁も乗り越えた。ただ、それだけのこと。そこに地域の差はない。だからこそ東北勢として初優勝を成し遂げられたのだろう。

須江航

2022年夏、東北は仙台育英の優勝に沸いた。100年を超える悲願の達成は、東北の多くの人に喜びを与えた。同じ地域の仲間として、他の東北勢も仙台育英に拍手を送った。

ただ、取材をしていて感じたことがある。

同じ東北の地で快挙を目指していた指導者の一部からは、仙台育英に拍手を送りつつも、どこか複雑な感情が垣間見えたのだ。考えてみれば、同じ快挙を目指していた身。先を越されたという意味では、喜びや賞賛の一方で悔しさを覚えても不思議ではない。本気の指導者ならば、むしろ、それくらいの方がたくましさと今後の可能性を感じる。しかし、伝わってくるのは、それだけではない何か。うまく表現できないが、あえて言うなら「釈然としない」といった類《たぐ》いの感情だろうか。

話を聞いているうちに「もしかして」と感じたのは、須江の革新性に対する複雑な感情である。須江は「評価基準」を明確にするためにデータをフル活用する。練習中もｉＰａｄを片手に選手を指導したりコミュニケーションをとったりする。それは過去の高校野球の指導者にはあまり見られない姿であり、年輩の指導者になればなるほど、その傾向は強まる。新しい時代に対応すべきなのは頭ではわかっている。だが、どうしても心の底では認めがたく、抗《あらが》いが消せない――。野球に限らずジェネレーションギャップとは、そういうものだ。

須江自身は、昭和の匂いがまだ色濃い体育会的な世界を生き抜いてきた男である。ただ、ふだんの須江からは、ステレオタイプな日本の体育会の第一線をくぐり抜けてきた「空気」というか「ノリ」をあまり感じない。気になったのは須江のこんな発言だ。

「僕は選手を純粋に能力や働き、個人の人間性だけで評価したいんです。それが選手の幸せにつながると思うので。そこに、たとえば僕の個人的な人間関係だとかＯＢの息子だとか、そういった関係性を持ち込みたくない。だから僕は『持ちつ持たれつ』のようなやりとりもしませんし、相手にも求めません。ましてやそれらによるレギュラーの確約なども しない」

評価基準としてデータを重要視する須江だが、チームとして数字には表れない能力が必要と判断すれば、その能力を「求人広告」的に公表し、データ以外の部分も評価してメンバーに入れることもある。いわば「監督裁量枠」だ。メンバー争いに結論を出すうえで用いるのはデータを基準とする透明性の高い競争の結果とわずかな監督裁量枠だけ。選手とは本質的に関係のない大人のしがらみや忖度《そんたく》は挟み込みたくないという。

「それをやると、結局、誰も幸せにならない。たとえば実力が足りないのに縁故で入部した選手は、通用しなければ別の高校に行けばよかったと思うだろうし、保護者だってもう少し面倒を見てくれないのか、と感じるでしょう。進路にしても希望する大学や会社に送り出せないかもしれない。誰も幸せにならないです」

日本の体育会は、伝統的に先輩後輩恩師教え子、何かと「縁」と「しがらみ」が働く局面が多い社会だ。須江は意識的にそういった世界と適度に距離をとっている。選手の本当の幸せのために。

もちろん、須江が全ての人間関係を断絶しているわけではない。あくまでもグラウンドでの野球に関わる点においては、という話だ。日本の体育会の良い点も認めるべき点は認めている。須江と対戦経験のある東北地方の監督は、須江の指導について、こんなことを述べていた。

「須江さんは、たぶん本人に悪気はないんだけど、ちょっと人を食ったようなリアクションをするときがあるから、場合によっては誤解されそうで心配なんですよ（笑）。ただ、結果はきっちり出しているし、何より選手がちゃんとしている。挨拶《あいさつ》も会話の受け答えも。厳しいところは厳しく、ちゃんと教育しているのでしょう。選手を見ればわかりますよ」

透明性の高さはシビアさの裏返しでもある。「忖度」「口利き」「持ちつ持たれつ」などは通用しない。須江にそのつもりはなくても、人によっては行動や判断がビジネスライクと受け取られた可能性があるかもしれない。義理も人情もないと思われることがあったかもしれない。

恩師である佐々木は、須江にはかつて仙台育英を率いた竹田と似ている部分があると話す。

「極端に言うと、2人とも何よりも野球が第一。純粋で、厳しく、融通が利かないほどに」

須江はしがらみと距離を置き、忖度をしないスタイルを、秀光中時代から一貫しているという。

「何度も繰り返しますが、指導者を始めたときの自分は選手としての実績も何もない、何者でもない存在でした。だからこそ、できたのかもしれませんね」

自分にもチームにも、実績がないから自由に思い切った指導ができた。

「結局のところ、僕は高校でも大学でも主要メンバーではなかったということです。あんなヤツいたな、みたいな存在（笑）」

そんな話を聞くと、須江に感じていた私の疑問の答えも少し見えた気がした。

須江は東北福祉大ＯＢである藤木が監督を務める八戸大の出身である。本章でも述べた通り、「東北福祉大メソッド」とも言うべきチームづくりを直《じか》に体験し、自身も秀光中で結果的に一部を実践していた。にもかかわらず、須江には東北福祉大ＯＢに共通する固い結束とファミリー感が漂っていない。いや、明秀日立の金沢が「甲子園の抽選会でも、雑談するとなったら僕や仲井らといっしょにいるし、仲間意識はあると思うよ」と話すように、皆無というわけではないのだ。薄いのである。言うなれば「ファミリー」ではなく「遠い親戚《しんせき》」とでも言えばいいだろうか。それも須江が適度な距離を保っていることが理由なのかもしれない。

距離といえば、選手との距離もそうだ。昭和の体育会の世界、あるいは高校野球の指導者には、指導者と選手が疑似家族のように結びつくチームが少なくない。選手が監督を「オヤジ」と呼んだりするのは、その象徴。そういった匂いが須江と選手の間にはしない。互いに愛情や尊敬がないわけではない。家族のような関係性とは別の要素で結びついている印象なのだ。選手に須江の印象を尋ねると「哲学者」「野球の研究者」といった回答が多い点も、それを示唆している気がする。

「選手との距離が近すぎるとやりにくいこともあると思っているので、ここから先は絶対に越えないというラインは作っているタイプだと思います。だから、僕のことがわからない、という人もいるでしょうね。ただ、親子みたいな関係性ではないかもしれませんが、選手を自分の子どものように感じて接してはいるんですよ。父と息子のような関係性ではないだけで」

言ってみれば「親子」ではなく純粋な「師弟」といったところか。実際、チーム内競争の部分以外での須江の指導は「選手には高校時代を人生のピークにしてほしくない」など、古くから大切にされている人間教育に関わることも多い。ちなみに今回の甲子園優勝に対して、関係者が要因の一つとして挙げるのが、公立中学を定年退職した猿橋の部長就任である。

「チームのあらゆることをほぼ1人でやってきましたが、どうしても細かい点で抜け落ちてしまうところがありました。それを補っていただける存在として、猿橋先生に部長就任をお願いしたんです。監督の僕と選手との間に立って通訳的な役割もしていただけます」

この効果について話していたのは、サードを守った森蔵人だ。

「須江先生は監督ということもあり、突っ込んだ話がしにくいこともあります。でも、猿橋先生は気兼ねなく話ができるというか。たとえば試合でも『なぜ、ここでエンドランなんだろう？』と疑問を感じたサインがあって。でも試合中だし須江先生には訊《き》きにくい。そんなとき自分の意見を猿橋先生に聞くと『監督はこう考えていたのではないか』『こうした狙いもあったのではないか』と説明してもらえて、スッキリした気分になれるんです。頭が整理されれば、やるべきことも見えてくる。自分、疑問を抱えたままだと、プレーに集中できないんですよ」

猿橋の招聘は、より充実した指導体制の構築が第一の目的であることは間違いない。ただ、その中には、須江の選手との距離の取り方によって発生しかねないリスクをフォローする意味もあったのではないだろうか。

須江は従来の価値観にどっぷり浸《つ》からず、自身の価値観に基づいたチームづくりや指導をしている。データを駆使したり、iPadを片手に指導したりする彼の姿は、あくまでもその象徴、一面にすぎない。須江に対して「釈然としない何か」を感じている指導者には、その新たな価値観に対して、潜在的な畏《おそ》れが生じているのかもしれない。人は未知のものや従来の価値観に基づいて築いてきたものを瓦解《がかい》させかねない存在には、強烈に抵抗しがちな生き物である。

「準々決勝で負けた瞬間、『こいつ日本一になるな』と思ったんです。完全にウチが勝っているゲームなのにひっくり返された。これでこいつ抜けたなと」

金沢は2022年夏の甲子園の3回戦、自らが率いる明秀日立と仙台育英のゲームをそう振り返った。仙台育英の甲子園優勝は、このゲームが大きなヤマだったと評する人が多い。

「須江がね、ホント、選手に託していたんですよ。昔の甲子園、高校野球って監督の色が強かったでしょ。でも最近は、そういう優勝チームが減ってきている気がする。甲子園の準々決勝あたりからは選手が主導して動くチームじゃないと勝てない。選手が本当に自立しているかに懸かっている。監督はいかにそれをジャマしないかが大事。やはり須江は今の時代らしい指導者だと思います。そこに時代と逆行している僕が負けてたまるかと意地でぶつかっていったんだけど（笑）、その思いが強すぎてやられちゃった。そんな僕を乗り越えたから、優勝するかな、と感じたんですね」

そう話す金沢も、コロナ禍を契機に今の時代と子どもたちに合わせ、指導方針や内容を大きく変えている。今は関東で監督を務める金沢だが、２０００年代以降、右肩上がりで強くなっていった東北勢にあっては、躍進を象徴する存在の１人であった。須江がその金沢が率いるチームを倒して仙台育英を優勝に導いたことには、どこか因縁を感じる。

「山の登り方は一つやない。須江のような方法、僕のような方法、あるいは地元選手だけでやるという花巻東の佐々木のような方法。登り方は人それぞれ。それでええんとちゃう？」


時代が変われば価値観やそれに基づく物事の手法も変化するのが世の常。高校野球を含めたスポーツの場でも、昔は当たり前だった暴力や高圧的な指導が通用しなくなってきている。さらに、コンプライアンスを前に、以前は許されていた様々なグレーゾーンにもメスが入っている。それを息苦しい、昔は良かったと感じる人もいるだろう。私も古い時代の人間。その気持ちはわかる。

しかし、そのグレーゾーンが許された古い世の中では、声と権力の大きい者がどこまでも強く、声が小さいがために人知れず苦しんだり我慢を強いられたりする人もいた。今はＳＮＳを通じて誰でも気軽に声を上げられる時代だ。過渡期ゆえにトラブルがあったり、正しさと清潔さを求めすぎたりするが故の弊害や衝突もある。それでも、根本的にはかつては口に出しにくかったことが、世の中に届けやすくなったことは喜ばしいと思いたい。

「選手のために忖度をしない」という須江の言葉を聞いて、私は須江が時代を変える勝利に必要だと話していた「新しい取り組み」の話を思い出した。現代はインターネットのおかげで、古い価値観とそれに基づく関係性……しがらみにまみれたグレーゾーンを背景とする「利権」や「ゴリ押し」が明るみに出やすく、嫌悪される時代である。そう考えたとき、明確な評価基準を背景に、透明性の高いチーム内競争が行われる須江のスタイルは、非常に時代にマッチし、世間の応援、共感を受けやすいように見えたのだ。余談だが、須江はスローガンなどでの言葉の選択やインタビューにおいて、「みなさん」でも通じる場面で、「皆さま」という言葉を用いる。私は、こうした点にも須江がコンプライアンス、あるいはポリティカル・コネクトレスへの意識が強く求められる今の時代の空気をよく理解しているように感じた。また、SNSの普及などを背景に、ちょっとしたことが「炎上」につながる今、炎上を避ける言葉のチョイス、他者との距離感の取り方が（とりわけ若い世代を中心に）変化していることについても。本人には「考えすぎですよ（笑）」と返されたが、無意識であるならば余計に、須江が指導者として新しい世代のタイプであることを実感させられる。

ただ、透明性の高い競争について言うならば、前述したように実は非常にシビアな話である。選手にとっては言い訳ができない現実を、目の前に突きつけられる競争なのだ。それが、須江が率いる仙台育英では、かつて暴力や高圧的な指導によって選手に乗り越えさせてきた「理不尽」に替わる「厳しさ」になっているのではないか。

「忖度をしないことが、嫌われることにつながる。その可能性は自覚しています。何様だよ、と思う人だっているでしょう。でも選手の幸せを優先させるためには仕方がない。四方八方にいい顔はできないし、褒め称《たた》えられるようなことも価値観と違う世界へ行けば批判の対象になったりする。一生懸命頑張っていたら必ず誰かの世界では悪役になる、って何かの漫画のセリフにあったんですけど、その通り。真理です。だから、そういったことは気になりません。他人の批判は自分ではコントロールできませんしね」

須江は座右の銘である「人生は敗者復活戦」とともに「賛同の多いことは時代遅れ」という言葉も好きだと話す。

「猿橋先生から教えてもらった言葉ですが、ずっと大事にして指導をしてきました。賛同が多いことは、もう世の中では当たり前のものとして認められている。現状に満足して、その場に居続けてしまえば、改革を起こし、新たな時代は作れない。この感覚がなくなったら、僕は成長できないと思っています」

時代の流れについていけず、長い間、勝ちに恵まれなかった東北勢。

その重い扉を開けたのは、歴史を学んだうえで、時代の先を行った男であった。

おわりに　〜2022年8月22日〜

2022（令和4）年8月22日の月曜日、私は、故郷である山形の地域野球メディアの取材のため、実家に滞在していた。この日、最終日を迎えた夏の甲子園決勝のカードは、仙台育英（宮城）と下関国際（山口）となった。東北勢の悲願をかけて仙台育英が決勝に臨むのは、33年前、中学2年生だったときと同じである。

あの頃とは違い、行こうと思えば甲子園に行ける。だが、私は行かなかった。本音を言えば、中学2年生の頃に比べて、「東北勢の初優勝」という快挙への熱量は確実に落ちていたからである。高校野球への関心や東北勢の優勝を願う想いがなくなったわけではない。2010年代以降、東北勢が立て続けに決勝進出する姿を見て、優勝はもうただ時間の問題だと感じるようになったのだ。つまりは東北勢の上位進出は、過去のように稀《まれ》なことではなくなったということであり、ある意味、私はもう幸せなのである。よって、仕事を優先したのだ。

仙台育英は強かった。準々決勝が終わった段階で「優勝しそうだな」と感じ、決勝戦も途中からは、ほぼ優勝を確信していた。狂うほどの熱さはなかった。選手たちのレベルはみな高いが、あの日の大越基のような、大会を象徴するようなスター選手はいない。それが妙にうれしかった。それこそが本当にレベルが上がったという証拠だから。

1人の大スターに頼らずとも甲子園の決勝までたどり着ける。それくらい東北全体のレベルが上がった。この10年と少し、感じ続けている喜びだ。

決勝は、33年前の準々決勝と同じく茶の間のテレビで観た。母は画面に映る仙台育英のエース・斎藤蓉《さいとうよう》を応援していた。鶴岡出身の選手である。私にとっての姪《めい》、母にとっては孫となる妹の娘と斎藤は、幼なじみだったそうだ。

33年前と同じく、2022年の大会もベスト4には東北勢が2校残った。そのうちの1校、聖光学院（福島）の捕手、山浅龍之介（現・中日）の言葉が頭にこびりついている。

「自分たちはずっと日本一と言い続けてきたので、『ベスト4まで行った』のではなく『ベスト4で負けてしまった』という感覚なんですよ」

山浅は秋田の出身だが、故郷の街は私の実家からそれほど遠くない。自分と同じような環境で生まれ育った東北の選手が、こんなにたくましい発言ができるようになったことがうれしい。

ただ、忘れてはならない。

初優勝が歴史的偉業であることに間違いはないが、これでやっと、他の地域に肩を並べることができただけなのだ、という現実を。

もう「悲願」という言葉を用いなくてもよい、新たな時代の東北勢の活躍が、高校球界そのものをリードする活躍になることを、心から期待している。

2023年7月

田澤　健一郎

主な参考文献

『大旗よ、届け――甲子園　夢三国志』蕪木和夫　風塵社　1994
『怪物たちの世代　その時、甲子園は揺れた』主筆・矢崎良一　竹書房　2004
『白球の世紀　高校野球100回秘史』朝日新聞「白球の世紀」取材班　朝日新聞出版　2019
『甲子園　歴史を変えた9試合　表のドラマと裏の真実』企画・矢崎良一　小学館　2007
『野球で人生は変えられる　明秀日立・金沢成奉監督の指導論』金沢成奉　日本文芸社　2022
『高校野球名門校シリーズ20　仙台育英学園高校野球部』ベースボール・マガジン社　2023
『地域別高校野球シリーズ　東北の高校野球Ⅰ』ベースボール・マガジン社　2013
『地域別高校野球シリーズ　東北の高校野球Ⅱ』ベースボール・マガジン社　2014
『シリーズにっぽんの高校野球　東北編』ベースボール・マガジン社　2010
『東北福祉大学　硬式野球部・ゴルフ部・軟式野球部　2018年度優勝記念誌』東北福祉大学　2018
『東北高等学校100年校史』東北高等学校　2001
『東北高校探険隊　100の航海、1つの詩』東北高等学校漫画部　1994
『秋田県立秋田高等学校野球史』OB会矢留倶楽部　1997
『白堊熱球譜　盛岡一高野球部　創設百周年記念誌』盛岡一高野球部創設百周年記念誌編集委員会　1999
『宮城県仙台二中二高野球部史』仙台二高野球部OB会青葉倶楽部　1993
『遠野高等学校野球部創部百年史　悠遠の野球部、今に　20世紀の球児から21世紀の球児へ』遠野高校野球部OB会　2007
『嶽の球史』神岡町野球連盟・平和中学校野球後援会O&P　2003

『神岡町史』神岡町史編纂室　２００２
『少年野球　秋田の球児、60年の歩み』秋田魁新報社　１９７９
『ベースボール・クリニック』２０２１年1月号　ベースボール・マガジン社
『日刊スポーツ』２０１８年2月9日発刊号　日刊スポーツ新聞社
『88春　大学野球』週刊ベースボール　１９８８年4月16日増刊号　ベースボール・マガジン社
『中学野球太郎　ｖｏｌ・7』ナックルボールスタジアム／廣済堂出版　２０１５
『白球の軌跡　世紀を越えて　磐城高等学校野球部創部百周年記念誌』福島県立磐城高等学校野球部ＯＢ会　２００６
『常磐炭礦・オール常磐　野球部の歴史』常磐炭田史研究会　２００７
『'75甲子園』週刊朝日　１９７５年8月13日増刊　朝日新聞出版
『'76甲子園』週刊朝日　１９７６年8月15日増刊　朝日新聞出版
『道ひらく、海わたる　大谷翔平の素顔』佐々木亨　扶桑社文庫　２０２０
『高校野球　神奈川を戦う監督たち』大利実　日刊スポーツ出版社　２０１３
『大学で学ぶ東北の歴史』東北学院大学文学部歴史学科・編　２０２０
『投げない怪物　佐々木朗希と高校野球の新時代』柳川悠二　小学館　２０１９
『甲子園と令和の怪物』柳川悠二　小学館新書　２０２２
『仙台育英　日本一からの招待　幸福度の高いチームづくり』須江航　カンゼン　２０２２
『二度消えた甲子園　仙台育英野球部は未曾有の苦境をどう乗り越えたのか』須江航　ベースボール・マガジン社　２０２０
『伝わる言葉。失敗から学んだ言葉たち』須江航　集英社　２０２３

田澤健一郎（たざわ　けんいちろう）
1975年生まれ。山形県出身。高校時代は鶴商学園（現・鶴岡東）で三塁コーチやブルペン捕手を務めた元球児。大学卒業後、出版社勤務を経てフリーランスの編集者・ライターに。野球を中心とするスポーツ、歴史、旅、建築・住宅などの分野で活動中。著書に『あと一歩！逃し続けた甲子園』（KADOKAWA）、共著に『永遠の一球　甲子園優勝投手のその後』（河出書房新社）などがある。

ブックデザイン／出田 一、松坂 健（TwoThree）
図版／本島一宏

104度目《どめ》の正直《しょうじき》
甲子園優勝旗《こうしえんゆうしょうき》はいかにして白河《しらかわ》の関《せき》を越《こ》えたか

2023年 8 月 2 日　初版発行

著者／田澤健一郎《たざわけんいちろう》

発行者／山下直久

発行／株式会社KADOKAWA
〒102-8177　東京都千代田区富士見2-13-3
電話　0570-002-301（ナビダイヤル）

印刷・製本／大日本印刷株式会社

●お問い合わせ
https://www.kadokawa.co.jp/（「お問い合わせ」へお進みください）
※内容によっては、お答えできない場合があります。
※サポートは日本国内のみとさせていただきます。
※Japanese text only

定価はカバーに表示してあります。

ISBN 978-4-04-113376-7　C0075